KB200519

볼리비아 선교 영성 일지

+ 더하는 삶과 − 감하는 삶

볼리비아
선교 영성 일지

+ 더하는 삶과 − 감하는 삶

원종록 지음

아침향기

목차

시작하는 글

미켈란젤로는 대리석을 보고 「모든 돌 안에는 조각상이 있다. 조각가의 일이란 그것을 발견하는 일이다.」고 했다. 우리 복음을 판매하는 자들은 모든 사람 내면에 숨어 있는 그의 영혼을 깨워 주는 일을 하는 것이다. 마치 미켈란젤로가 대리석 안에서 천사를 보고 그를 자유롭게 해 주는 것과 같은 것이 복음이다.

나는 청년시절 35년을 국방을 위해 청춘을 다 했지만 그것이 결코 나라만을 위했다고 말할 수는 없다. 나의 야망과 맞물려 나도 신명을 냈으며 그 부산물로 35년이라는 시간이 축적된 땀을 쏟아 냈다. 그 시간동안 나는 나의 인생에 덧셈만 하는 + 삶을 살기 위해 돈을 모았고 출세를 위해 비정하게 이웃을 밟고 올라가기를 주저하지 않았다. 그러나 퇴역이라는 명예도 아닌 그렇다고 불명예도 아닌 졸업장을 받아 들고 등을 떠밀려 사회라는 곳으로 이주를 해야 했다. 흔히 낡은 배가 더 이상 항해를 할 수가 없을 때 명예롭게 표현하는 말이 「퇴역함선」이라고 불러 준다.
주님은 퇴역 뒤에 멋진 계획을 숨기고 계셨음을 이제야 깨우치고 있다. 수차례 주님은 당신 회사에 면접을 보러 오라고 청을 하셨는데 나는 매몰차게 거절을 했다. 거절을 한 결과는 참담하다 못해 적절하게 표현할 단어가 없을 지경이었다.

건강만을 빼고는 가진 것 모두를 주님은 거두어 가셨다. 폼 잡고 타던 체어맨 승용차를 회수하시고 잠시 후에는 분당 중앙하이츠 빌라를 내어 놓으라 하셔서 졸지에 거리로 나가야 했다. 사업이랍시고 도전했던 것은 온갖 송사에 휘말려 망신이란 망신은 다 감수해야 했다. 드디어 인간의 힘으로는 도저히 감당하기 어려운 지경에 이르자 나는 두 손을 번쩍 들고 「주신 자도 여호와시고 취하실 자도 여호와시니 주님 마음대로 하세요. 저는 항복합니다.」

그렇게 이순을 목전에 두고 태평양을 건너야 했다. 사람 좋아하고 놀기 좋아하는 나의 천성을 잘 아시는 주님은 나를 아무도 아는 사람이 없는 미국으로 옮기고 신학교에 처박아 버리셨다. 무인도에서 6년을 오직 학업에 매진해 드디어 M. div를 마치고 목사 안수를 받게 하셨다. 그리고는 이순이 넘은 마음만 청년인 나를 남미 골짜기 Bolivia로 보내어 당신을 증거하는 일에 전념하라고 명령을 발하셔서 5년째 시골 마을에서 예수를 판매하는 일에 종사하고 있다.

지금 내는 책은 이전에 더하기만 했던 삶이 아주 조금씩 감하는 삶으로 바뀌어 가면서 지금은 내가 가진 것을 하나씩 허물을 벗는 것처럼 비워가는 삶을 살고 있다. 매일 5시에 기상을 해 그날 묵상하며 썼던 글이 모여 한 권의 책으로 엮어지게 된 것이다. 결코 자랑이나 나를 드러내는 것이 아니고 한국과 미국에 계시는 믿음의 형제 5만 명에게 카톡으로 매일 아침 발송했던 것을 정리해 냈다. 대한민국에서 운전기사를 두고 폼만 잡았던 자가 차량도 없이 낡은 승합차(버스 대용)를 타고 산골로 전도를 다니며 행복해하고

있는 자신이 아무리 생각해도 이해를 할 수가 없고 스스로도 신기하기만 하다.

아마도 그것이 하나님의 신비가 아닌가 생각한다. 더할 것도 없고 그렇다고 뺄 것은 더더욱 없는 것이 선교사의 삶이다. 매일 아침 주님을 바라보며 적었던 글이 벌써 10년이라는 세월의 무게를 견뎌냈다. 그 중에서 최근 2019년과 2020년 글을 모아 책으로 엮었다. 나는 부족하지만 이 책을 써 주신 주님은 그렇게 호락호락하지 아니하심을 밝히고 싶다. 부족한 선교사는 Bolivia를 사랑하고 대한민국을 사랑하는 필부임을 밝히며 이 책을 사랑하는 아내와 딸에게 드린다.

2021년 3월 Bolivia Patuju 교회에서 저자

A.

꿈을 점검하라

세상 가치와 맞서 싸우라

당신이 추구하는 가치는 무엇인가?

이곳 청년 의사가 찾아와 면담을 청했다. 자신은 전액 장학생으로 선발되어 쿠바로 유학을 가 그곳에서 6년 의대공부를 마치고 귀국했다. 그런데 돌아와 보니 아버지는 딴 여자와 떠나고 엄마는 우울과 가난에 시달리는 모습을 보고 꿈이 무너지는 것만 같았다고 나에게 고백한다.

그때부터 그녀는 소녀가장이 되어 닥치는 대로 일을 해 돈을 벌고 있는데 어떻게 살아야 합니까? 자신의 속을 열어 보인다. 그래 질문을 했다.

'네 꿈이 무엇이냐?' '네 저는 집을 가지고 싶습니다.'

그래 '네 꿈이 꼭 잘못된 것은 아니지만 꿈을 바꾸면 좋겠다.'고 하자 눈을 동그랗게 뜨면서 쳐다본다. 그 청년의사의 꿈처럼 집이라는 것은 아주 하찮은 꿈에 불과하다. 우리가 가치 있는 것을 찾아 자신의 인생을 헌신하기 시작하면 물질은 예수님이 책임져 주신다. 우리는 주님을 전능하시다고 찬양하면서 그분의 능력을 살갑게 믿어주지는 않는다. 나 또한 젊어서 그 청년의 생각과 다르지 않았다. 오직 출세만을 꿈 꿨다. 장관이 되고 싶었고 국회의원이 되려 했다. 그런데 어느 날 내게 '네가 국회의원이 되면 무엇을 할래?' 속삭임이 들려왔다. 오로지 이기적인 삶을 살아온 내게 '이제 이타적인 삶을 살아볼래?' 하신다.

> "나와 같이 모든 일에 모든 사람을 기쁘게 하여 자신의 유익을 구하지 아니하고 많은 사람의 유익을 구하여 저희로 구원을 얻게 하라 (고전10:33)"

이 말씀에 나는 그 자리에서 무너지고 말았다. 그리고 주님, 길을 인도해 주세요. 하고 나선 길이 지금 선교사의 길이 되었다. 작금 현대의 삶은 돈 버는 스킬을 쌓기 위해 자식을 굶주린 사자로 만들고 있다. 물론 그것도 따라가지 못해 낙오하는 수많은 젊은이들이 추풍낙엽처럼 세상을 비관하고 고립되어 있기도 하다. 어찌보면 그 기술을 터득해 번듯한 직장을 얻고 결혼해 자녀를 낳아주는 것은 최고의 효도이기도 하다. 그러나 하나님은 그리스도인이 세상 가치와 맞서 싸우기를 바라신다. 결코 경건을 위해 은둔하거나 숨는 것이 아니고 세상 속으로 들어가 허탄한 가치와 맞서 그곳을 짜게 만들어야 한다.

첫째 꿈을 다시 꾸기 시작하라.

꿈의 크기가 중요하기도 하지만 무작정 크게만 꾼다면 남가일몽(한바탕 헛된 꿈) 이 되어 버릴 수도 있다.

> "여호와께서 가라사대 장래 일을 내게 물으라. 또 내 아들들의 일과 내 손으로 한 일에 대하여 내게 부탁하라. (사45:11)"

지금 손만 대면 대박을 터트리거나 해도 해도 되는 일이 없다면 과감하게 다시 꿈을 꾸기 시작하라. 그 추구하는 일이 이기적으로 나만 잘 먹고 잘 사는 것이라면 내 유익을 내려놓고 세상과 하나님 나라를 위해 자신을 던져보라. 전혀 색다른 세계를 맛보게 될 것이다.

둘째 나의 유익을 거두고 주님을 위해 나를 온전히 드려보라.

하나님은 부자가 곡간을 크게 짓고 재물을 숨겨두는 모습을 보고 네 영혼을 거둬들이면 그 재물이 뉘 것이 되겠느냐 하셨다. 이 땅에서 출세하고 부자가 되는 것 또한 하나님의 뜻이다.

다만 주님이 베풀어준 축복을 가지고 자기 배만 채우고 이웃의 눈물을 못 본 체 하거나 혹여 달라고 할까 보아 숨겨둔 자를 향해 경고하시는 것이다.

> "너희는 먼저 그의 나라와 그의 의를 구하라 그리하면 이 모든 것
> 을 너희에게 더하시리라 (마6:33)"

나 또한 이 길을 걸으며 비록 초라하지만 가진 것을 나누기 시작하면서 항상 주머니는 비어 있어도 마음은 풍요롭다. Bolivia는 오늘부터 2주(7월 1-14일 대략)가 겨울 방학이다. 그 틈새를 이용해 청소년 성경 캠프를 연다. Patuju 교회도 미자립교회 학생까지 포함해 150여 명을 3일간 예수의 군사로 만들기 위해 준비가 한창이다.

올해는 자원봉사를 신청한 목사 교사 엄마를 합해 스텝이 40명이나 되어 참으로 기쁘다. 그러나 엄청나게 소요되는 예산 때문에 기도 중이다. 3일간 먹이고 재우고 나누는데 필요한 예산이 턱없

이 부족하지만 주님께서 채워 주실 것을 믿고 밀고 나가고 있다.

그 옛날 어느 7월은 청포도가 익어가는 초록의 꿈이 20대 청년을 감싸고 있었고 그의 이마에는 빛나는 다이아몬드 하나가 박혀 있었다. 예수를 믿기는 했지만 그분 또한 나의 꿈을 위한 조력자 정도로 생각하는 철없는 소대장이었다. 첫 부임한 소대는 월남에서 철군한 부대로 편성된 특수부대였다. 기실은 말이 특수부대이지 참전은 했어도 총 한번 쏘아보지 못한 병사들로 되어 있는 오합지졸이었다. 그들 평균 나이는 소대장 보다 5살은 많았다. 그들 눈에는 새파란 소위가 우습게 보였다. 내심 '당신은 전장 터에 가 봤는가?' 신임 소위를 무시하는 교만이 깔려 있었다. 그러나 그들은 한 달이 채 안 돼 충성스러운 군인으로 바뀌었다.

그때는 내가 마치 '연저지인 吮疽之仁'으로 이름을 낸 노나라 오자서 장군이라도 된 것처럼 꿈에 부풀어 알렉산더처럼 세계라도 평정할 기세였다. 돌아보면 참으로 깜찍했던 시절이라고 추억된다.

그 꿈이 비록 반짝 비췄던 장마 때의 해와 같았지만 후회나 회한은 없다. 그 경험이 바탕이 되어 오늘 지구 반대편 낯선 길에서 예수를 진할 수 있는 토양이 되었기 때문이다. 교만과 위선이 진정한 나를 깨우는 채찍이 되어 주었기 때문이다.

2019년 함선은 말도 많고 탈도 많았다. 그러나 흐르는 세월을 묶어 둘 수는 없어 올해도 반환점을 돌고 새날을 맞이했다. 어제까지의 모든 일들 중에 주님이 기뻐하지 않을 일을 했고 혹여 실패했다 해도 오늘 회개와 새로운 각오로 운동화를 묶고 주님이 명하는 가치를 향해 달려보자. 다시 반년이 지나고 새해를 맞이할 때는 성숙한 가치를 품은 주님의 사람이 되어 있을 것이다.

A-2.

대학 졸업식을 보며

　지난 토요일은 이곳 한 대학 졸업식에 참석했다. 육순이 넘은 나이에 의과대학에 도전해 인간승리의 본을 보여준 분의 졸업을 축하하기 위해 Santa Cruz에 다녀왔다. 수백 명의 청년들이 그간의 학업을 마치고 세상으로 나가며 들떠 하는 모습을 보며 과거가 회상되었다. 참 좋은 시기의 저들에게 마음으로 성공을 빌어 주었다.

　특히 Bolivia는 학비가 저렴하기에 인접 브라질 등의 나라에서 유학을 온 학생들이 많아 실은 다국적 대학인 셈이다. 주인공인 분은 칠레에 생활기반을 둔 교포로서 조국에서 굴지의 기업의 경영자로 발탁되어 일찍 성공을 했다.

　그러나 뜻한 바가 있어 한의사가 되어 칠레에서 개업을 했는데 한의에 이어 양의에 도전해 볼 결심을 하고 이곳으로 유학을 와 드디어 졸업을 했다. 그는 모국어도 아닌 스페인어로 의술을 공부하는 어려움을 이기기 위해 수업시간 교수들의 강의를 녹음해 집에 와 수도 없이 반복해 들으며 5년을 거의 매일 밤을 새우며 학업에 정진해 우수한 성적으로 노력상을 받기도 했다. 그는 학업 틈틈이 이곳 원주민들을 치유해 주는 사랑을 실천하기도 했다.

우리 Patuju 교회 또한 자주 방문해 성도들을 치유해 주었다. 그의 침술은 탁월한 능력을 가지고 있어 많은 사람들이 한 번의 시술로 일어나는 경우가 많았다. 특히 중풍으로 반신불수가 된 현지 의사가 침 한방에 일어난 사례는 이곳 의사들 사이에서 신비의 손으로 통한다. 그는 늘 겸손하게 당신이 치료한 것이 아니라 예수님이 해 주셨다고 공을 주님께 돌리고는 했다.

바울은 "이 모든 일에 전심전력하여 너의 진보를 모든 사람에게 나타나게 하라. (딤전4:15)"고 권면한 것처럼 우리는 쉼 없이 배워야 하고 배움과 함께 끝없이 사랑을 실천해야 한다.

배움과 예수님 사랑을 실천하는데 늦음은 없다. 지금 시작하면 그 시간이 가장 빠른 것이다. 나이 탓 환경 탓을 하지 말고 지금 도전의 칼을 뽑아 실행에 옮긴다면 생을 마감할 때 회한은 없을 것이다.

첫째 배움에 늦음은 없다.

나 또한 살아오면서 틈틈이 대학원과정을 많이 공부했다. 그리고 육순이 넘어 M. div 과정을 졸업했다. 당연히 선교사로 이곳 Bolivia로 온 것도 적지 않은 나이는 분명하다. 그러나 나에게는 주님의 때가 바로 지금이라고 생각한다.

지난 수십 년의 삶도 아름답고 보람과 명예로 가득하다. 그러나 지금 내가 하고 있는 사역과 비교하면 과거는 초라하다. 나의 많은 친구들이 명예롭게 은퇴 후 골프 삼매경에 빠져 자신의 삶을 뽐내며 '난 인생을 참 잘 살았어.' 하며 내일은 누구와 골프를 할까? 어디로 여행을 갈까? 행복한 고민을 한다.

반면 나는 '내일은 어디로 전도를 갈까?' 죽어가는 영혼을 찾아

갈 것을 주님께 여쭌다. 내가 복음의 삼매경에 빠져 행복해하는 것이 보통 사람들 눈에는 우습게 보일 수도 있다. 적지 않은 나이에 무거운 배낭을 걸머지고 우스꽝스러운 옷을 입고 저금통을 들고 아이들 앞에서 부리는 재롱(?)이 아주 가끔은 창피할 때도 있다. 그러나 성령이 나를 이끌고 나면 신명을 주체할 수가 없다.

> "범사에 네 자신으로 선한 일의 본을 보여 교훈의 부패치 아니함과
> 경건함과 책망할 것이 없는 바른 말을 하게 하라 (딛2:7)"

그렇다. 늙음과 때는 따로 없다. 다만 체념이 있을 뿐이다. '나는 못 배웠어, 나는 능력도 없어, 나는 나이도 많아' 하는 부정적 생각과 거품만 걷어 내면 뭐든 할 수 있다. 골프와 낚시로 자신의 삶을 유유자작 하는 것도 매우 아름답다. 그러나 멀리 눈을 들고 주변을 바라보면 내 손길이 필요한 곳이 보일 것이다. 그곳으로 예수님 사랑을 가지고 달려가면 거기서 행복이라는 보석을 캘 수 있다.

둘째 지나가는 바람에게도 배워야 한다.

나는 매일 새롭게 만나는 선생님들 때문에 행복하다. 나의 무지를 깨우쳐 주는 배움은 비단 사람에게서뿐이 아니다. 내가 만나는 모든 것들이 나에게 가르침을 준다. 가끔은 소슬바람도 나에게 훈도를 마다하지 않는다.

Patuju 정원에는 어린 아이 두 키는 될 만큼 해바라기가 키 자랑을 하고 있다. 어저께 몰아친 비바람에 그 장정들이 못 견뎌 하고 이리저리 고통을 호소하며 쓰러졌다. 그런데 아무도 그 친구들을 부축해 세워줄 생각을 못하고 있다. 그래 청년 리더인 Diego를 불러 나무 막대기를 잘라 오도록 해 해바라기 하나 하나에 부목을

대고 새워 주고 치료를 해 주었다.

그러며 하늘로 향해 키 자랑만 하는 해바라기를 향해 스스로 버틸 수 있는 힘을 키우라고 바람이 교훈을 주었다. 인간도 나만 잘났다고 훌쩍 앞서가면 언젠가 표적이 되어 쓰러질 수도 있다는 것이다.

"하나님을 사랑하는 자 곧 그 뜻대로 부르심을 입은 자들에게는 모든 것이 협력하여 선을 이룬다. (롬8:28)"

모든 사물이 주는 가르침을 받아들일 때 자연과 인간이 하나가 되어 협력할 수 있는 것이다.

Patuju 교회는 성탄의 계절을 맞이해 많이 분주하다. 20일에는 이곳 Montero에 있는 고아원을 엄마들이 방문하기 위해 준비하고 있다. 그리고 24일에는 우리가 전도하는 중앙공원에서 구두를 닦는 청소년 10여 명을 초청해 함께 전도를 하고 점심을 대접하고 선물을 주며 격려를 할 것이다. 또 25일에는 Patuju 성도들이 성대한 잔치를 준비하고 있다. 예수님이 그날 무척 행복해 하실 것이다. 그리고 27일에는 미자립교회 목사와 가족 60여 명이 Patuju 교회에 모여 하루를 자며 워크숍을 겸하여 즐거운 시간을 가지려 한다. 특히 2020년 tres dias를 위해 임무를 나누고 역할을 토의하는 귀한 시간이 될 것이다.

이번 의대를 졸업한 김윤탁 의사의 앞날을 축복하고 그의 손길을 통하여 베풀어질 예수님의 사랑이 세상을 밝힐 것이라 믿는다.

A-3.

묻혀버리는 것과 심겨지는 것의 차이

　　카이사르라는 이름을 가진 노새가 있었다. 주인의 총애를 받았는데 어느 날 말라버린 우물에 빠졌다. 주인은 백방으로 건져보려 했는데 방법을 찾지 못해 노새에게 미안하기도 하여 우물을 매워 장사라도 지내 주려 생각하고 인부를 불러 조심스럽게 흙을 떠 우물에 던져 넣었다. 우물 깊이 빠져 맥없이 있던 카이사르는 흙이 등허리에 떨어지자 정신이 바짝 들어 껑쭝 뛰어 등에 떨어진 흙을 털어버렸다. 잠시 후 또 흙이 떨어지면 반복해 운동을 했다. 한나절이 지나 이제 우물을 다 채웠다 생각하고 우물을 들여다보던 주인은 깜짝 놀랐다.

　　땅을 밟고 카이사르가 눈을 끔뻑이며 주인을 바라보고 있는 것이 아닌가? 주인은 배려한다고 우물을 매워 장사라도 지내 주려 했지만 노새는 그 상황을 역전의 찬스로 이용한 것이다. 장사를 위해 던져지는 흙을 밟고 생환한 것이다. 인간은 생각과 행동이 우매하나 주님은 항상 우리를 지켜보시다가 결정적 순간에 좋은 방향으로 바꿔 주신다.

　　Patuju 교회 입구 정원에는 해바라기가 두 키는 웃자라 위용을 뽐내는가 하면 일찍 삶을 포기한 해바라기는 죽어 잔해가 정원을 어지럽히고 잡초 또한 무성하게 힘자랑을 하기에 작심하고 지난 토요일 목사가 정원 단장을 했다. 12시에 시작한 작업이 세 시간이 걸렸다. 토요일은 무척 더워 옷이 물에 빠진 생쥐 마냥 흠뻑 젖었다.

사실 작업을 한 의도는 올해부터 새로 함께하는 부목사를 훈련시킬 목적을 가지고 시작했다. 그런데 눈치꾼 Miguel 이란 자가 과일 몇 개를 가지고 목사에게 왔다가 작업에 합류하게 되었다.

그는 '목사님 쉬세요. 제가 할게요!' 하며 삽을 빼앗는다. 그래 '함께 하면 더 많이 할 수 있다.'고 함께 작업을 하는데 늦게나마 부목사도 합류했다. 부목사에게 '목사가 수범을 보이지 않고 목에 힘만 주고 명령만 하면 안 된다.' 체험교육을 시켰다.

"좋은 땅에 뿌리웠다는 것은 말씀을 듣고 깨닫는 자니 결실하여 혹은 백 배, 혹 육십 배, 혹 삼십 배가 되느니라 (마13:23)"

노새의 운명처럼 우리도 타인의 손에 의하여 인생이 좌지우지되는 경우도 있다. 물론 자녀의 미래를 위해 부모가 결정하고 선한 길로 인도해 출세를 시키는 경우도 있고 부모의 욕구를 충족하기 위해 자녀를 몰아붙이는 경우도 있다. 삶이라는 것은 수많은 기회와 결단 앞에 서는 경우를 만나는 기회라는 선택이다. 매번 묻혀 버리는 자보다는 심겨지는 자가 되어야 한다. 그러면 결실의 양이 달라지는 것이다.

첫째 파도에 함몰될 것인가? 파도를 이용할 것인가?
California에 처음 갔을 때 태평양이 끝없이 펼쳐진 미 서부 해

안을 보고 감탄을 자아내고는 했다. 특히 석양 때에 바다와 하늘이 만나 연출하는 쇼는 과히 장관이었다. 또 추운 바다에 보트를 타며 파도와 씨름을 하는 수많은 사람들을 보고 그들이 숱하게 넘어지고 파도에 부서져도 시종 도전하는 모습에 부럽기까지 했다.

> "세상에서는 너희가 환난을 당하나 담대하라 내가 세상을 이기었
> 노라. (요16:33)"

힘겨운 파도가 밀려와도 믿음을 가지고 때를 기다리면 승리할 수 있음을 믿고 도전해야 한다고 했다. 많은 사람들이 큰 파도가 밀려오면 지레 겁을 먹고 항복하고 만다. 그러나 서핑을 즐기는 사람들처럼 파도가 밀려오면 그 파도를 타고 상황을 역전시키면 된다.

둘째 최악의 상황을 최선을 바꾸는 것이 믿음이다.

어제는 2020년 신년 첫 예배로 하나님께 영광을 올려 드렸다. 서툰 Espanol로 '행복하게 2020년을 맞이하자'는 주제로 설교를 했다. 올해 Patuju 교회에 "너희는 먼저 그의 나라와 그의 의를 구하라 그리하면 이 모든 것을 너희에게 더 하시리라. (마6:33)"는 말씀을 주셨다. 그래서 성도들에게 목청을 높여 4가지를 주문했다.

첫째 나를 변화시켜야 한다.
둘째 복음의 사람이 되어야 한다.
셋째 개인의 발전을 도모하라.
넷째 새로운 꿈을 꾸라.

특히 변화의 중심은 사랑의 사람, 정직한 사람, 약속을 지키는 사람이 되므로 2020년에 삶의 질을 한 단계 격상시키도록 말했다. 이곳 선교지에 와서 성도들에게 시종 줄기차게 주장한 것이 정직하고 약속을 잘 지키라는 것이었는데 아직 목사가 바라는 수준에는 요원하다.

한 가지 예로 주일 예배시간이 10시인데 한국 성도들은 30분 전에 성전에 입장해 기도와 찬양으로 준비하는데 우리 Patuju 교회는 30분이 넘어오는 성도가 과반이다. 그래도 참으로 많은 발전이 있었기에 감사가 절로 나온다. 아마도 올해는 한 단계 수준이 격상될 것을 믿기 때문에 행복하다. 이제 오늘부터 진정한 2020년 레이스에 돌입하는 첫 주 첫날이다. 모두에게 하나님이 주신 임무가 있을 것이다. 어떤 이는 취직을 또 어떤 이는 결혼을 꿈꿀 것이다. 그 꿈들이 주님 안에서 이루어지기를 축복한다.

우리의 삶이 세월에 묻혀 버릴 것인가? 아니면 역사에 심겨 질 것인가? 는 나의 열정과 땀에 의해 좌우된다. 하나님은 당신의 땀을 요구하신다. 주님 안에서는 모든 것을 할 수 있다. 오늘 행복한 첫발을 내딛기 바란다.

A-4.

하늘이 무너지는 것을 보고

하늘이 무너지는 사건을 놓고 동서양은 관점의 차이가 있다. 우리는 '하늘이 무너져도 솟아날 구멍이 있다'고 소망을 노래하지만 조금은 수동적 표현이다. 그러나 서양에서는 '하늘이 무너지면 종달새를 잡자.'고 한다. 동양보다는 조금 더 적극적인 생각을 소유하고 있음을 알 수 있다. 즉 하늘이 무너지는 상황에서도 목숨을 부지하기 위해 솟아날 구멍만 찾는 것이 아니라 그 환난 속에서도 유익을 챙기는 여유가 있다.

작금 전 세계는 유례없는 혼돈으로 치닫고 있다. 하계올림픽이 연기되고 세계 유수의 모든 스포츠 경기가 중단되는 초유의 사태 속에서 사람들은 크게 세 가지 반응을 보이고 있다.

첫째는 고개를 숙이고 '죽고 싶다.' 은둔하며 될 대로 되라는 패배주의자이다. 다음은 '솟아날 구멍이 있어.' 소망은 가지되 난관을 적극적으로 극복하려는 의지가 부족한 자이다. 마지막 유형은 '죽으면 죽지, 네가 이기나 내가 이기나? 한 번 해보자.'는 적극적인 사고를 가진 사람이다. 그런 자들은 환난을 축복으로 바꾸려고 도전장을 내밀고 세상을 향해 나가는 자이다.

"사람이 감당할 시험밖에는 너희에게 당한 것이 없나니 오직 하나님은 미쁘사 너희가 감당치 못할 시험 당함을 허락지 아니하시고 시험당할 즈음에 또한 피할 길을 내사 너희로 능히 감당케 하시느니라. (고전10:13)"

하나님 또한 당신이 그토록 사랑하는 자녀를 무조건 환난 속에 방치하지는 않으신다는 말씀이다. 그러니 어렵다는 말을 입에서 지우고 '한 번 해보자.' 도전장을 내밀기 바란다. 이 글을 읽고 혹자는 '당신은 아직 안 당해봤지!' 하며 항변할 수도 있을 것이다. 그렇다 사람들이 받는 상처의 깊이는 일률적인 잣대로 잴 수 있는 것이 아니다.

중요한 것은 나를 향해 오는 파괴력이 아니다. 그보다는 내가 품고 있는 폭탄이 문제이다. 성공과 실패라고 표현하기 보다는 극복하는 자와 주저앉는 자로 이야기한다면 그 차이는 내게로 오는 충격을 어떻게 흡수하느냐에 따라 달라질 수 있다. 당신이 아니라 당신의 자녀라면 어느 편에 세우고 싶은가? 고개를 숙이고 죽고 싶다는 길에 세우고 싶다면 당신도 그렇게 하면 된다. 그러나 난관을 극복하고 멋진 성공의 열매를 따는 모습을 보고 싶다면 당신이 먼저 솔선수범해야 한다.

첫째 왜 태어났는가? 왜 살고 있는가?

만약 이러한 질문을 받으면 뭐라고 대답할 것인가? '뭐 부모님이 낳아 주셨으니 살고 있지요.' 또는 '죽지 못해 살고 있어요.' 그렇게 대답하면 오답이다. 바울은 고린도 교회를 향하여 "너희가 먹든지 마시든지 무엇을 하든지 다 하나님의 영광을 위하여 하라 (고전10:31)"고 했다.

하나님 영광을 위하는 자는 영광에 앞서 자기의 삶을 멋지게 살아내야 하는 것이다. 물론 정답이 쉽게 나오는 것은 아니다. 나도 이순을 한참 지났는데도 그 문제에 대해 헷갈려 할 때가 너무나 많기 때문이다. 심지어는 선교지에서도 '왜 여기 있지?'하며 신세를 한탄할 때도 있다.

그러나 그 생각이 길어서는 곤란하다. 사람에게 주어진 신분증과 같은 지문이 수십 억 인구가 다 다르듯이 태어난 목적과 살아야 할 이유도 다르다. 그래 그것을 찾아가는 것인 인생이다.

분명한 것은 보내주신 그분을 다시 만나는 그날 자신 있게 이 땅에서의 삶을 말할 수 있어야 한다. 태어난 이유는 주님이 나에게 부여한 할 일이 있기 때문이다. 그것을 찾아야 한다. 살고 있는 이유는 '죽지 못해서가 아니다.' 내가 있으므로 이 땅에 뭔가 유익이 되기 때문이다. 그것은 나의 살과 피를 도려내 이웃을 향해 사랑을 베푸는 것이다.

"모든 일에 모든 사람을 기쁘게 하여 자신의 유익을 구하지 아니하고 많은 사람의 유익을 구하여 저희로 구원을 얻게 하라." 는 명령을 따르는 것이 기쁨이고 보람이 되면 된다.

둘째 하늘이 무너지면 솟아날 구멍만 찾지 말고 돌보아 줄 사람이 있는가? 살펴보자.

나도 국방부에서 중령으로 핵심부서 주무관으로 대령이 보장된 자리에 근무했다. 더구나 내가 모시는 국장이 심사위원으로 선발되었는데 낙선이 되었다. 발표도 하기 전에 모든 축하를 다 받았는데 막상 떨어지니 하늘이 무너지는 충격을 받았다. 그러나 그날 밤 아내를 붙잡고 우는 것으로 방황을 끝냈다.

떨어진 것도 창피한데 코가 석자나 나와 못나 보일 것 같아 이발도 말끔하게 하고 양복도 새것으로 입고 마치 진급이 된 것처럼 출근해 만나는 사람마다 환하게 웃어주며 '감사합니다.'를 반복했다. 그 소식이 가장 어른에게 들어가 불려갔다. 그분께서 '원 중령 멋지다. 내년에는 내가 보장할게' 실패 앞에서 순간 마음을 바꿔 먹은 것이 장관에게까지 재신임을 받는 결과를 가져왔다. 하늘이 무너지는 충격 앞에서 혼돈을 겪지 않을 사람이 누가 있겠는가? 빨리 제 정신을 차리고 미래를 바라보는 것이 필요하다.

주님은 "내가 너를 보배롭고 존귀하게 여기고 너를 사랑하였음 즉 내가 사람들을 주어 너를 바꾸며 백성들로 네 생명을 대신하리니. (사43:4)" 두려워 말라고 하셨다.

난관 앞에서 나 하나만 살길을 찾는 평범보다는 이웃을 생각하고 돌보려는 비범을 택한다면 더 멋질 것이다.

빌 게이츠라는 유명인사가 있다. 그가 "많은 사람들이 코로나 바이러스를 큰 재난으로 보고 있는 반면 나는 이 바이러스를 『올바른 교정자』로 보고 싶다"고 했다. 즉 바이러스를 통해 우리가 잊어버린 중요한 교훈을 상기시키기 위해 보내진 것이라고 생각하며 이러한 배경 뒤에는 영적인 뜻이 있다고 말했다. 그가 깨우친 것은 사람은 모두가 평등하고 모두가 연결되어 있고 삶이 짧다는 것이다. 공감되는 말이다. 그래서 우리는 우리의 시선을 더 높은 곳으로 향해야 할 것이다. 그곳에는 예수님이 계시기 때문에 모든 것을 새롭게 할 수 있다.

자, 이제 올라 갈 차례다

당신의 삶에서 바닥을 쳤다면 그 발을 디딘 곳이 더 내려갈 곳이 없다는 반증이다. 작금 코로나 19에게 포위당한 인류는 꼼짝없이 요구사항을 다 들어줄 수밖에 힘이 없다. 처음에는 지갑을 요구하더니 어느새 살고 있는 집을 내 놓으라 협박을 한다. 그러더니 막판에 와서는 생명을 가져오라고 강짜를 부리고 있다. 그의 요구 조건을 다 들어주어도 두 개는 보호해야 한다. 첫째는 바로 당신의 생명 줄을 넘겨주지 않아야 하고, 둘째는 당신의 꿈을 빼앗기지 않으면 그 무엇이라도 만회할 수 있다.

돈은 벌면 되고, 집은 다시 사면 된다. 인생을 살면서 좌절을 맛보지 않았다면 오히려 불행한 삶이었다고 과장해도 무리가 없다. 미래 꿈을 꾸고 목표를 세우고 죽기를 각오하고 매달렸는데 열매를 따지 못하거나 갑작스러운 전환점을 맞이하여 실패할 수도 있다.

작금 인류가 겪는 사건과 같이 자신의 의도와는 상관없이 역사가 소용돌이친 경우도 있다. 졸지에 전쟁이 발발해 단란했던 가족이 풍비박산이 되어 뿔뿔이 헤어져 수십 년이 경과했다. 어떤 가정에서는 오매불망 신랑을 기다리던 새색시가 팔순 노파가 된 탄식할 사건이 바로 우리 대한민국에도 있다. 오늘의 상황이 최악을 향해 가지만 주전 700년 이스라엘이 겪었던 수난과 비교하면 그래도 위안이 되지 않을까? 생각해 본다. 성경은 그 참혹한 현장을 기록해 놓았다.

> "우리가 드디어 내 아들을 삶아 먹었더니 이튿날에 네 아들을 내라 우리가 먹으리라 하나 저가 그 아들을 숨겼나이다."

　물론 사람마다 맞이하는 시련과 고난은 마음에 있는 것이기에 단순 비교하기는 어렵다. 우리 대한민국도 저 북쪽은 사마리아가 겪었던 상황과 별반 다르지 않다. 사마리아의 비극이 한반도에서도 자행되고 있다. 사단의 탈을 쓰고 북한 동포를 고통으로 몰아넣은 김일성 일가의 만행은 비단 살인과 파괴 뿐만 아니라 하나님을 거역하고 교회를 짓밟아 버린 종교말살이 더 큰 죄이다.

　그러한 극한 상황 속에서 다윗은 "내가 사망의 음침한 골짜기로 다닐지라도 해를 두려워하지 않을 것은 주께서 나와 함께 하심이라."고 고백했다. 최악의 경우를 만날 때 주님이 손잡아 주신다는 믿음이 필요하다.

> "오직 여호와를 앙망하는 자는 새 힘을 얻으리니 독수리의 날개 치며 올라감 같을 것이요 달음박질하여도 곤비치 아니하겠고 걸어가도 피곤치 아니하리로다. (사40:31)"

　복음을 나르는 현장에서 영혼과 육신이 곤비해 낙망하고 한숨이 나오는 사건들이 일어날 때마다 힘이 빠지고 다리가 풀리지만 연약한 자의 눈물을 닦아주며 위로 하시는 주님이 계시기에 소망을 품고 다시 일어날 수 있다.

첫째 실패는 또 다른 영광의 이름이다.

좌절이 끝이 아니다. 인생이 봄날처럼 늘 따스하면 좋겠지만 어느 날은 삭풍이 몰아치고 장대비가 쏟아져 혼비백산 갈피를 못 잡을 때도 있다. 그 힘에 침몰해 버리면 인생도 종치고 구원의 기회도 상실하게 된다. 다윗은 그런 상황을 "의인은 고난이 많으나 여호와께서 그 모든 고난에서 건져 주신다." 고 자신의 초년 고생을 경험삼아 훈도하고 있다. 좌절을 맛보았다면 아니 깊은 나락으로 떨어져 바닥을 쳤다면 무엇이 두려운가? 더 떨어질 곳이 없으니 올라가기만 하면 된다.

> "나 여호와 너의 하나님이 네 오른손을 붙들고 네게 이르기를 두려
> 워 말라 내가 너를 도우리라 할 것임이니라. (사41:13)"

실패를 두려워해 주저앉아 있는 것이 문제라면 문제이다. 작금 많은 일들이 실패작으로 마감 처리되고 있는 것을 본다. 그러나 실패를 친구로 만든다면 그는 기필코 영광이라는 이름으로 다시 찾아올 것이다. 두려워 말고 도전의 칼을 뽑으면 뒤처리는 주님이 해 주신다고 말씀하고 있다.

둘째 연약한 나무는 바람에 의해 몹시 흔들리지만 그를 통해
튼튼한 뿌리를 내린다.

남미는 겨울의 한 가운데 와 있다. Patuju 교회 주변은 모두 황토 길이기에 세찬 바람이 불면 교회는 밀가루를 뒤집어쓴 형국이

되어버린다. 바람은 세월의 무게를 감당하지 못해 퇴색하고 처량한 모습으로 가지에 꼭 붙어 있는 잎사귀를 마구 흔들어 댄다. 그잎들은 늙고 병약해 생을 거의 마감했음에도 떨어지기를 마다하고 매달려 있다. 대신 그 요동으로 뿌리는 비상사태를 대비해 준비를 단단히 하고 있다.

> "우리가 환난 중에도 즐거워하나니 환난은 인내를 인내는 연단을 연단은 소망을 이루는 줄 앎이로다. (롬5:3,4)"

좌절과 연단은 강한 전사를 만드는 좋은 방편이 된다. 고난과 시련까지도 주님의 사랑으로 받아들이는 여유를 가진다면 바람에 뿌리가 강해지는 것과 같이 시험을 통해 더 큰 인물이 될 것이다.

> "보라 내가 너를 연단하였으나 은처럼 하지 아니하고 너를 고난의 풀무에서 택하였노라 (사46:1)"

회초리를 아끼는 부모는 자녀를 큰 인물로 만들지 못한다.

> "믿음의 시련이 불로 연단하여도 없어질 금보다 더 귀하여 예수 그리스도의 나타나실 때에 칭찬과 영광과 존귀를 얻게 하려 함이라 (약1:3)".

옛말에 '미운 자식은 떡 하나 더 주고 예쁜 자식은 매 한 번 더 든다.'고 했다. 사랑한다고 '오냐 오냐' 키우면 세상에서 따돌림 받는 성격 장애자를 만들고 만다. 부모라는 우산이 영원하지 못하다. 그 보호막도 언젠가 낡고 또는 세찬 바람에 벗겨지고 만다. 지금 좌절을 맞이했다면 '왜 나에게 고통을 주십니까?'가 아닌 '고통 속에 주님이 숨겨 놓은 뜻을 찾게 하소서' 감사 기도를 올리면 상황은 바뀐 것이 없이 그대로 일지라도 영혼은 이미 좌절의 웅덩이를 빠져나왔다.

인생이라는 항해는 단 시간에 마치는 여행이 아니다. 참으로 길고도 긴 항해이기에 함선이 잔잔한 파도 위에 놓여 있을 때는 흔들리는 것을 인지하지 못해 풍랑이 없고 평온할 때는 감사를 잊고 자기가 잘나서 그런 줄 안다. 그러다 거대한 폭풍이 몰려오면 두려워 벌벌 떨며 비로소 주님을 찾는다. 그런 모습은 누구도 예외 없다. 다만 현명한 믿음을 소유했다면 시종 주님의 손을 잡고 있어야 한다.

지금 바이러스로 인류는 온통 몸살을 앓고 있고 낙망한 자가 수없이 많지만 지금 자리에서 다시 도약을 꿈꾸는 자만이 또 다른 영광을 쟁취할 수 있다. 뒤로 물러설 것이 아니라 장애를 딛고 앞으로 전진하는 멋진 항해를 시작하자. Patuju 교회도 더 큰 도약을 위해 주님의 몸을 더 아름답게 단장하고 있다.

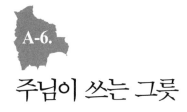

A-6.

주님이 쓰는 그릇

한 생을 살면서 이 땅에서 가장 행복한 순간이 언제일까? 사람마다 기쁨의 순간들이 기억의 앨범에 잘 간직되어 있을 것이다. 어제 청소년 tres dias를 방문하신 예수님께서 한 사람 씩 위로와 격려를 해 주시자 청소년들의 딱딱했던 심령이 녹아 내리며 쏟아 내기 시작한 눈물과 흐느낌은 마치 망망대해에서 울리는 파도 소리처럼 갈매기 소리와 어우러져 성전을 가득 채워왔다.

고국에서 찾아온 서른 분의 사역자들과 함께한 달콤한 순간들이 불과 2주에 불과한 시간이었지만 역사의 파노라마는 수년과 같은 이야기를 뿜어냈다. 첫날 Bolivia로 입국이 불발되어 브라질 상파울로에서 1박을 하고 하루 늦게 도착한 사건, 23일 새벽 우여곡절을 겪으며 Viru Viru 공항에 도착했는데 폭도들이 도로를 막는 바람에 공항에서 교회까지 40분 거리를 4시간이 걸려 도착한 사건, 대모가 매일 그 강도를 높이면서 호텔에서 교회를 오가는 일마저 어렵게 만든 사건, 버스기사가 무섭다고 도망가 오토바이를 타고 30여 명이 야심한 밤에 호텔로 이동한 사건, 대낮에 갑자기 정전이 되어 두렵게 했던 일, 평온했던 일기가 갑자기 폭풍 호우를 몰고 와 행사장을 다 날려버리고 숙소용 텐트를 흠뻑 적신 일 등 사단의 농간은 이 시간까지 발목을 잡고 어떻게 하든지 목사로 하여금 '도저히 할 수 없겠다.' 포기를 시키려고 안간힘을 쓰고 있다.

> "내가 붙드는 나의 종 내 마음에 기뻐하는 나의 택한 사람을 보라
> 내가 나의 신을 그에게 주었은즉 그가 이방에 공의를 베풀리라.
> (사42:1)"

그러나 우리가 누군가. 자랑스러운 대한민국의 역전의 용사가 아닌가? 그 중에서도 선별된 하나님의 사람이다. Bolivia 전체가 온통 아수라장이 되어 모든 경제활동과 학업, 단체 활동이 중단되었지만 예수님이 배설한 tres dias 잔치에는 계획보다 참여 인원은 적었지만 은혜와 사랑은 넘치고 넘쳐 행복의 폭포수가 Patuju를 가득 채웠다.

첫째 하나님을 사랑하는 자를 찾는다.

실로 다 표현할 수 없지만 하나님을 사랑하는 자들의 열정은 가히 귀감이 되고도 남았다.

17시간이나 걸어서 집회에 온 청년들. 모든 사람이 꼼짝 못한다고 핑곗거리를 찾는데 먼 도시에서 지나가는 트럭과 택시를 번갈아 빌려 타고 참여한 청소년들은 아직도 어린 나이에 하나님을 사랑하는 마음이 얼마나 큰지 감동 그 자체이다.

"하나님을 사랑하는 자 곧 그 뜻대로 부르심을 입은 자"들이 모인 행사에 찾아오신 예수님은 "너는 두려워 말라 내가 너를 구속하였고 내가 너를 지명하여 불렀나니 너는 내 것이라. (사43:1)"고 청소년 한 사람 한 사람을 격려해 주시며 '나는 네가 오기만을

기다렸다.'고 말씀해 주신다.

아직 꿈도 희미하고 결단력도 없는 나약한 존재들이지만 tres dias를 통해 주님은 내가 쓸 그릇임을 분명하게 해 주셨다. 그릇에 무엇을 담을 것인가는 아직 결정되지 않았다 해도 문제될 것이 없다. 주님의 주방에서 깨끗하게 닦고 준비된다면 밥을 담든 반찬을 담든 주님의 명을 따를 것이고 기쁘게 그 임무를 수행할 것이기 때문이다.

저녁 시간에 반가운 손님이 교회를 방문했다. 사역을 가끔 도와주던 Carlos라는 청년이 친구 두 명과 함께 왔다. 함께 저녁을 먹고 첫 찬양을 그들이 인도했다. 전문 진행자인 그녀가 무대에 서자 교회는 함성으로 발 디딜 틈도 없어졌다. 그렇게 소리를 지르고 춤사위로 뜀박질을 치는 자녀들을 보는 예수님의 눈에 영롱하게 빛나는 그 물체가 무엇일까? Bolivia 사람 모두가 환난이라고 외치며 두려워하고 있지만 Patuju는 은혜와 축복이 넘치는 성스럽고 거룩한 터가 되고 있다.

둘째 부르심에 응답하는 자를 쓰신다.

아무리 유능하고 성령이 충만하고 신학교에서 공부를 많이 했다 해도 주님의 부르심에 응답하지 않으면 그 준비는 소용이 없다. 국가 예산의 1/3을 투여해 군인들을 예우하고 양성하는 이유는 국가가 누란에 처할 때 앞장서 목숨을 버려 국가를 방위해 주기 때문이다.

"여호와께서 가라사대 장래 일을 내게 물으라. 또 내 아들들의 일과 내 손으로 한 일에 대하여 내게 부탁하라. (사45:11)"

시종 눈물을 훌쩍이는 목사에게 '너는 일꾼을 부르기만 하라, 연단은 내가 시켜줄게' 귓속말로 위로를 해 주신다. 청소년 캠프에는 무려 140명이나 신청을 해 어떻게 그들을 섬길까? 생각이 많았는데 주님은 주변 상황을 조성해 30명만 참여시켜 주셨다. 아직은 미완이지만 그들이 거룩한 일꾼으로 성장하는 그날 이 땅은 복음으로 풍성해지리라 믿는다.

이스라엘의 기나긴 포로 생활 속에서 낙담하고 소망이 서서히 작아질 때 주님은 "나는 빛도 짓고 어두움도 창조하며 나는 평안도 짓고 환난도 창조한다."고 위로해 주셨다. Bolivia 정국이 냉동되어 꼼짝도 못하는 상황 속에서 모두가 '할 수 있을까?' 두려워할 때 리더이신 이옥란 원장님은 '한 명이 오더라도 진행하겠습니다.' 결연한 의지와 평온을 보여주셨다. 우리 교회 밖으로만 나가도 도로는 타이어를 태우는 불길이 하늘 높이 치솟고 술과 마약에 취해 각목과 돌을 든 폭도들이 험악한 얼굴로 길을 막고 있어도 우리의 잔치를 막지는 못했다.

오늘 그 대장정의 막을 내리려 한다. 이 새벽 성전에는 청년들이 모두 무릎을 꿇고 간절하게 Bolivia를 위해 기도하고 있다. 환난과 격정의 불길 속에서 우리의 행사를 지켜준 주님의 사랑을 감히 표현할 수가 없다.

예수님 사랑해요. 그리고 감사해요.

A-7.

갈등까지 즐겨라

사람의 감정이 파도처럼 일렁이지 않고 컵에 담긴 물처럼 고요하다면 아마도 제풀에 죽을 지도 모른다. 인간은 만들어질 때부터 오욕 칠정을 가슴에 담고 왔다. 그 일곱 가지 감정 기쁨, 화, 슬픔, 즐거움, 사랑, 미움, 욕망 등이 하루에 복합적으로 가동되어 산물을 만들어 내는 것이 바로 인간임을 깨우치는데 상당한 시간이 걸린다.

누구도 하루 종일 기쁨으로 가슴을 채울 수는 없도록 설계되어 있다. 어제 새벽 새롭게 시작하는 월요일을 맞아 성전에서 새벽 기도가 길어졌다. 두 시간을 주님의 말씀을 듣기를 간청했다. 왜냐하면 지난 주일 갈등이 증폭되어 마음이 많이 아팠고 분노를 폭발한 것이 꺼림칙하기도 했다. 그런데 주님께서는 얼토당토않게 나를 닦달하신다.

'원목사! 이제 네 나이가 적지 않지 않느냐? 갈등까지 즐기면 좋을 것이다.' 아니 마음이 아파 주님의 위로를 기대하고 말씀 듣기를 청했는데 그 갈등을 보듬으라는 말씀에 아연했다. 그러며 번뜩

떠오르는 말씀이 있다.

> "내가 세상에 화평을 주러 온 줄로 생각지 말라 화평이 아니요 검
> 을 주러 왔노라. (마10:34)"

그렇다. 기쁨과 즐거움, 사랑만이 가득한 삶이라면 얼마나 좋으
련만 누구 한 사람 예외 없이 분노가 일고 슬픔이 찾아오고 미워
하는 사람도 생기게 되는 것이 삶의 한 단면일 것이다. 그러나 분
노를 폭발하고 참지 못해 씩씩거릴 때마다 생각되어지는 것은 화
의 게이지가 높아질수록 손해는 내가 본다는 깨우침을 얻게 되었
다. 목사로 선교지에 부임해 사역을 하면서 '다시는 화를 내지 말
아야지' 결심을 한두 번 한 것이 아니다. 그런데 세월이 지나면 그
결단을 잊어버리고 분노 게이지가 폭등해 버리고는 한다.

사실 사건이 지나고 난 뒤 곰곰이 생각해 보면 충분히 웃어넘길
수도 있는 문제인데 당시에는 이마에 핏줄이 선명하게 서서 열을
토해 내고는 한 자신이 수치스럽기도 하다. 그러나 세월을 살아온
주름이 안동 하회탈 모양처럼 선명하게 나타나는 나이가 되어서도
그 게이지를 조절할 능력이 없음을 두고 무조건 한탄과 자책만 할
일은 아니다.

이제 또 참도록 마음을 다 잡고 시작하면 된다. 늦음이란 없다.
어쩌면 생명이 다 하는 순간까지 배우고 연습해야 하는 것이 인간
일지도 모른다. 어렵고 어려운 문제인 것은 분명하지만 갈등까지
도 즐길 수 있는 경지에 들어가 보기로 하자.

첫째 나의 감정을 성령께 맡기는 연습을 하면 좋을 것이다.
한국 사회에서 가장 갈등이 심화된 사이를 꼽으라면 아마도 고

부 사이일 것이다. 그런데 역으로 생각하면 시어머니와 며느리는 가장 가까워야 할 사이이다. 시어머니 입장에서는 남의 귀한 딸을 하나 얻었으니 감사하고 또 나의 아들을 보필해 주는 내조자를 얻었으니 큰 감사거리가 아닐 수 없다. 그리고 며느리 입장에서는 자신이 이 세상에서 가장 사랑하는 남자를 낳아 준 고마운 분인데 왜 살갑지 않아야 할까? 그런데 두 사람이 마치 원수와 같아 못 잡아먹어 안달을 하는 모습이 안타깝다. 그러나 마음을 아주 조금만 바꿔 먹으면 문제는 해결되고 화평이 찾아오고 기쁨을 배가할 수 있는 것이 갈등이기도 하다.

우리 옛말에 '때린 자는 웅크리고 자고 맞은 자는 두 팔 두 다리 벌리고 대자로 잔다고 했다.' 마찬가지 논리로 사랑을 듬뿍 주고 나면 후환이 없다. 그러나 미움을 많이 선물하고 나면 두려움이 나를 옥죄어 온다. 그래서 갑자기 분노가 밀려오거나 미움이 발하면 나를 온전하게 성령께 맡겨드리는 것이 필요하다. 내 마음으로는 살인도 마다하지 않을 것이기에 즉시 무릎을 꿇고 성령의 도우심을 청구해야 한다.

> "성령도 우리의 연약함을 도우시나니 우리가 마땅히 빌 바를 알지
> 못하나 오직 성령이 말할 수 없는 탄식으로 우리를 위하여 친히 간
> 구하시느니라. (롬8:26)"

성령의 사람이 된다는 것은 완벽한 사람이 된다는 의미가 아니다. 연약할 때마다 도움을 청할 확실한 존재를 가지고 있고 찾는 방법을 알고 있다는 것이다. 분노가 가까이 오면 성령을 찾아 나를 맡기는 연습을 해 두면 좋을 것이다.

둘째 분노, 슬픔, 미움까지도 품을 수 있는 마음의 도량을 넓혀보라.

대한민국 군대는 참으로 정직하면서도 냉정한 면이 많이 있다. 분대부터 고급사령부까지 무한 경쟁을 해야 한다. 뭐 처음에는 소총사격부터 시작하지만 별의별 것을 서로 견줘 우수한 부대를 선발해 포상하고 후에는 진급에도 영향을 미친다. 그래 경쟁 상대가 되는 지휘관과는 사이가 썩 좋지 않아 그 앙금이 후에까지 남기도 한다. 나는 매번 이등을 하지 않으려 애를 썼다. 어떤 경우에는 부끄럽게도 편법을 쓴 적도 있다. 그 때마다 마음 한 구석은 편치 않았다. 그래 직위가 높아지고는 타 부대를 이기려고 악을 쓰지 않았다. 일부러 져준 것은 아니지만 매번 뒤에서 우리 부대를 찾으면 빨랐다. 그때가 되어서야 분노 슬픔 미움도 품을 수 있다는 것을 깨우쳤다.

요즈음은 가끔 내 입에서 하지 말아야 할 말이 나오기도 한다. 즉 '이제 다 살았는데 뭐?' 하는 말이다. 마치 세상을 달관한 자처럼 말을 한다. 그러나 말인즉슨 도량이 좀 넓어졌다는 뜻이다.

> "마음의 즐거움은 얼굴을 빛나게 하여도 마음의 근심은 심령을 상하게 하느니라. (잠15:13)"

이제 자기 자리에서 연습을 해 보자. 내게 다가오는 친구들 중에 분노, 슬픔, 미움이란 자가 있다 할지라도 살갑게 맞아 대접해 주도록 나를 다스려 보면 좋을 것이다.

잠언기자는 "미움은 다툼을 일으켜도 사랑은 모든 허물을 가린다."고 했다.

고부간이든 부부간이든 아니면 형제간이든 갈등은 피를 부르고 등을 돌리게 한다. 쉽지는 않은 문제이지만 잠시 심호흡을 하고 나의 마음을 바꾸도록 노력을 해 본다면 완벽하게 갈등이 종료되지는 않는다고 해도 해결의 실마리는 찾을 수 있을 것이다. 이제 세상을 향해 미움 대신 사랑을 선포하고 무조건 사랑하는 연습을 하면 분명 인생과 삶이 바뀔 것이다. 분노와 미움을 주고받은 상대방도 지금 마음을 아파할 것이다. 내가 먼저 '미안 하네' 인사를 건네면 결국은 모두의 마음이 평안해질 수 있다.

당신이 살아 낸 자리에는
어떤 흔적이 남았을까?

「호랑이는 죽어서 가죽을 남기고 사람은 죽어서 이름을 남긴다.」는 말이 있다. 유명인사이든 평범하게 살았든 이 땅에서의 삶을 살아낸 흔적은 누구에게나 있다. 일단 태어났다면 부모가 있을 것이요 자신의 이름 석 자는 가지고 있고 호적에 이름이라도 남아 있을 것이다.

이 땅에 보내주신 주님은 분명하게 삶의 목적과 살아 내야할 과업을 제시해 주셨다. 그래 인생의 목표를 세우고 땀을 흘려 노력을 경주해 역사라는 노트에 자신의 이름을 남겨보려 기를 쓰는 것이다. 어떤 이는 정복자로 세상을 호령하기도 했고 어떤 이는 학문의 대가를 이뤄 세계사의 페이지를 장식하기도 하고 어떤 이는 패륜으로 세상을 들썩이게 하기도 한다.

그러나 그 흔적이 물처럼 바람처럼 사라지는 것 또한 하나님의 섭리의 일부분일 뿐이다. 헬라 제국을 세운 알렉산더는 22세 약관의 나이에 당시 최강 페르시아를 물리치고 세계를 제패했다. 그러나 11년 뒤 더 큰 꿈을 가슴에 묻고 역사의 무대에서 내려왔다. 그의 강렬함은 '알렉산더'가 많은 사람의 이름으로 살아났고 힘의 상징으로 쓰여 진다.

> "일의 결국을 다 들었으니 하나님을 경외하고 그 명령을 지킬지어다. 이것이 사람의 본분이니라. 하나님은 모든 행위와 모든 은밀한 일을 선악 간에 심판하시리라. (전12:13-14)"

우리가 성경을 읽으며 아브라함 이삭 야곱 요셉 등 이스라엘에서 이름을 낸 사람들의 삶의 흔적을 보면서 많은 것이 본이 되고 아름답지만 더러는 본이 되지 못하는 것도 포함하고 있으나 오직 한 사람 예수님 만은 그의 삶이 모든 인류의 표본이자 사랑을 담아 낸 흔적이 우리를 따스하게 해 준다. 물론 그분의 삶 때문에 우리는 죄에서 새 생명을 선물 받기도 했다.

어제는 2020년을 마감하는 tres dias 예배와 연약한 교회를 지원하는 행사를 가졌다. 코로나라는 초유의 사태 속에서도 중단 없이 25개 교회를 지원할 수 있도록 배려해 주신 주님의 사랑에 모두가 감격해 했다. 실은 코로나가 발병하고 일부 후원자 분께서 생활이 어려워 지원을 중단한 분도 계셨는데 이곳 연약한 교회의 후원을 박절하게 끊을 수가 없었다. 그래서 후원이 중단되었다는 사실을 숨기고 조금씩 나눠 쓰는 방법을 택하여 지원을 멈추지 않고 올해를 마감할 수 있어 너무나 감사한 일이다.

후원을 받는 목사님들은 당신의 후원자가 멈춘 것을 모르게 했고 지원 또한 중단하지 않고 잘 꾸려왔다. 그러나 2020년 마지막 행사를 하기 전에 모든 후원자 분께 연락을 취해 2021년에는 어떻게 할 것인가?를 문의해 후원을 조정하고 좀 부족한 것은 반으로 줄여 200달러를 100달러씩 두 개교회로 나누는 등 만반의 조치를 취해 의미 있는 자리를 마련했다. 지난해에 100달러씩 지원받은 교회에 대해서는 목사가 선풍기를 한 대씩 추가로 선물을 준비해 사기를 고양시켜 주었다.

이제 Patuju를 바탕으로 하는 현지 목사님 그룹은 벌써 2년을 함께하며 가족이 되었고 서로를 위해 기도하며 돕는 아름다운 모습으로 자리 잡아 너무 감사하다. 특히 심장수술을 한 Enrique 목사와 척추 수술을 한 Iver 목사 등에게는 한국에서 사랑을 보내주시어 수술을 성공적으로 마칠 수 있어 새 생명을 나누는 놀라운 역사를 써 냈다. 그들은 목사를 보자마자 눈물부터 뿌리며 연신 '감사합니다.'를 연발하는데 그 인사를 대한민국이 받는 것이기에 부족한 선교사이지만 나와 대한민국이 이곳 Bolivia에 아름다운 흔적을 남기고 있는 것만 같아 뿌듯하다. 앞으로 더 아름다운 흔적을 위해 나를 바치려 마음을 다진다.

첫째 무엇을 망설이는가? 주님을 향해 당신을 던져라.

고통스럽고 힘겨울 때 주님은 당신을 찾아오라고 말씀하고 있다. 우리도 사방이 막힌 경우 하늘 밖에 솟아날 구멍이 없을 때가 있다. 굴곡진 삶의 늪에서 현명한 선택은 오직 주님만 바라보는 것이다. 한 생을 살면서 돈을 모으면 얼마나 모을 것이며 명예를 얻으면 얼마나 높이 오르겠는가? 생명을 반납하기에 앞서 많은 사람들이 하는 말을 종합해 준 유익한 말이 있다. 미국 코넬대학 연구팀이 발표한 것을 보면 대다수의 사람이 죽기 전에 「자신에게 진실하지 못했다. 일만 너무 열심히 하느라 가족과 이웃을 사랑하고 보살피지 못했다. 친구와 이웃에게 시간과 물질을 베풀지 못했다.」 억척을 부리는 삶이 부질없음을 말하는 것이 마치 전도서 기자가 말한 것과 같아 놀라움을 자아내고 있다.

"사람이 사는 동안에 기뻐하며 선을 행하는 것보다 나은 것이 없는
줄을 내가 알았다. (전3:12)"

무엇을 망설일 것인가? 주신이도 여호와요 거두시는 이도 여호
와라는 욥의 고백처럼 세상의 허탄한 것에 목을 매지 말고 주님을
향해 나를 던져본다면 죽음이 임박해서나 죽은 뒤 예수님 앞에 섰
을 때에도 당당하지 않을까?

삶은 나이에 있지 않다. 100년을 산다고 형무소에서 갇혀 보내
거나 병상에서 식물인간으로 사는 것은 오히려 저주에 가깝다. 짧
게 살아도 주님이 기뻐하는 삶이 필요하다. 알렉산더를 주님이 도
구로 쓰셨는지는 모르나 예수님이 오실 때 세계는 헬라어를 사용
했다. 따라서 신약의 기록과 바울의 초기 선교에 한 몫을 담당한
것이 헬라어이다. 장수하던 짧은 생을 살던 숫자보단 주님이 기뻐
하셨는가? 삶의 자리에서 선한 흔적을 남겼는가?

둘째 기왕이면 멋지고 아름다운 흔적을 남겨야 한다.

"그 손의 열매가 그에게 돌아갈 것이요 그 행한 일을 인하여 성문
에서 칭찬을 받으리라. (잠31:31)"

예수님은 33년의 생을 엮고 우리를 구원하시기 위해 십자가에
달리셨지만 인류 역사에서 가장 많은 페이지를 차지하고 그가
하신 말씀이 오늘도 살아서 역사하고 있다. 반면 히틀러 스탈린
김일성은 인류에게 유익은커녕 악을 저지른 패역무도한 삶을 살
았는데 그들의 사악한 흔적은 지구 곳곳에 널려 있어 그들의 삶
이 얼마나 천박했는지 역사는 말하고 있다. 이왕 생명의 산책을

나왔다면 멋지고 아름다운 무늬를 그리고 역량 범위 내에서 이 땅에 그윽한 향기 한 점을 남긴다면 더 바랄 것이 없을 것이다. 가정 교회 국가에서 '꼭 필요한 존재' 또는 '제발 떠났으면 하는 사람' 중에 어떤 사람이 될 것인가? 바로 그것이 아름다운 흔적을 남겨야 하는 이유이다. 우리는 이 땅에서의 생을 마감한다고 결코 끝나는 것이 아니다. 본인은 심판대 앞에 서야 하고 그가 뿌린 씨앗은 악취가 되어 코를 막게도 하고 향기가 되어 선한 영향을 끼치기도 한다.

어쩌면 인생은 해변 모래 위에서 쌓는 모래성이 아닐까 생각해 본다. 아빠 손을 잡고 놀이를 나온 아이는 큰 꿈을 꾸며 모래로 성을 짓고 원대한 야심을 드러내지만 해가 지면 쌓던 것을 그대로 두고 집으로 가야 한다. 우리 인생도 이와 유사하다. 이 땅에서 아무리 원대한 일을 성취한다 해도 주님이 명한 때가 되면 떠나야 하는 것이 세상의 이치이다.

「기회가 있을 때 최선을 다하라 인생의 버스를 놓치고 후회한다고 또 기회가 주어지지 않기 때문이다.」

방향을 상실할 때

2월은 호재와 악재가 함께 방문해 주었다. 카니발 기간 동안 엄마들이 자기들 힘만으로 3일 집회를 수행한 것은 Patuju 역사에 길이 남을 멋진 일이었으나 개인적으로는 2월에 하나님의 심술 때문에 전도를 목표량만큼 하지 못했다. 전도를 나가려 하면 줄기차게 퍼붓는 빗줄기가 원망스럽기만 했다. 그러며 묵상이 깊어졌다. 마음은 사역에 바쁘다고 하면서 2월은 남는 장사를 못했기에 나의 정체성을 곰곰이 생각해 보았다.

나는 인생의 항로에서 방향키를 딱 두 번 회전했다. 처음이 군인이 되려고 사관학교를 택한 것인데 적성이나 꿈이 가득해 출발한 것이 아니다. 사실 신학교를 가 보고 싶은 마음이 있었지만 그것도 투지를 가지고 밀어붙이지 못했다. 부모 입장에서는 시골 살림으로 대학 학비도 걱정거리고 또 신학교를 졸업한다 해도 비전이 있는 것으로 봐 주지 않았기에 내가 방향을 정한 것이 아니라 어쩌면 하나님이 써 놓은 시나리오대로 끌려가지 않았을까? 생각된다.

> "여호와께서 아브람에게 이르시되 너는 너의 본토 친척 아비 집을
> 떠나 내가 네게 지시할 땅으로 가라 (창12:1)"

아브라함 또한 졸지에 비옥한 고향 산천을 떠나 척박하기만한 팔레스타인 사막으로 가야 했다. 나 또한 전반전 삶을 비교적 순탄하게 엮어냈다. 그러니 처음 직장에서 한 우물을 파며 35년이나 버텼다. 그리고 두 번째 방향키도 내 마음대로 조종하지 못했다. 주님께 등 떠밀려 목사가 되었고 이순이 넘은 때에 선교사가 되어 고향 반대편 지구에 와 있다.

그리고 나의 자녀들이 장성해 각기 자기 일에 열중이어서 아빠가 없어도 잘 헤쳐 나가리라 생각하고 선교지로 떠나 왔다. 그런데 자식은 평생 자식인 모양이다. 시쳇말로 아흔 먹은 엄마가 칠순 아들에게 '길 건널 때 차 조심해라.' 걱정하는 것처럼 자식은 아비가 죽기 전까지 곁에서 함께 해야 하는 모양이다. 후방에서 밝은 소식이 전해지다 조금 우울한 소식이 당도하면 의욕이 꺾기고 의기소침해진다. 그래서 삶은 마치 우물을 파는 것과 같다. 모두가 협력해야만 선을 이룰 수 있는 것이다.

최전방 선교지에서 선교사가 우물을 파러 땅 속으로 들어갈 수 있는 것은 후방에서 밥도 해 주어야 하고 퍼 올린 흙도 받아주어야 하는 것처럼 손발과 마음이 하나가 되어야 가능하다. 우물을 파러 들어간 사람이 혼자 다 할 수 없듯이 어떤 일이든 모두가 합심하면 더 좋은 열매를 거둘 수 있다. 그러나 주님은 항상 우리에게 딱 맞는 길을 예비하고 우리가 가기를 기다리고 계신다. "너희는 내게 배우고 받고 듣고 본 바를 행하라"

첫째 힘이 들고 지치면 잠시 멈추어 쉼을 가져야 한다.

기관차가 폭주할 수 있는 것은 차량 정비를 철저히 하고 연료가 충만했을 때에 가능한 것이다. 점검이 소홀하고 기름칠을 하지 않으면 차량이 멈추거나 전복할 위험이 존재한다. 살아가면서 되는 일이 없고 실패를 거듭하는 경우가 있다. 특히 최근 대한민국은 청년들이 좋은 스펙을 쌓고도 직장을 얻지 못해 많은 이들이 방황하고 있다고 한다.

> "수고하고 무거운 짐 진 자들아 다 내게로 오라 내가 너희를 쉬게 하리라. 나는 마음이 온유하고 겸손하니 나의 멍에를 메고 내게 배우라 (마11:28)"

Patuju 가족들도 생활고에 지치고 자녀들 미래가 불투명해 한숨이 가득하다. 면담을 청해 오는 가족의 내면을 들여다보면 눈물밖에 안 나온다. 많은 남편들이 알콜 중독이고 폭력 폭언 때문에 가정이 얼음이 되고 있다. 또 하루벌이가 시원찮아 때를 거를 때가 있다는 소리에는 더 할 말이 없었다. 그러나 고난도 잠시 일 것이라고 위로하고 함께 주님만 바라보자고 기도로 힘을 보태고 있다. 나 또한 지치고 낙망하지 않도록 주님께 위로를 청하고 있다.

둘째 방향을 상실할 때는 새로운 길을 열어 주심을 믿어야 한다.
사업에 실패하고 결혼도 쪽이 나고 건강까지 망가진 욥의 신세가 되었을 때 누구 한 사람 세상과 하나님을 원망하지 않겠는가?

> "내가 말하겠사오니 주여 들으시고 내가 주께 묻겠사오니 주여 내게 알게 하옵소서. (욥42:4)"

그러나 그런 와중에도 견뎌내는 사람이 있다. 바로 욥이 그렇다. 혹자들은 성경 말씀이지요? 하고 반박할 수도 있다. 그렇다. 그 말씀을 통해 우리가 힘을 얻기 바라는 것이 하나님의 뜻이다.

욥은 고난을 통과하고 난 뒤에 "내가 주께 대하여 귀로 듣기만 하였삽더니 이제는 눈으로 주를 뵈옵나이다."고백하고 있다.

당신에게 지금 방향을 상실할 만큼 시련이 왔는가? 그렇다면 이제 반등할 일만 남았다고 외치면 된다. 사방이 꽉 막혀 있고 더 내려갈 곳이 없으니 뚫린 곳은 하늘뿐이다. 주님은 우리의 실패를 바라는 분이 아니다. 우리가 고개를 숙이고 신세 한탄만 하는 모습은 사단이 원하는 그의 계략이다. 이제 올라갈 용기를 가지고 주님만 붙잡으면 그 다음은 주님이 해 주신다. 욥에게도 고난 후에 "그 전보다 갑절이나 주신지라"는 말씀처럼 나와 당신에게도 쌓을 수 없을 만큼 복을 주실 것이다.

Patuju를 섬기며 감사한 것은 모든 엄마들이 목사를 아빠처럼 생각하고 속에 있는 이야기를 허심탄회하게 꺼내 놓는 것이다. 그만큼 목사가 이들에게 존경과 신뢰를 받고 있다는 반증이 되면서도 반대로는 이들의 사연을 속속 들으면 마음을 많이 아프다. 가정마다 거의 문제가 노정되어 있다. 자녀, 남편, 경제 등의 일들이 심각하게 얽혀 있기 때문이다. 내가 할 수 있는 일이 기도와 말씀을 주며 위로하는 일이지만 성도들은 그것만으로도 감사하고 있다.

이곳 Bolivia 도 곧 좋은 나라로 바뀌어 갈 것을 믿는다. 이들의 예수를 향한 믿음이 아직은 연약하지만 심성이 착하고 순수하기에 미래는 밝다. 나 또한 주님께 길을 묻고 있다. 주님께 아브라함에게 명령했듯이 주님의 뜻이 담긴 명령을 받기 원한다. 혹시 길을 잃은 분이 계시다면 낙망하지 말고 나와 함께 주님만 바라보기를 권한다.

A-10.

생각을 바꾸면
새 세상을 만날 수 있다

　미국의 철학자 '윌리엄 제임스'는 「생각이 바뀌면 행동이 바뀌고 행동이 바뀌면 습관이 바뀌고 습관이 바뀌면 인격이 바뀌고 인격이 바뀌면 운명도 바뀐다.」는 말을 남겼다. 우리는 마치 TV를 켜 뉴스나 드라마 영화를 보는 것처럼 생각의 채널을 잘 선택해야 한다. 주변 상황이 최악이라 할지라도 마음을 어떻게 먹느냐에 따라 극복하느냐? 낙마하느냐? 결정된다.

　19세기 영국의 화가 와츠의 그림 중에 한 여인이 둥근 공에 앉아 하프를 연주하는 그림이 있다. 자세히 보면 줄이 다 끊어지고 한 줄만 남아 있다. 작가는 그 그림에게 희망이라고 이름 붙였다. 우리가 삶을 살아가면서 하프처럼 줄이 다 끊어지고 한 줄만 있어도 연주하겠다고 도전하는 마음이 필요하다. 「밤」이라는 소설을 쓴 노벨평화상 수상자 위젤은 아우슈비츠 수용소 단두대에서 어린 소년이 처형당하는 순간 '주님, 당신은 어디 계십니까?' 묻고 있다. 그러며 그는 예레미야를 떠 올린다.

"너희를 향한 나의 생각을 내가 아나니 평안이요 재앙이 아니니라.
너희에게 희망과 미래를 주는 것이니라. (렘29:11)"

최악의 상황에서도 주님은 우리에게 희망과 미래를 주심을 알아야 한다. 예수님께서 이 땅에 오시기 전까지 유대민족은 모세에게 전해준 율법을 지키기 위해 안간힘을 썼다. 구약에서 지켜야할 규례는 613개나 된다. 숫자만 외우기도 벅찬 율법 규정이다. 중요한 것은 율법이라는 틀에 가둬져 있다는 것이다. 마찬가지 오늘날에도 자기 생각에 함몰되어 앞으로 전진하는 것이 아니라 뒤로 퇴보하는 사람들이 있다.

Patuju 교회 엄마들은 꿈들이 매우 소박하다. 주로 아이들 뒷바라지 잘하는 것이 전부이다. 물론 학습을 받지 못한 것과 세상이 어떻게 변모해 가는지 모르는 우물 안 개구리 격이다. 그래 생각을 바꿔주고 꿈을 심어 주기 위해 그들의 생각의 밭을 갈아엎고 있다. 「사람은 반드시 변할 수 있다. 환경, 연령, 조건은 문제가 되지 않는다. 누구나 발전해 성공할 수 있으므로 생각의 채널을 바꾸라고」 강조하고 있다.

사도 바울은 "너희는 이 세대를 본받지 말고 오직 마음을 새롭게
함으로 변화를 받아 하나님의 선하시고 기뻐하시고 온전하신 뜻
이 무엇인지 분별하도록 하라. (롬12:2)"

'나도 할 수 있다.' 생각을 바꾸고 초록색 꿈을 잉태하면 먼저 입에서 나오는 언어가 '부정에서 긍정'으로 바뀔 것이다. 그러면 그 언어는 행동을 변화시켜 줄 것이고 그 행동을 통해 인생이 달라진다는 것을 깨우쳐 주기 위해 노력하고 있다. 아직 암울한 터널

에 갇혀 있다면 훌훌 벗어 던지고 빛 가운데로 나가야 한다. 작금 코로나 때문에 부정적인 생각으로 마음을 채웠다면 이제 그 마음 밭을 갈아엎고 도전의 칼을 뽑자. 오늘이 내 인생에서 최고의 날이 될 것이라고 외치자. 우리가 생각을 바꾼 만큼 미래라는 영지에 도약을 해 있을 것이다.

첫째 내 생각을 다듬어야 한다.

나는 소위 엘리트라는 의식에 젖어 교만하게 살아온 날이 적지 않았다. 그래서 내 생각과 다른 사고를 가진 사람을 무시하거나 적대시하는 경우가 많았다. 내가 옳고 상대가 틀렸다고 생각했기 때문이다. 물론 많은 부분이 내가 생각하고 추구하는 것이 옳기도 하다. 그러나 단순하게 관점이 다르고 생각의 차이가 있다고 적으로 또는 죄인 취급을 하는 것은 옳지 못하다. 물론 직업에 기인하는 면도 있다.

군인은 획일적 생각이 필요하기에 그렇게 훈련을 시킨다. 그 버릇이 목회에도 슬그머니 나타나 내 생각을 강요하고 다른 생각은 잘못되었다고 정죄하는 못된 버릇이 내게 있었다. 생각의 다름은 틀린 것이 아니다. 그런데 성도들이 목사와 다른 생각을 한다고 미워하고 차별대우를 서슴지 않았다.

> "진리가 예수 안에 있는 것 같이 너희가 과연 그에게서 듣고 또한
> 그 안에서 가르침을 받았을진대. (엡4:21)"

예수 안에 있는 자 같이 주님의 가르침으로 마음을 다듬어야 한다. 그 때야 비로소 생각이 진정한 긍정의 싹을 피울 수 있다.

둘째 내 생각을 강요하지 않아야 한다.

리더들의 가장 큰 문제는 자신의 생각을 자기 그늘 아래 있는 사람에게 획일적으로 요구하는 면이 있다는 것이다. 그런 사람에게 질문을 던지면 '내가 그런 것이 아니고 그들이 따라왔어.' 라고 한다. 문제는 군이면 지휘관이고 회사면 사장이고 교회면 담임목사가 대장인데 그의 의중을 거슬릴 자가 과연 누가 있겠는가?

> "너희는 먼저 그의 나라와 그의 의를 구하라 그리하면 이 모든 것
> 을 너희에게 더하시리라. (마6:33)"

주님께서도 먼저 대의를 구하라 말씀하신 것처럼 대장의 생각을 주입하는 것도 좋은 방법이지만 그에 앞서 조직의 이념에 맞도록 방향을 잡아주어야 한다. 그래서 군에서 일어나는 폐해는 앞 전의 지휘관이 애써 노력한 것을 후임 지휘관이 부임하면 다 허물어 버리고 자신의 취향에 맞도록 바꾸기에 세웠다, 부셨다를 반복하는 악순환을 하기도 한다. 인간적인 생각을 버리고 주님의 뜻에 부합되게 조직을 이끌면 성공에 가까이 갈 수 있고 자신의 삶도 회전시킬 수 있다.

> "무릇 지킬 만한 것보다 더욱 네 마음을 지켜라 생명의 근원이 이
> 에서 남이라 (잠4:23)"

솔로몬은 지혜자의 대명사였다. 그러나 그는 종국에 자기 마음을 지키지 못한 실패자이기도 하다. 천여 명의 처첩을 거느리느라 무척 힘들었을 것이다. 그녀들이 요구하는 이방 신들을 받아들이다 보니 왕국은 우상의 숲을 이뤘으니 말이다. 어떤 현자가 「인생

에서 가장 큰 간격은 아는 것과 행동하는 간격이라고 했다.」

그렇다. 아는 것을 행동으로 옮기려면 먼저 마음을 옮겨야 하는데 그것이 이행되지 않기에 행동으로 실천할 수 없는 것이다. 지금 가장 큰 실패를 맞이하고 있는 분이나 아직 성공의 역에 도착해 보지 못한 분이라도 상관없다. 지금 마음을 바꿔 먹고 도전해 본다면 전혀 다른 새 세상을 만날 수 있다. 오늘을 내 인생에서 최고의 날로 만드는 것은 먼저 내 마음부터 바꿔야 가능한 일이다.

A-11.

꿈을 점검하라

꿈을 꾸지 않고 목표를 세우지 않은 사람에게는 해당되지 않을 수도 있는 말이나 지금까지 꿈꾸기와 목표 세우기를 미뤘다면 오늘 꿈을 정하고 구체적인 목표를 세우면 된다. 혹여 나이가 지긋해 「이 나이에 무슨 꿈을 꿔?」하는 분이 있을 수도 있다. 그러나 시한부 판정을 받고 곧 죽는다 해도 목표와 꿈을 가지면 남은 날들을 헛되이 보내지 않고 알차게 사용할 수 있다. 정 꿈이 없다면 일장춘몽이라도 꿔 보도록 하자. 새해가 되었는데도 꿈을 꾸지 않았다면 「나에게 문제가 있는가?」 곰곰 생각해 볼 필요가 있다. 사람이 꿈을 꾸지 않는다면 사는 것이 아니고 사육 당하는 것이다.

「만약 당신이 꿈을 꿀 수 있다면 그것을 이룰 수도 있다. 언제나 기억하라 이 모든 것들이 하나의 꿈과 한 마리의 쥐로 시작되었다는 것을」 디즈니랜드 신화를 이룬 월트 디즈니의 말이다. 그는 두 번의 사업실패와 파산을 경험했고 믿었던 친구에게 배신을 당하는 어려움 속에서도 포기하지 않고 자신의 꿈을 이어나가 결국 그 꿈을 이뤄 냈다. 우리의 어린 시절 꿈은 막연했다. 거의가 대통령 장관 국회의원 등을 꼽았다. 그러나 요즈음 어린이들에게 물으면 아주 구체적으로 꿈을 그린다. 매우 좋은 현상이다. 이곳 Bolivia에서 전도를 다니면서 예수를 증거하는 것과 병행해 두 가지를 더 하고 있다. 그 하나가 어린이에게 꿈을 만들어주는 것이다. 벌써 5년 전과 이곳도 많은 변화가 있다.

2016년 선교사로 첫발을 디디던 해에 어린이에게 꿈을 물어보면 고개를 가로 저었다. 가끔 대답하는 아이의 꿈은 경찰, 오토바이 운전자, 벽돌공 등의 이름을 들먹였다. 그 아이가 보고 들은 것이 전부이기에 탓할 수만도 없다. 그래 Patuju청소년들에게는 꿈을 만들고 10년 후 목표를 세워 지키게 하는 훈련을 병행하고 있다. 그리고 복음을 나르며 하는 또 하나는 현실적인 것으로 가난을 물리치도록 저금통을 나눠주는 일이다. 아직 Bolivia는 은행과 정부에서 저축을 장려하지 않아 저축에 대한 습관은 물론 절약에 대한 정신도 전무한 편이다. 물론 그런 절약정신이 없는 것은 숱한 시간 동안 외세의 억압 속에 살아온 하나의 단면이라고 볼 수 있다.

정복국가가 지배를 원활하게 할 수 있는 유일한 방법 중의 하나는 먹는 것을 통제하는 것이다. 배부르게 먹을 것이 넘치면 말을 잘 듣지 않는 타성이 생기기에 하루 식량만 가지고 내일의 식량을 비축하지 못하게 하는 방법에 연단 되어 살아왔기에 하루 벌어 오면 그 돈을 하루에 다 쓰고 내일은 아예 염려를 하지 않는다.

> "야베스가 이스라엘 하나님께 아뢰어 가로되 원컨대 주께서 내게 복을 더하사 나의 지경을 넓히시고 주의 손으로 나를 도우사 나로 환난을 벗어나 근심이 없게 하옵소서. 하였더니 하나님께서 그 구하는 것을 허락하셨도다. (대상4:10)"

나는 평생 꿈꾸었던 이방 선교를 나오는 것까지는 이루었으나 아직 예수님께서 주신 임무를 다하기까지는 더 많은 꿈을 꾸고 목표를 세워야 하기에 오늘도 어떻게 소명을 다할까? 하루를 준비하며 각오를 다진다.

첫째 꿈은 소박하게 꾸되 기도는 간절해야 한다.

절박한 것과 열심을 다하는 것과는 차이가 있다. 대충 「되면 좋고 안 돼도 할 수 없지 뭐」 하는 사람은 근근이 자기 삶을 살아 낼 수는 있지만 리더로서 세상을 윤택하게 하고 하나님 나라를 아름답게 꾸미는 일에는 크게 쓰임을 받지 못할 것이다. 물론 크게 꿈을 꾸는 것도 매우 좋은 일이다. 그러나 실현가능성을 염두에 두고 꿈을 소박하게 꾸는 것이 더 아름답고 이루기에도 좋을 것이다. 그리고 그 단계를 넘어서면 또 꿈을 꾸면 지루하거나 나태해지지 않을 수 있다.

꿈도 실용적으로 단계화 하여 목표를 세우고 행동에 옮겨 처음 작은 고지를 점령하고 또 다음 고지를 향해 달리는 과정을 하나하나 넘다 보면 어느 순간 최종 꿈에 도달해 있는 자신을 발견하게 된다. 그러나 기도는 간절함이 필요하다. 즉 외유내강의 모습을 보이라는 것이다. 허풍을 떨고 가오나 재는 그런 모습을 버리고 겸손하고 자중하며 목표를 쟁취해 가는 자는 후일 하나님께서 유심히 보고 계시다가 적재적소에 꼭 기용을 하실 것이다.

"구하는 이마다 얻을 것이요 찾는 이가 찾을 것이요 두드리는 이에게 열릴 것이니라. (마7:8)"

둘째 꿈을 목표로 구체화하고 행동지침을 스스로 만들어라.

'당신이 할 수 있는 가장 큰 모험은 당신이 꿈꾸는 삶을 사는 것이다.' 월트 디즈니는 빈한한 시절 친구의 차고에서 살면서 꿈꾸고 그

계획을 구체화하며 지하차고를 드나드는 쥐를 보면서 영감을 얻어 「미키마우스」라는 예쁘고 정감 있는 쥐를 탄생시켰다. 흔히들 꿈을 크게 갖으라고 하면 대충 허황된 것을 정해 '실천할 생각은 처음부터 없는' 경우가 있다. 그래서 Patuju 청년들은 꿈을 구체화하여 10년 후 목표를 세우고 매년 구체적으로 실천할 행동을 표에 적어 책상 앞에 부치고 기도하며 자신의 장밋빛 미래를 그려 보게 한다. 아름다운 꿈과 미래 약간 허황된 꿈일지라도 구체적 계획이 있으면 이룰 수 있다. 그리고 소소한 부분까지 행동지침을 만들어 스스로를 제어하고 통제하고 다독이면 목표를 이루는데 큰 도움이 된다.

> "내 형제들아 만일 사람이 믿음이 있노라 하고 행함이 없으면 무슨 이익이 있으리요 그 믿음이 능히 자기를 구원하겠느냐 (약2:14)"

올해 모두가 꿈을 꾸었다면 꿈으로만 머물지 말고 행동으로 옮기기 바란다. 속된 말로 「칼을 뽑았으면 호박이라도 찔러보자.」 시작은 거창한데 3일 하고 슬그머니 그만 두는 사람을 두고 「작심삼일 인간」이라고 비하해 부르지만 '작심삼일'도 장한 일이다. 이젠 발상을 바꿀 필요도 있다. 3일 하고 멈추더라도 실천을 안 한 것보단 상대적으로 좋다. 또 작심하고 시작하기를 반복하면 언젠가는 정상궤도에 오를 수 있다. 이제 꿈을 꾸었으니 그 꿈이 무지개에 머물지 않도록 잡으러 달려가야 한다. 나 또한 이곳에서 꿈을 실현하기 위해 갈등과 반목 등 숱한 좌충우돌과 난관이 한 겨울의 파도처럼 밀려왔다 가기를 수없이 반복하지만 인내하는 것은 꿈을 이루려는 거룩한 욕심 때문에 이겨내는 것이다. 꿈을 꾸고 목표를 향해 달리는 당신을 응원한다. 올해 마지막 날에는 각자가 이룬 꿈의 자랑이 한 보따리 되었으면 좋겠다.

B.

행복을 파는 전도자

하나님의 사역도 연습이다

20세기 최고의 연주 해석으로 인정받은 국제적인 피아니스트 루빈스타인은 폴란드에서 태어난 미국의 피아니스트이다. 그는 명성을 얻은 뒤에도 하루에 9시간씩 연습에 몰두해 쇼팽 해석의 대가로 인정받았다. 그는 「하루를 연습하지 않으면 내가 알고 이틀을 연습하지 않으면 동료가 알고 사흘을 연습하지 않으면 관객이 안다.」는 유명한 말을 남겼다.

올해도 이제 얼마 남지 않았다. 조금은 마음이 급한 것이 Patuju 성도들에게 전도가 몸에 익도록 해 주고 싶어 매주 화, 수요일 강행군을 하고 있다. 지금은 이방목사가 전도를 인도하지만 언젠가는 이들 스스로 전도를 나서야 하기 때문에 습관화되도록 강요를 하고 있다. 이들의 입에서 "주 예수를 믿으라, 그리하면 너와 네 집이 구원을 얻으리라!"는 말이 튀어나오도록 습관화하고 있다. 그래 전도 팀을 나눠 지침을 주고 자기 맘대로 해 보도록 한다.

군대에 처음 들어가면 훈련소에서 하는 훈련이 제식동작이다. 차렷, 열중 쉬어, 경례가 몸에 익숙하지 않으면 군인 폼이 나지 않기에 쉼 없이 반복해 훈련의 훈련을 거듭해 신병훈련 6주가 끝나면 제법 군인 티가 난다.

> "그리스도 안에 일만 스승이 있으되 아비는 많지 아니하니 그리스
> 도 예수 안에서 복음으로 내가 너희를 낳았음이라 그러므로 내가
> 너희에게 권하노니 너희는 나를 본받는 자가 되라. (고전4:15-16)"

한 사람 주님의 종이 본을 보이면 많은 영향력을 가져온다. 그래서 목자의 솔선수범은 매우 중요하다.

바울의 삶은 우리 전도자들이 따라 해야 할 복음의 진수를 보여주었다. 예수를 핍박하던 자에서 예수의 영이 그를 사로잡자 생명을 아끼지 않고 믿음의 본을 보였다.

그가 만년에 "수고하며 애쓰고 여러 번 자지 못하고 주리며 목마르고 여러 번 굶고 춥고 헐벗었노라"고 고백했다. 현대 우리의 전도여건은 바울 시대와 비교할 수도 없을 만큼 좋다. 그런데도 끈기가 없어 가다가 멈추고는 해 예수님 마음을 불편하게 하고 있다. 하나님 사역도 신병이 군인으로 기본을 갖추기 위해 훈련소에 입소하는 것처럼 훈련과 연습이 필요하다.

첫째 솔선수범이 필요하다.

과거 동족상잔의 비극으로 역사를 쓸 수밖에 없었던 6.25 그 피비린내 나는 전장에서 훈련도 제대로 받지 못한 청년들의 숭고한 희생이 오늘의 대한민국이 있도록 해 주었다. 그 때 만약이지만 김일성의 손에 떨어졌다면 오늘 믿음의 형제들은 어쩌면 세상 빛을 보지 못했을 수도 있다. 그 때 이름 모르는 산야에서 꽃다운 나이에 죽어간 소대장들의 수범이 참으로 대견했다. 총탄이 빗발 치는 적군의 고지를 향해 앞서서 '나를 따르라' 외치고는 죽어 갔기 때

문에 부하들은 그 모습을 보고 고지를 점령할 수 있었다.

> "형제들아 너희는 함께 나를 본 받으라 또 우리로 본을 삼는 것같
> 이 그대로 행하는 자들을 보이라. (빌3:17)"

Patuju 교회 전도 훈련장에는 지난주에는 30명이 참여했는데 어제는 정확하게 40명이 참여했다. 전도가 끝나고 점심을 대접해 주면서 다음 주에는 50명이 참여할 것이라고 선포를 했다. 물론 그 중에는 유아들이 십여 명 있다. 그 아이들은 전도 장소에 와서 세상물정 모르고 뛰놀며 즐거워한다. 그러나 그런 아이들의 참여를 장려하고 있다. 엄마 아빠가 복음의 씨앗을 뿌리는 것을 보고 자란 아이는 언젠가 부모의 모습을 따라 씨앗을 뿌릴 것이기 때문이다. 그들이 순수하게 장난을 치고 있지만 주님은 그들 기억 속에 복음 전도라는 DNA를 내장 시켜 주고 계시다.

"한 알의 밀이 떨어져 죽으면 많은 열매를 맺느니라."

사실 목사 혼자 또는 두어 명 도움으로 복음을 전할 수 있다. 그러나 수십 명 점심을 사 주면서 강요하는 이유는 전도가 몸에 익도록 내가 수범을 보이는 것이다. 그들이 살아가면서 Bernabe(원목사 현지 이름)' 목사를 떠 올릴 때마다 '전도해야지' 하는 마음을 가지도록 훈련을 하는 것이다.

둘째 훈련은 반복이 필요하다.

'나는 내일을 기다리지 않는다.' 는 책을 낸 발레리나 강수진씨의 흉측한 발이 소개되어 화제가 된 적이 있다. 무대에서 그녀는 너무나 아름답게 춤을 춘다. 그러나 그 속에 감추어진 발은 마치

괴물의 발과 같았기 때문이다. 그는 세계적인 명성을 얻은 뒤에도 공연을 앞두고는 하루에 19시간씩 연습했다고 한다. 그의 발은 그녀의 훈장이다.

> "너는 말씀을 전파하라 때를 얻든지 못 얻든지 항상 힘쓰라 범사에
> 오래 참음과 가르침으로 경책하며 경계하며 권하라. (딤전4:2)"

우리의 복음도 그녀처럼 혼신의 노력을 다 한다면 예수님이 무척 기뻐하실 것이다. 훈련과 연습 없이 성공하는 것은 단명의 지름길이다. 처음에 운 좋게 아무 준비도 하지 않고 성공한 자는 바로 교만이라는 덫에 걸리기 때문이다. 하늘은 스스로 돕는 자를 돕는다.' 는 격언처럼 주님은 우리가 최선을 다할 때 기뻐하시며 도와주신다. 나는 아직도 Espanol에 익숙하지 못하다. 4년이나 이들과 함께 살면서 아직도 제대로 의사소통을 못하는 것이 바로 나의 게으름 탓이다.

주일 설교를 Espanol로 원고를 준비해 읽는다. 그러나 그나마도 수십 번 읽고 하면 좋은데 그렇지 못하다. 이번에는 원고를 다 외워 설교를 해야지 결단은 잘 한다. 그런데 매번 더듬거리는 내가 가엾다. 하나님의 사역도 연습이 필수이다. 오늘은 Patuju 교회 주변 마을에서 성도들이 자발적으로 전도를 할 것이다. 이 세상이 복음화 되는 그날까지 전도를 쉬지 않기를 소망한다.

B-2.

기쁨의 향연 전도축제

　20세기 이후 젊은이들의 향연이 된 꿈의 축제는 4년마다 열리는 올림픽이다. 물론 체육 분야에 국한되지만 전 세계 젊은이들이 지난 4년간 갈고 닦은 힘과 기를 겨루며 축제를 즐기는 행사로 국가대항전의 성격이 짙기에 정부가 앞장서서 장려하고 연습을 시키기도 한다. 또 올림픽에서 금메달을 따면 인생이 바뀌는 출세의 반열에 올라서기에 열심을 다한다. 나도 어려 유도를 배우며 올림픽을 꿈꾸기도 했지만 당시 한국의 수준은 세계의 높은 벽에 가까이 갈 수가 없었다. 스포츠도 국력이다. 지금은 대한민국이 경제로도 세계 10위권에 있지만 스포츠도 그와 비슷한 열 손가락 안에 들어 있다.

　사실상 동방의 작은 나라가 경제 문화 스포츠에서 세계 선두에 선다는 것은 사실 꿈과 같은 이야기이다. 그러나 우리는 불과 반세기 전만해도 세계 최빈국으로 우리나라 뒤에는 인도 하나뿐이었다. 그러나 땀을 쏟고 허리띠를 졸라매고 달음박질을 한 결과 지금은 세계가 주목하는 나라가 되었다. 최근 방탄소년단을 비롯한 그룹들이 부르는 K-pop은 전 세계의 귀를 놀라게 하고 있다. 그러

나 이런 경제 문화 스포츠의 발전도 괄목할 사건이지만 사실은 그
것은 한국이 복음화된 것에 비교하면 조족지혈이라고 표현해도 어
색하지 않을 것이다.

　동족상잔이 끝나는 1950년대 중반만 해도 우리는 각종 토속신
앙에 함몰되어 동네 어귀에는 성황당이라고 울긋불긋 유치한 색깔
의 띠를 두르고 있는 돌무덤을 찾아 시도 때도 없이 두 손을 모으
고 빌기를 다했다. 그렇게 뿌리가 깊은 미신을 타파하고 예수를 섬
기기 시작하자 한반도는 성령으로 불타오르는 한편 축복이 덩굴로
떨어져 초근 목피를 하던 민족이 이제 꾸어 주는 자리에 와 있다.
세계에서 가장 많은 선교사를 파송하고 가장 많이 구제에 앞장서
고 있다. 우리의 입에서 "주 예수를 믿으라 그리하면 너와 네 집이
구원을 얻으리라. (행16:31)"고 눈만 뜨면 세계만방을 향해 외치
는 나라가 되어있다.

　그 외침을 이곳 Bolivia에서 나누는 나는 개인적으로 내세울 것
이 아무것도 없다. 그러나 대한민국 목사라는 직함만으로도 과분
한 복을 받고 있다. 왜냐하면 한국인이 그만큼 인기가 많고 이들에
게 복음을 나눠 주는 고마운 사람으로 인식되어 있기에 이들과 함
께 하는 것 자체가 행복이다.

첫째 전도는 항상 즐겁다.

　사실 어제는 전도를 하지 못했다. 전도를 하려할 즈음 공원에는
비가 뿌리기 시작했기에 사람들이 재빨리 도망을 쳐 아무도 없어
지자 우리 전도요원 30여 명만 남았다. 그래서 인근 식당에 협조
를 구해 식당으로 비를 피해 들어갔다. 주인의 양해 하에 우리는
멋진 예배를 올려 드렸다. 식당 주인의 배려로 한 쪽에 탁자를 정
리해 아담한 예배당처럼 배치하고 찬양과 말씀을 나눌 때 성령이

우리와 함께해 주심을 뜨겁게 느꼈다. 전도용으로 준비한 저금통은 엄마를 따라 전도를 나온 우리 Patuju 어린이들에게 선물로 주었다.

> "너는 말씀을 전파하라 때를 얻든지 못 얻든지 항상 힘쓰라 범사에
> 오래 참음과 가르침으로 경책하며 경계하며 권하라. (딤후4:2)"

엄마를 따라온 아이가 전도요원의 절반이나 된다. 사실 그 아이들은 전도에 방해가 되지 도움은 주지 못한다. 그러나 줄기차게 어린이를 대동하게 하는 것은 그들이 목사와 엄마가 전도하는 모습을 보고 자라게 하기 위해서이다. 엄마가 새벽마다 아이 손을 잡고 기도를 올리고 틈만 나면 성경을 읽는 모습을 보고 자라면 언젠가 아이들도 따라하고 그의 인생이 하나님의 사람으로 바뀌기 때문이다. 그리고 푸짐하게 닭고기 요리를 주문해 맘껏 먹도록 해 주었다. 어제는 전도를 한 것보다도 더욱 뜻이 깊은 날이 되었다. 저금통을 안고 싱글 벙글거리며 집으로 향하는 성도들을 보는 내 가슴은 따스하게 익어 있었다.

둘째 나눔은 더 즐겁다.

빗님이 때를 맞춰 전도를 방해해 처음에는 조금 마음이 불편했지만 우리는 그 상황을 더 멋지게 소화해 냈다. 식당에서 예배를 보며 "선한 일을 행하고 선한 사업에 부하고 나눠 주기를 좋아하며 동정하는 자가 되게 하라. (딤전6:18)"는 말씀으로 설교를 했다. 이 성경구절을 반복해 우리 성도들과 우리가 돕는 목사 그룹에게 주입하고 있다.

대한민국도 수십 년 전까지 미국의 도움이 절실히 필요 했었고

또 그들의 도움이 힘이 되어 주었다. 지금 이들을 도우려 이곳에 와 있지만 항상 올챙이 시절을 기억하려 노력한다. 그래서 이들에게 강조하는 것이 '너희들도 후일 복음을 들고 3국의 힘들어 하는 나라를 찾아 복음을 전하고 구제를 위해 도움이 되어야 한다.' 고 목소리를 높인다. 내 지갑이 두껍지는 않지만 활짝 열어 이들에게 음식을 대접하고 필요를 채워줄 때마다 내 삶에서 가장 달콤한 순간임을 느낀다. 새해를 맞이하며 성도들이 십시일반 모아 목사 배낭을 사 깜짝 선물을 해 주었다. 사실 수많은 선물을 주었지만 단 하나도 받아보지 않았는데 이들이 목사가 매고 다니는 가방 지퍼가 망가져 철사로 묶고 다니는 것을 보고 가방을 선물해 주었다. 그것을 받고 가슴이 뭉클했다. 그리고 이들도 이제 조금씩 나눔을 배워가고 있어 뿌듯하다.

어린 시절 할아버지는 일기 예보를 듣지 않고도 하루 천기를 기가 막히게 맞추고는 하셨다. 요즘은 핸드폰을 열면 일주일 기상이 잘 정리되어 예보해 준다. 나 또한 군에서 부하를 이끌고 훈련을 나가면 하루 기상에 무척이나 예민해 새벽에 깨어나면 천막을 박차고 하늘을 올려다보며 그날의 기상을 예측해 대비하고는 했다. 그러나 혼자 전도를 위해 길을 나서면서는 하루 기상을 주님께 맡겼기에 별로 신경 쓰지 않았다. 추억해 보면 신기하리 만치 집에서 나설 때는 부슬거리던 빗방울도 전도를 하려면 멈추고는 하기에 거의 하루도 비 때문에 전도를 거르지 않았다. 그런데 Patuju 성도들과 집단으로 전도행사를 하면서는 비로 인해 연기한 적이 두어 번 있다. 일기까지도 세심하게 배려해 주시며 우리와 함께 전도축제에 참여해 주시는 예수님께 감사를 올린다.

황당, 흥미진진! 전도여행

한국과 볼리비아의 대조적인 행동이 있다. 바로 데모를 하는 모습이다. 우리나라는 부수고 태우고 박살을 내야 하는 과격함이 묻어 있다. 그러나 이곳은 아직 민주화 투쟁은 엄두도 내지 못하는 단계에 있다. 이들이 대통령 정책에 항의하는 데모는 일면 애교스럽기도 하다. 어제 전도를 가기 위해 Montero에서 한 시간여 승합차를 타고 Okinawa로 가야 하는데 총파업이 결정되어 모든 상점이 철시하고 도로를 봉쇄해 놓았다고 한다. 볼리비아는 데모를 하는 날은 모든 기관이 문을 닫고 일을 안 한다. 또 도시를 잇는 간선과 시내 모든 도로를 봉쇄하고 열심 대원들이 길목을 지켜 이동을 통제한다. 시민들은 차량이 통제된 도로에서 자전거를 타고 즐긴다.

아침 8시 터미널에서 청년들과 만나기로 했는데 좀 일찍 도착하니 터미널 문은 굳게 잠겨 있고 차량은 한 대도 보이지 않는다. 잠시 눈을 감고 기도를 했다. '주님의 뜻이 무엇입니까? 청년들이 안 오면 혼자라도 가야지요?' 하고 눈을 뜨니 찬양대 유니폼을 예쁘게 입은 소녀들이 기타를 메고 내 앞에 서 있다. 물론 못 온 사람도 있지만 얼마나 반갑고 기쁜지 마치 이산가족이라도 만난 듯했다. 그런데 그 순간 차량 한 대가 다가오며 'Okinawa' 하며 외친다. 우리는 얼른 그 차를 타고 Okinawa로 향할 수 있었다. 모든 사람들이 도로가 봉쇄된다고 '오늘은 전도 못 갑니다' 할 때 우리는 주님만 믿고 길을 나섰다.

바울이 전도 여행을 시작 하자마자 옥에 갇혀 있을 때 주님은 옥을 부숴 복음을 전할 절호의 기회를 만들어 주셨다. 옥을 지키던 간수가 자살을 하려 하는 모습을 보고 멈추게 한 뒤 "가로되 주 예수를 믿으라 그리하면 너와 네 집이 구원을 얻으리라 (행16:31)"고 해 그 가족을 구원해 주었다. 우리가 한 생을 살면서 단 한 영혼이라도 구원한다면 그보다 더 멋진 업적은 없다. 상황과 조건을 뛰어 넘어 복음을 전하려 의지를 가지면 주님은 모든 환경을 만들어 주신다. 복음에는 휴일도 데모대의 방해도 없다.

첫째 하나님은 우리가 도전하기 원하신다.

어제 도로를 차단하고 모든 행동을 멈추었지만 우리 일행은 기어코 Okinawa에 도착했다. 가는 내내 도로를 막은 데모 대원들이 차량 세우기를 반복했다. 양 도시 중간쯤에서 수십 대의 차량이 교량을 사이에 두고 양측으로 멈추어 있고 수백 명 승객들이 차량에서 나와 도로에서 통제가 풀리기를 기다리고 있었다. 우리는 이때다 싶어 기타와 저금통 자루를 꺼내 한바탕 찬양을 불렀다. 찬양한 곡이 끝나자마자 차량을 통과시켜 주어 쉽게 교량을 건넜다.

도착 시간은 30여 분 더 소요됐지만 무사히 전도장소에 도착했다. 그 곳에도 딱총을 쏘고 도로에 깃발을 든 데모대가 요소요소에 배치되어 있었으나 우리가 전도를 하는 시장에는 사람들이 가득 몰려 물건을 흥정하고 있었다. 우리가 도와주는 교회 문 앞에 판을 벌리고 기타를 치며 어린이를 모아 들였다. 우리와 불과 5m 앞에는 〈여호와의 증인〉 전도자들이 좌판을 깔고 마주보는 형국으로 있었다. 나는 더 목청을 높여 '주 예수를 믿으면 너와 네 집이 구원을 얻는다.' 소리치며 아이들과 신명나게 한바탕 놀이마당을 폈다. 그 교회를 담임하는 75세 고령 목사님도 합세하여 주님을 기쁘게 해 드렸다.

> "너희는 광야에서 여호와의 길을 예비하라 사막에서 우리 하나님
> 의 대로를 평탄케 하라. (사40:3)"

무에서 유를 창조하고 사막에 길을 내는 것이 바로 복음에 도전하는 것이다.

**둘째 자라나는 차세대 청소년들에게 전도는 행복을 주는
비타민이라는 것을 가르쳐 주어야 한다.**

함께하는 아이들은 청소년이라고 표현했지만 아직 중학생인 그들이 목사를 따라 전도를 다니는 것은 참 갸륵한 모습이다. 그러나 그들은 목사의 부족한 스페인어를 완벽하게 보완해주며 복음 전하는 것을 돕는다. 이곳에서 대학생과 청소년들을 전도 대열에 합류시키는 것은 내가 편하게 복음을 나르려는 것이 아니다. 또 많은 사람에게 복음을 전하려는 것도 아니다. 핵심은 청소년 시기에 복음을 몸에 익숙하게 하려는 것이다. 그래 평생 눈만 뜨면 복음을 전하려 두리번거리는 주님의 일꾼이 되도록 양육하는 것이다.

> "주께서도 복음을 전하는 자들이 복음으로 말미암아 살리라 명하
> 셨다. (고전9:14)"

바울은 내가 만일 복음을 전하지 아니하면 자신에게 화가 있을 것이라고 했다. 어제 청소년들은 '과연 갈수 있을까?' 했는데 멋지게 전도를 마치고 돌아오며 마치 세상을 다 얻은 듯 행복해 했다. 나는 60대에 맛을 본 복음의 참 맛을 그들은 10대에 알았으니 얼마나 행복한가? 전도를 마치고 Okinawa 식당에서 점심을 사 주었다. 그리고 돌아오려 정류장으로 가니 역시 문이 굳게 닫혀 있고 오후 5시는 되어야 Montero 로 갈 수 있다고 한다. 그런데 주님은 우리가 탈 차량을 한 대 예비해 놓으셨다. 바람까지 횡포를 부리는 도로에서 잠시 있는데 낡은 택시 한 대가 다가와 'Montero' 외친다. 우리도 'Montero' 하자 타라고 한다. 그 차는 단 한 번의 제지도 없이 텅 빈 도로를 달려 우리를 Montero에 모셔다 주었다. 물론 차비는 넉넉히 챙겨주었지만 우리 청년들은 기적을 체험한 복된 날이 되었다. 그들은 화요 밤 예배에서 엄마들에게 낮에 전도간 일어난 일들을 간증하며 뿌듯해 했다. 주님은 우리가 도전하기만 하면 황당한 현실을 흥미진진하게 바꾸어 주신다.

B-4.

사람의 생각, 하나님의 생각

어제는 인접도시 Yapacani 라는 곳으로 전도를 다녀왔다. 그곳에 있는 Maranata 교회를 후원자와 연결하기 위해 수차례 방문을 시도했으나 목사와 연락이 되지 않아 포기하려 했다. 성령께서 자꾸만 다녀오라고 강권하시는 것만 같아 그제 하루 종일 전화를 시도해 밤늦게 연결이 되었다. 그래 어제 아침 승합차(6인승 버스, 요금 2달러)를 타고 두 시간여를 달려 도시에 도착했다. 목사가 터미널에서 안내를 하기로 했는데 오지를 않아 한 30분을 기다리다 오토바이 택시를 타고 교회를 찾아갔다. 나의 인간적 생각과 인내는 바닥으로 떨어져 후원할 생각이 없는데 하나님은 생각이 좀 달랐던 것 같다. 후원을 받으려면 그 목사처럼 행동할 수 없을 터인데 주님은 목사의 예의나 상식을 초월해 그의 행동에는 개의치 않으셨다.

> "여호와의 말씀에 내 생각은 너희 생각과 다르며 내 길은 너희 길과 달라서 하늘이 땅보다 높음 같이 내 길은 너희 길보다 높으며 내 생각은 너희 생각보다 높으니라. (사55:8, 9)"

과거와는 달리 전도를 다니며 연약한 교회를 찾아 전단지도 만들어 주고 함께 교회 인근을 돌며 복음을 나누며 '일석이조'를 하고 있다. 어제는 남미의 마지막 겨울이 엉뚱하게도 더위를 몰고 와 무척 지치게 했다. 일찍 서둘러 일을 마치고 다시 Montero로 돌아오는 길에는 중간 중간 도로공사 여파로 차가 가다 서다를 반복해 승합차 내부는 찜통이었다. 설상가상으로 승합차 타이어가 터지는 사고가 나 위험을 만나기도 했다. 다시는 그렇게 멀리 전도를 가지 말아야지 생각하며 Patuju 교회로 돌아왔다. 그러나 주님의 생각과 계획은 매번 나를 감동시키며 동시에 당황하게도 하신다. 그래 다음 전도지역도 내가 계획은 세우지만 최종 결정은 주님께 여쭙기로 하고 길고 지루한 전도를 마쳤다.

첫째 사람이 아무리 지혜로워도 하나님을 능가할 수는 없다.

선교지에서 일상은 늘 주님이 세심하게 인도해 주신다. 지난 월요일에 덴버 할렐루야 목사님이 보내주신 격려금으로 교회 TV와 에어컨을 사려 길을 나섰다. 나름 가격대를 조사하고 마음으로 작정을 했다. 내가 사는 숙소 건물에 있는 가게에서 사려 했는데 직원의 불친절과 의사소통의 부재로 구매를 못했다. 그래 승합차를 타고 Santa Cruz로 갔다. Multi Center 라는 가게를 염두에 두고 갔는데 졸다가 그 가게를 지나쳐 버렸다.

그래 교회 장로님 가게로 갔다. 교회 권사님이 싼 가게를 소개하고 운전사까지 도와줘 값도 저렴하고 편안하게 TV와 에어컨을 구매했다.

"지혜 자나 우매 자나 영원토록 기억함을 얻지 못하나니 후일에는
다 잊어버린 지 오랠 것임이라. (전2:16)"

언어의 불통과 지역의 생소함 때문에 좌충우돌 힘들어 할 때가 참으로 많다. 그러나 예외 없이 성령께서 바라보고 계시다 손을 잡아 주시기에 한 번의 낭패도 없이 주님의 일을 할 수 있었다. 이제는 습관적으로 내가 계획하고 추진하는 일들을 하기에 앞서 주님과 내 내면과의 대화를 통해 조언을 받고 행동으로 옮긴다. 나름 지혜자이며 완벽주의자라고 생각하며 살아왔는데 주님 회사의 직원으로 발탁되고 난 뒤부터는 내 지혜와 생각은 별것이 아님을 알았다.

둘째 성령의 소리에 귀 기울이는 자세가 필요하다.

하나님은 모세나 엘리야를 만나주신 것처럼 우리 앞에 직접 오시지도 않을 뿐더러 하얀 두루마기에 머리를 풀고 도인처럼 나타나지도 않으신다. 직접 음성을 듣는 경우가 없다고 할 수는 없지만 기도와 간구를 할 때 주시는 감동을 따라 움직여야 한다. 항상 성령의 말씀에 마음과 생각의 주파수를 맞추어 두어야 한다. 성령과의 교제는 극히 주관적이기에 이단이 발호하고 점쟁이 같은 목사가 생기는 것이다.

> "주를 섬겨 금식할 때에 성령이 가라사대 내가 불러 시키는 일을
> 위하여 바나바와 사울을 따로 세우라 하시니 (행13:2)"

초대교회가 발걸음 할 때를 기록한 사도행전을 세심하게 읽고 묵상해보면 성령의 도우심과 역사가 어떻게 이루어지는 지 알 수 있다. 하나님의 사람이라면 매 순간 성령의 말씀을 청종하기 위해 마음의 귀를 열고 기다려야 한다. 그 말씀을 궤변으로 표현하면 엉뚱한 길로 가게 된다. 귀신을 쫓는다. 병을 고친다. 하는 은사를 받

은 자는 더욱 겸손하고 기도를 많이 하고 주님께 세심하게 여쭤야 한다. 왜냐면 그런 능력은 마귀도 탁월하기 때문에 마귀의 도구인지도 모를 일이기 때문이다.

> "너희는 여호와를 만날 만한 때에 찾으라. 가까이 계실 때에 그
> 를 부르라 (사55:6)"

이 말씀은 현재 주어진 상황과 조건에 행복해 하라는 것이다. 사람의 생각에는 수만 명 성도로 교회를 금방 채울 것 같은데 만만치 않다. 또 재벌이 될 것 같은데 잘 되지 않는다. 그런데 그 생각이 쉽게 성공으로 이어지는 것이 문제이다. 예수께서 광야에서 유혹받은 재물, 명예, 권세가 우리 곁에서 늘 속삭인다. 그러나 주님은 "너희는 귀를 기울이고 내게 나와 들으라. 그리하면 너희 영혼이 살리라"고 하셨다. 전기의 양극이 만나야 전등을 켤 수 있는 것처럼 내 생각 위에 주님의 생각을 올려놓을 때 비로소 주님이 신뢰하는 일꾼이 될 수 있다.

말 타고 전도하기

어제는 교회 주변 마을 전도를 했다. 새로 부임한 두 목사를 훈련시킬 목적이 다분하게 있는 전도 훈련이었다. Patuju 교회가 있는 좌편은 교회를 마지막으로 집들이 없고 코차밤바와 이어지는 끝없는 초원이 펼쳐진다. 교회 좌측부터 신도시를 개발할 도시계획은 수립되어 있지만 언제 될지는 알 수 없다. 어제 그 초원의 집들을 향해 무작정 걸어 전도를 감행했다. 좌측 편에 매우 큰 목장이 있는데 그곳 목장을 관리하는 집의 자녀 3명이 지난 2주 동안 Patuju 음악교실에 참여해 열심히 공부를 했다. 또 주일 예배에도 참석을 하는데 그 부모는 예배에 오지 않아 작심하고 그 집을 찾아갔다. 그 목장은 재산이 많은 한국인 소유이고 그 가족은 그 목장을 관리하는 현지 일꾼이다.

우리가 방문하자 딸들은 기뻐 어쩔 줄을 몰라 한다. 그래 부모를 찾아 인사를 나누고 전 가족을 다 모이라고 했다. 이미 그들은 나의 존재를 잘 알고 있었다. 먼저 자녀가 몇 명이냐? 묻자 12명이라고 한다. 부모의 나이가 막 오십 대에 들어섰는데 큰 아이들은 출가해 가정을 이뤄 자녀와 손자손녀를 합해 이십 명은 족히 되었다. 우리 전도 일행 10여 명은 찬양과 기도로 그 가정을 위해 축복을 해 주었다. 나무 그늘 아래에서 가족을 위한 예배를 드렸다. 아빠 엄마는 하나님을 믿기는 하는데 주일 예배는 잘 지키지 않는다고 한다. 12자녀와 함께 천국에서 동거하기 위해서는 부모가 수범을 보여야 한다고 권면을 해 주었다.

매일 성경 읽고 기도하는 부모의 습관을 보고 자란 자녀는 또 그 자녀에게 유산을 물려주는 것이다. 이제라도 아빠(할아버지) 엄마(할머니)가 본을 보여야 한다. 믿음이 있다고 말은 하면서도 행동에 옮기지 않는 자를 위해 여호와는 엿새 동안은 일 할 것이나 제 칠일은 큰 안식일이니 "안식일을 지켜 대대로 영원한 언약으로 삼으라."고 했다. 그렇지 않으면 반드시 죽인다고 했다. 이제 Patuju 전도자들은 제법 복음의 향기가 품어져 나온다. 그들에게 바라는 것은 사도 바울의 마음이다.

"이와 같이 복음 전하는 자들이 복음으로 말미암아 살리라 명하셨느니라. (고전9:14)"

눈만 뜨면 '오늘은 어디에서 누구에게 예수를 증거할까?' 하는 행동이 습관이 되도록 익히는 것이다. 우리 일행과 그 가족은 잠시 만남에서 곧 하나가 되었다. 예배를 마치자 Tania 라는 소녀가 얼른 말 한 마리를 끌고 오자 그 아빠가 재빨리 안장을 채운다. 우리 성도들이 한사람씩 교대로 말을 타고 초원을 달렸다. 나도 마지막 순서로 말을 타며 Bolivia를 추억하는 전도를 만들었다. 전도를 마치자 정오가 되어 교회로 돌아오는 시골길을 걸으면서 모두가 행복에 들떠 있다. '정말 전도가 재미있어요.'

첫째 복음을 전하며 상을 찌푸려서는 곤란하다.

나 또한 복음을 나르면서 중심을 잡고 목표를 세우는 것이 '항상 기뻐하려 노력하는 것이다.' 그러나 현실은 그리 녹록하지 않다. 우선 태양이 내리 쬐는 산길을 끝도 없이 걸어야 하는데 혼자 길을 나서면 말벗도 없기는 하지만 처음 가는 낯선 곳이기에 위험도 하기에 기쁨은 줄행랑을 치고 말 때가 많다. 그러나 동행이 함께하면 상황은 달라진다.

Patuju 성도들에게 '항상 기뻐하라' 그래야만 복음을 듣는 자가 '나도 예수 믿으면 저렇게 밝게 웃을 수 있겠구나?' 생각되도록 해야 하는데 우거지상으로 '예수 믿으세요!' 하면 '그 예수 믿으면 슬퍼지나요?' 엄한 소리를 듣고 예수님을 욕 먹일 것이다. 그래 전도를 나가기 전에 거울을 보고 과연 내 얼굴에 예수의 흔적이 보이는가? 점검하고 웃는 연습을 하는 것도 필수이다. 그러나 중요한 것은 전도자의 마음이다.

> "생명의 말씀을 밝혀 나의 달음질과 수고가 헛되지 아니함으로 그리스도의 날에 자랑할 것이 있게 하려 함이라. (빌2:16)"

그러기 위해서는 모든 일을 원망과 시비가 없이 해야 한다.

둘째 복음을 전한 것은 자랑이 아니다.

마치 국민의 4대 의무와 같은 것이다. 의무는 '인간이 마땅히 지켜야 할 규범에 의하여 가해지는 구속'을 의미한다. 물론 전도행위가 법적 구속력을 가지는 것은 아니지만 아마도 병역의 의무를 다해 칭송을 받는 것보다 복음을 나누어 상을 받는 것이 훨씬 클 것이다. 많은 사람들이 '복음은 목사나 전하는 것이지' 하며 애써 책임을 면하려 한다. 그러나 예수를 증거하는 것은 나이와 신분에 상관이 없다. 또 열심히 전도를 했다고 목에 힘줄 일 또한 아니다. 사도 바울은 숱한 사선을 넘으며 복음을 전했다.

> "내가 복음을 전할지라도 자랑할 것이 없음은 내가 부득불 할 일임
> 이라 만일 복음을 전하지 아니하면 내게 화가 있을 것임이로다.
> (고전9:16)"

나도 아직 성숙함이 부족해 전도를 마치고는 '내가 했어' 하며 겸손이 부족할 때가 많이 있다. 우리는 어제 사실 말을 타고 전도한 것이 아니라 전도를 마치고 말을 타는 호사를 누린 것이다. 그러며 감리교를 창시한 요한 웨슬리가 떠올랐다. 그는 18세기 영국을 복음으로 무장시켜 주었다. 웨슬리는 항상 말을 타고 무려 36만km를 여행하며 4만여 회의 설교를 했다고 전해지고 있다. 우리도 웨슬리처럼 될 수 있다. 복음을 전하는 것은 특별한 과제나 일이 아니라 마치 호흡을 하는 것과 같이 살아 있는 한 부분이다. 그러하기에 전도는 의무와 같은 것이다.

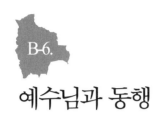

B-6.

예수님과 동행

어제는 이곳 Bolivia 독립 기념일이었다. 이들은 1825년 스페인으로부터 독립을 쟁취해 냈다.

벌써 이백 년이 가까워 오고 있는데 곳곳에서 수천의 군중이 모여 행진을 하며 성대한 기념식을 하는 모습이 보기가 좋았다. 그러며 우리의 독립에 대해 생각해 보았다. 1945년 8월 15일 일본의 항복으로 2차 세계대전이 종식되어 우리 대한민국도 일제의 압제에서 벗어나게 되었다.

광복은 '빛을 되찾자'라는 뜻으로 잃었던 대한민국의 국권을 회복함을 의미한다. 그러나 작금 광복절은 휴가 가는 날로 변질되어 그 소중한 뜻을 기억하지 못하고 후손에게도 애국을 가르치지 않고 있다.

비록 독립을 우리의 힘으로 쟁취하지는 못했다 해도 태극기를 흔들며 일제의 총칼에 숨져간 수많은 선열들의 피가 배어 있는 날이다. 최근 당시 전장에 끌려간 젊은 청년들의 징용문제를 트집 잡아 일본의 수장 아베는 경제 전쟁을 선포하고 과거의 압제를 재연하고 있다. 저간의 사정을 소상하게는 모르지만 누란의 위기에서 경제계는 초긴장 상태에 있고 국민들은 일본제품 불매 운동을 통해 저항을 하고 있다. 그런데 폭거에 앞장 서야 할 정치 리더들은 아직도 자기 이익을 위해 주판알을 튕기며 손익을 따지는 모습이 아름답지 못하다. 제2의 한반도 침략이라고 볼 수 있는 전쟁 앞에서 국민 모두가 하나가 되어야 극복해 낼 수 있을 것이다. 조국이 처한 아픔 때문에 선교 오지에서도 마음이 편하지는 않지만 나라를 위해 기도로 힘을 보태고 있다. 그러며 우리에게 주신 복음의 명령을 잘 수행하는 것이 우리가 해야 할 일임을 각성하고 전도의 현장으로 향했다. 예수님은 이 땅을 떠나기에 앞서 비장한 명령을 하셨다.

> "내가 너희에게 분부한 모든 것을 가르쳐 지키게 하라 볼지어다.
> 내가 세상 끝날까지 너희와 항상 함께 있으리라 (마28:20)"

어제는 미국 덴버 할렐루야 교회 청년들과 Bolivia에서 첫날을 함께 했다. 교회 방문을 위해 25인승 버스를 준비했고 Patuju 성도들도 함께 가기를 원하면 참여하라고 광고를 했는데 너무나 많이 자원해 숫자를 줄여야 했다. 그래 정원을 초과해 30여 명이 버스를 가득 채우고 행복 여행을 시작했다. 물론 인솔은 예수님께서 해 주셨다.

첫째 명령을 준행 하는 자.
버스 내부가 복잡했지만 양국의 청년들을 섞어 좌석을 배정했다. 차량이 출발하자 첫 대면에 언어가 다름에도 마치 오랜만에 친구가 만난 것처럼 재잘거림이 멈추지 않고 떠드는 그들을 보는 목사의 마음도 흐뭇했다. 드디어 첫 교회에 도착했다. 30여 명이 우르르 내리자 기다리고 있던 목사가 놀라며 안내를 한다. 처음으로 해프닝이 일어났다. 부족한 스페인어 실력으로 통역 아닌 통역을 해야 했다. 그런데 언어 실력은 문제가 되지 않았다. 이미 그것까지도 예수님이 귀를 열어주고 마음을 열어주셔서 소통에는 전혀 제한이 없었다. 첫 방문한 교회가 간절하게 후원자를 기다린다는 광고를 하고 그 교회를 위해 기도와 말씀을 나눴다. 순서를 마치고 막 자리에 일어서려는데 덴버교회 권 장로님이 내 손을 잡으며 '목사님 제게 주님이 감동을 주시네요. 제가 이 교회를 후원하겠습니다.'

> "너희는 가서 모든 족속으로 제자를 삼아 아버지와 아들과 성령의 이름으로 세례를 주라. (마28:19)"

나는 장로님 손을 잡고 눈물을 흘리고 말았다. 그 교회 목사와 사모가 나를 붙잡고 하염없이 울며 감사를 표한다. 내가 서툰 어조로 장로님의 마음을 스페인어로 통역하자 일행은 박수를 치며 내 일처럼 '아멘, 아멘' 하며 기뻐한다. 순간 그 교회 성전에는 강력한 성령이 함께 해 주시며 모두의 마음을 어루만져 주었다.

둘째 베푸는 자의 겸양과 거두는 자의 긍휼함.

두 번째 방문을 위해 찾은 교회는 산 높은 마을에 있는 '기도하는 집'이란 교회인데 길을 잘못 찾아 1시간이 넘게 지체되어 도착했다. 그 교회는 깨추아 언어로 예배를 드리는 곳으로 교회는 지붕만 있지 벽도 없고 허술하기 짝이 없는 연약한 교회이다. 시간이 많이 지체되어 교회에서 기도를 마치고 바로 산속 오두막집에 준비한 점심을 먹으러 갔다. 그 산 오지에 모 교회에서 30여 명 성도들이 올라와 점심을 준비해 놓고 기다리고 있었다.

> "내가 내게 있는 모든 것으로 구제하고 또 내 몸을 불사르게 내어
> 줄지라도 사랑이 없으면 내게 아무 유익이 없느니라. (고전13:3)"

우리 방문하는 자나 영접하는 자 모두는 바울의 사랑을 몸으로 실천하고 있었으며 그 모습은 감동 그 자체였다. 낡고 쓰러질 것만 같은 초가에 고구마와 달걀을 삶아 내어 놓고 집 뜰에 넘실대는 귤을 맘껏 따먹으며 모처럼 자연에 취해 행복해 하는 청년들을 보며 주님의 놀라운 경륜에 감탄을 보내야 했다.

세 번째 방문한 교회는 바로 권 장로님이 후원하는 '믿음의 교회'였다. 그 교회는 교회를 신축 중인데 이제 출입문과 창문을 달아야 하는 공정에 와 있었다. 3개 교회(Denver, Patuju, Fe) 청년들이 경연대회나 펼치는 것처럼 행복한 찬양을 부르며 마음껏 우정을 나눴다. 장로님은 당신이 후원하는 교회를 보고 기쁘면서도 한편 많이 후원해 주지 못한 것을 아파하며 내게 수백만 원이나 되는 '창문과 문을 모두 도와주겠노라' 말씀해 주었다. 장로님의 사랑에 내 마음은 또 숙연해졌다. 다른 교회를 더 방문하고 바삐 Patuju 교회로 돌아오자 밤 7시 반이 되었다. 모두는 화요 예배에 참여하며 첫날을 마쳤다. 시종 예수님이 인솔해 주시어 행복 감동 성령이 가득한 날이었다.

오늘은 두 곳으로 전도를 나갈 것이다. 오늘 연출해 주실 예수님의 사랑을 내일 또 전해 드릴 것을 약속하며 감사를 올린다.

B-7.

복음의 진수란

　아시아로 향하려 했던 바울이 환상을 본 후에 유럽으로 발걸음을 옮겨 첫 성 빌립보에서 전도를 시작했다. 역사상 첫 전도 현장이었다. 그러나 점치는 여종 아이 문제로 관가에 끌려가 매우 맞고 옥에 갇혔다. 이천 년이 지난 오늘 나는 아무 핍박도 받지 않고 전도를 한다. 그런데 하루 삼십 리만 걸어도 녹초가 되는데 바울과 실라는 그렇게 얻어터지고 발이 묶여 있는 상황에서 기도하고 찬송이 나올까? 물론 바울 사도와 나는 차원이 다른 면이 많이 있고 주님의 관심 또한 비교도 할 수 없다. 주님은 그들이 갇혀 있는 옥을 흔들어 문을 열어버렸다.

　그런 황당한 사건 앞에서 당황한 간수가 자결하려 할 때 던진 "주 예수를 믿으라! 그리하면 너와 네 집이 구원을 얻으리라 (행 16:31)"는 구절은 이천 년 기독교 역사에서 가장 멋진 전도용어가 아닌가 싶다. 그 어떤 구호보다도 명쾌하게 전해지는 짜릿한 외침이다.

88 \ 볼리비아 선교 영성 일지

어제는 덴버 할렐루야교회 청년들과 두 번 전도를 했다. 오전에는 Patuju 인근 산마을로 향했다.

총감독이신 주님은 미리 각본과 상황설정, 무대준비를 철저히 해 두셨다. 산동네로 오르는 무대는 황토바람을 적절하게 피워 얼굴에 모래가 어석거리게 했고, 찌그러진 주택을 도로 양옆에 세운 세트장은 정말 실감이 났다. 또 무대에 올린 어린이들은 그 행색을 어디 비교할 곳이 없도록 남루해 얼굴은 한 달은 안 씻은 것 같았다.

Patuju 성도를 포함해 20여 명을 6개 조로 나누어 전도카드와 저금통을 나눠 전도라는 극을 무대에 올렸다. 미국에서 온 청년들은 리허설도 없이 무대에 올랐지만 남다른 달란트를 가지고 있는 주님의 선택받은 자들임을 알 수 있었다. 의사소통이 되지 않아 몸 전체로 복음을 전하는 모습은 장애를 가진 자가 어렵게 대화를 이어가는 것 같았지만 예수님은 만면에 환한 미소를 띠우며 공연이 이어지는 내내 고개를 끄떡이셨다.

첫째 인생의 첫 주제는 복음 전파이다.

한 겨울의 남미지만 뜨겁게 쪼이는 태양은 '여기가 남미야' 하는 것처럼 이방에서 온 전도자들을 금방 지치게 했다. 그러나 가지고 간 저금통을 다 나누기 위해 동네 끝까지 고개를 오르며 땀을 쏟았다. 오전 전도를 마치고는 근처 식당에서 덴버 할렐루야교회 장로님이 맛있는 점심을 사 주시어 기쁜 시간을 가졌다. 식사 후에는 Santa Cruz 중앙공원으로 향했다. 오전에는 시골 산골에서 오후에는 도심에서 전도를 체험했다. 오전과는 달리 청년들이 제법 능숙하게 복음을 전하는 모습에 모두가 흐뭇해했다.

"내가 복음을 전할지라도 자랑할 것이 없음은 내가 부득불 할 일
임이라 만일 복음을 전하지 아니하면 내게 화가 있을 것임이라.
(고전9:16)"

바울의 고백처럼 우리 삶의 첫 주제는 복음 전파가 되어야 한
다. 특별히 금번 Bolivia를 방문한 청년들의 미래는 복음을 호흡하
는 멋진 삶을 주님은 이미 예비해 두신 것 같아 그들의 미래가 살
짝 궁금했다.

여호와는 "네가 태에서 나오기 전에 너를 구별하였고 너를 열방
의 선지자로 세웠노라" 말씀하신 것이다. 그래 Patuju 청년들은 매
주 한번 전도 훈련을 시키고 있다. 그것은 당장 복음을 전하는 것
도 필요하지만 그 청년들이 후일 평생 전도가 매끼 밥을 먹는 것
처럼 습관이 되도록 훈련해 두는 것이다.

둘째 당신의 첫 가치를 복음에 두라.

나는 전반전 삶의 가치를 복음에 두지 못했다. 예수를 믿으며
교회를 들락거렸지만 진정한 복음의 진수를 알지 못하는 구경꾼
성도였던 것이다. 그런 방관자를 주님은 지천명(50살)이 넘어서야
당신의 외판원으로 불러 주셨다. 출세와 세상의 명성만을 위해 안
간힘을 썼던 부족한 자이지만 주님은 당신 회사에 임시직이 아닌
정식 직원으로 그것도 말단이지만 간부로 불러 주셨다.

"내가 복음을 부끄러워하지 아니하노니 이 복음은 모든 믿는 자에
게 구원을 주시는 하나님의 능력이 됨이라 (롬1:16)"

미국에서 방문한 청년들은 15살에서 25살 사이로 이들은 주님

이 얼마나 사랑하시면 이 나이에 선교 현장으로 불러 실습을 시켜 주시는가? 부러웠다. 인생의 첫 가치를 복음에 두는 자들은 예수님 수첩에 그 이름이 예쁘게 기록되어 있다. 감히 말하고 싶은 것은 삶의 첫 가치를 복음에 두면 나머지는 주님이 알아서 처리하신다는 것이다. Santa Cruz에서 공원 전도를 마치고 인근에 있는 Bolivia 전통물품을 파는 시장을 찾아 기념품도 구매하며 문화를 체험했다.

바로 이어 Ventra 라는 이곳 최대의 몰을 방문해 상류층의 모습도 구경하며 즐거운 시간을 가졌다. 2일차 마지막 일정은 Casa de Camba 라는 Bolivia 전통식당에서 Patuju 교회 장로님 부부가 맛난 저녁을 대접해 주었다. 전도를 하느라 무척 시장한 30여 명 전도자들은 소 한 마리(식당메뉴)를 거뜬히 해 치웠다. 모두가 맛있다고 게 눈 감추듯 먹어 치우는 음식량에 놀라움을 금치 못했다. 복음의 진수를 만끽한 소중한 2일차는 아침 시작부터 모든 일정을 마치고 숙소로 돌아오는 순간까지 예수님이 옆에서 함께 해 주심을 살갑게 느끼게 해 주셨다.

자리에 들며 육신은 매우 곤비했지만 '나는 행복한 주의 종' 이라는 생각과 함께 꿈으로 들어가 예수님 손을 잡고 천국을 거닐고 있었다. 오늘은 3일차로 연약한 교회와 인근 한국교회를 방문할 것이다. 하나님이 준비해 놓으신 각본이 매우 궁금하다.

나는 예수의 향기를 품어내는가?

여성들이 화장을 하는 것을 간단하게 요약해보면 먼저 깨끗하게 얼굴을 씻고 다음 크림을 바르고 이어 분을 바르고 마지막으로 그림을 그리는 순서로 진행한다. 포인트는 자기가 좋아하는 향수를 뿌리면서 종료할 것이다. 향수 또한 수도 없이 많은 종류가 있다. 그 중에서 자신만의 독특한 향을 선택해 이성이나 주위 사람들에게 호감을 얻기 위해 노력한다. 물론 자신의 몸에서 된장 띄우는 냄새가 나면 사회생활을 하기가 어려울 것이다.

그러나 우리는 사람의 향을 꼭 코로 맡는 것이 아니라 그가 가지고 있는 인품과 언행, 사고를 통해 그 사람의 향기를 느낄 수 있다. 조폭들은 아무리 좋은 양복을 입고 향수를 뿌리고 신분을 위장해도 두어 번 만나 이야기를 나눠보면 바로 조폭임을 알 수 있다. 그렇다면 하나님의 사람들에게서는 어떤 향기가 나야 할까?

크리스천의 향기는 두말할 것도 없이 예수님의 향기이다. 예수를 믿고 따르는 자들의 품격은 성령으로 매여 있어야 하고 자신의 직업이나 사회적 위치가 가려지고 그 사람을 통해 은근하게 예수 그리스도의 모습이 투영되어야 한다. 크리스천의 영혼은 하나님 말씀으로 무장되어 틈만 나면 기도를 중얼거리는 모습이 되어야 하고 얼굴에는 그리스도의 미소가 번져 보는 이들의 마음에 평화를 선물해 주어야 하며 그 손과 발은 도움이 필요한 곳을 향해 펴야 한다. 세상을 향해 기꺼이 소금이 되어 자신을 녹여 부패를 막아 주어야 하며 빛을 밝히는 촛불이 되어 종국에는 자신의 육신(초)을 태워 그 재가 흉물스럽게 쌓여도 개의치 않고 생명까지 주를 위해 기꺼이 드리는 자가 향기를 뿜는 자이다.

> "이 사람에게는 사망으로 좇아 사망에 이르는 냄새요 저 사람에게
> 는 생명으로 좇아 생명으로 이르는 냄새라 누가 이것을 감당하리
> 요. (고후2:16)"

바울은 우리가 구원을 얻는 자나 망하는 자나 그들 모두와 하나님 앞에서 「그리스도의 향기」가 되어야 한다고 말하고 있다. 고국 땅을 떠나 복음이 필요한 3국 오지를 찾아 그리스도의 향을 피우는 대한민국의 많은 선교사 분들이 피워내는 예수님의 향기가 지구 곳곳에 은은하게 피어오르고 있다. 복음 현장에서 사단의 공격은 물론 기후와 음식, 관습 등 좋지 못한 상황을 견디고 수시로 발생하는 사건들이 심신을 어지럽게 해 와도 향기를 잃지 않기에 그들이 귀한 존재들이다.

Patuju에는 올해 처음으로 꽃밭을 가꾸고 있다. 물론 교회 입구 정원에는 채송화를 비롯해 온갖 종류의 꽃이 만발해 있고 봄을 맞이해 해바라기 씨앗을 뿌렸기에 성탄절에는 해바라기의 활짝 웃는 얼굴을 만날 수 있으리라 본다. 각 가정에서 화분 하나씩을 만들어 그곳에 가족의 이름을 써 가져와 성전을 빙 둘러 예쁘게 단장을

해 성전 뜰이 화초로 가득해지도록 꾸미고 있는 중이다. 올해 처음 시작하는 것은 두 가지 의미가 있다. 목사가 현지 적응이 어느 정도 되었다는 증거가 될 수도 있고 코로나 때문에 지루한 시간을 알차게 보내는 방편이 되기도 하는 것이다.

어찌했든 성전을 꽃으로 아름답게 가꾸는 것은 눈으로 보는 것만 황홀한 것이 아니라 각종 꽃이 선물하는 향기가 성전을 가득하게 채워 주고 있어 너무나 감사하다.

첫째 나도 향기를 만들어 나누기를 도모하자.

1985년에 발표된 「향수: 어느 살인자의 이야기」라는 소설이 있었다. 파트리크 쥐스킨트가 쓴 책은 출판되자 전 세계적으로 선풍적인 인기를 모았다. 소설의 주제는 최고의 향수를 만들기 위해 25명의 아름다운 여인이 그 재료로 쓰인 참담한 내용을 담고 있다. 무척 흥미롭게 읽은 반면 많은 생각을 했던 작품이다. 우리가 꽃 중에서 '허즈 로즈마리' 향은 보편적으로 인기를 많이 끄는 맛을 가지고 있다. 그러나 향수라는 소설에서 지적했듯이 인간은 원초적으로 엄마의 젖에서 나는 향이 가장 아름답고 친근한 향이라고 한다.

우리 크리스천에게는 향수 소설에 나오는 주인공의 광기어린 향수가 필요한 것이 아니고 나도 모르는 사이에 피어나는 예수 그리스도의 냄새면 족하다. 그것은 한겨울 동장군과 씨름을 하여 피워내는 '인동초'와 같이 험난한 파도를 헤치고 고난과 절망 속에서 피어 냈을 때 우리는 아름답다고 표현한다.

"이십사 장로들이 어린 양 앞에 엎드려 각각 거문고와 향이 가득한
금 대접을 가졌으니 이 향은 성도들의 기도들이라. (계5:8)"

우리가 제조할 수 있는 향은 말씀과 기도로만 가능한 것이다. 어쩌면 우리가 가꾼 그 향을 이 땅에서는 맡지 못할 수도 있지만 우리가 매일매일 제조하는 향이 그리스도 앞에는 차곡차곡 쌓여가고 있다고 계시록에서는 증거해 주고 있다. 오늘도 집을 나설 때 고급 향수를 뿌리지 않았다 할지라도 예수의 향이 가득한 주님의 자녀가 되도록 애쓰기 바란다.

둘째 예수의 향은 이웃을 배려하고 사랑할 때 피어난다.

> "너희가 여기 내 형제 중에서 지극히 작은 자 하나에게 한 것이 곧
> 내게 한 것이라. (마25:40)"

향이라는 보물은 상대가 손을 내밀기 전에 먼저 베푸는 것이다. 예수님의 "강도 만난 자의 이웃이 누구냐? 질문에 제자들은 자비를 베푼 자니이다." 대답하자. 예수께서는 너희도 가서 그와 같이 하라고 하셨다. 향의 옥합은 천대받는 사마리아인에게도 생성된다는 것을 알아야 한다. 향기가 없는 사람은 자신이 상대에게 무엇을 주기 전에 '저 사람은 나에게 무엇을 주었지?' 따져 본다. 그렇게 건넨 구제나 사랑에는 진한 향기가 없고 그저 조금의 온기만이 남아 있을 뿐이다. 사랑을 베푸는 것에는 한도가 없이 그 자원이 무궁무진하기에 베풀기만 하면 된다.

> "나의 달려갈 길과 주 예수께 받은 사명 곧 하나님의 은혜의 복음
> 증거하는 일을 마치려 함에는 나의 생명도 조금도 귀한 것으로 여
> 기지 아니하노라. (행20:24)"

예수의 향기는 고급 향수를 뿌린다고 나지 않는다. 방향제로 포장해도 흉내 낼 수 없다. 성령에 온전하게 붙잡힌 자만이 뿜어 낼 수 있다. 향기를 발하는 것도 연습하고 노력하면 가능하다. 소명을 받고 제3의 나라에 와 있는 것은 섬기러 온 것이지 공경 받고 이익을 취하러 온 것이 아니다.

세상은 부정과 부패한 자를 향해 '뭔가 냄새가 난다.' '뒤가 꾸리다.' 등으로 죄악을 냄새로 반응하고 있는 것이다. 반면 신실한 크리스천에게는 '뭔가 향긋한 냄새가 난다. 뭘까?' 하는 의혹을 받는다면 그는 진정한 예수그리스도의 향기이다. 세상 출세와 큰 재물을 얻은 자들은 배가 부르고 호화로울지 언정 영혼은 무척 불쌍하다. 자신을 향해 냄새를 맡아 보자. '악취가 나는지 예수그리스도의 향기가 나는지'

로마서 과목을 마치며

　우리 조국 대한민국은 그 옛날 참으로 가난했던 시절에도 낭만이 있고 멋이 있었다. 동네 서당에서 천자문이나 명심보감을 떼고 나면 책거리라고 떡을 해 훈장을 공궤하고 동문들이 나누어 먹었다. 소위 요즘 말로 하면 회식을 하는 것이었다. 평소 쌀은 구경도 어렵고 보리밥이 성찬이었는데 이날은 흰쌀로 매를 친 떡과 식혜로 배를 채우는 행복한 날이었다. 어제 금년 저녁 예배를 결산하는 모임을 가졌다.

　로마서 마지막 시험을 치르고 음식을 나눴다. 그런데 성령의 놀라운 역사를 만나는 사건들을 체험하는 귀중한 시간이었다. 수업을 듣는 삼십여 성도 중에 세 명의 엄마는 거의 천재 수준의 달란트가 자기 몸에 감추어져 있는 것을 모르다가 이번에 발견했다.

　로마서 시험지는 두 장으로 앞장은 선택형이지만 뒷장은 1장 17절을 비롯해 로마서 중요 요절을 쓰는 것인데 그 많은 구절을 완벽히 외워 답안을 작성해 목사를 놀라게 한다. 사실 목사인 나도 성경을 많이 읽었지만 그렇게 완벽하게 외워 내지는 못한다. 그래서 어제 탁월한 재능을 가진 두 엄마에게 더 열심히 정진해 평신도 성경 선생님이 되도록 권면해 주었다.

> "범사에 네 자신으로 선한 일의 본을 보여 교훈의 부패치 아니함과
> 경건함과 책망할 것이 없는 바른 말을 하게 하라 (딛2:7-8)"

마침 7살짜리 Lucas 라는 아이의 생일을 맞이하여 그 부모가 케익과 음료를 준비해 뜻 깊은 자리가 되었다. Patuju 교회는 올해 여러 모양으로 한 계단을 올라선 뜻있는 해였다. 교회가 성장하고 부흥하는 것은 단순히 교인들 숫자에 있지 않다. 성도들의 내면에 예수가 채워졌는지가 가장 중요하다. 또 그런 성도와 교회를 위하여 예수께서 내방해 성전을 보호해 주시는 것도 함께 있어야 한다.

수십만이 모이는 소위 대형교회에 예수는 떠나가고 없는데 자기들끼리만 폼을 잡는 못난 교회도 있음을 알아야 한다. 진정한 성장의 모습은 눈에 보이는 것이 다가 아니다. 성도가 폭발하고 교회가 웅장하게 지어지는 것에 있는 것이 아님을 알아야 한다. 우리 Patuju는 아직도 무척 연약하다. 그러나 새해에는 만두 속을 채우는 것처럼 더 알차게 Patuju 속을 채울 구상으로 목사의 머리가 무척 바빠 한다.

올해 한 일들 중에서 잘한 것은 더욱 발전시키고 설혹 못했던 것이 있다 해도 훌훌 털고 새로운 기회 2020을 맞이하면 된다.

2019와 헤어지기 아쉽지만 이제 서서히 손을 놔주어야 할 시간이 다가온다. Patuju가 올해 특별히 기억에 남는 것은 이곳 Bolivia 대통령 선거 후 극심한 혼란 중에 한국에서 이옥란 원장님을 비롯한 30명의 후방선교사가 오셔서 3회에 걸쳐 tres dias를 감행한 것과 눈만 뜨면 전도를 외쳐 두 살 꼬맹이부터 칠십 할아버지까지

성도들이 전도를 몸에 익힌 것을 꼽을 수 있다. 이제 과거라는 추억에 머무르지 않고 소망의 새해를 향해 또 전진을 외치려 한다.

첫째 나눌 줄을 알아야 한다.

좋은 일만 가득한 것은 아니다. 우리 Patuju 성도들의 부족한 면은 아직 받기에 더 익숙해 있다는 점이다. 좋은 날이 오면 받기만 좋아하는 자가 있는가 하면 주기를 더 좋아하는 자도 있다. 과거 공직에 있을 때 성탄을 맞이하면 천여 장의 성탄카드를 보내 이웃을 공궤하려 했는데 내게 돌아오는 숫자는 아주 미미했다. 꼭 되돌려 받으려고 보낸 것은 아니지만 그래도 살가운 응답이 오면 행복이 더해진다. 주는 버릇은 선교지에 와서 더 심해졌다. 주머니를 몽땅 털어 나눠주어야 마음이 홀가분하고 편하다. 그러나 성탄절을 보내면서 산더미 같은 선물을 준비하여 나눴는데 감사편지 한 장 받지 못해 내가 성도들을 잘못 가르치는 것은 아닌지 잠시 생각해 보았다.

성도는 물론 나를 돕는 목사 선생을 포함해 누구도 흔한 망고(지금 망고의 계절로 천지가 망고이다) 하나 주는 사람이 없었다. 서운한 것은 아니지만 마음 한구석이 비워지는 허전함을 느꼈다. 아직 나는 목자로 푹 삭혀지지 못한 면도 있지만 그래도 '고맙습니다.' 한마디라도 건네 받았으면 더 행복했을 것 같다.

> "선한 일을 행하고 선한 사업에 부하고 나눠 주기를 좋아하며 동정
> 하는 자가 되게 하라. (딤전6:18)"

우리가 가난 했던 어린 시절 좋은 날이 되면 가져다 드릴 것이 없어 감자나 옥수수를 가져가면 창피해 몰래 선생님 자리에 놓고

슬그머니 도망을 온 기억이 있다. 이들도 주는 것이 받는 것보다 더 행복함을 알면 바뀌어 질 것이기에 서두르지 않는 것이다.

둘째 못할 것은 없다.

3개월 로마서를 공부했다. 현지어가 능숙하지 못한 목사가 얼마나 잘 가르칠 수 있겠는가? 그래서 아이디어를 낸 것이 로마서를 장 별로 윤독을 하고 중요한 절을 설명하고 매번 시험을 치게 했다. 서툰 언어이지만 열정만은 넘쳐 났다. 그래 로마서 시간은 흔한 말로 대박이 났다.

> "내게 능력주시는 자 안에서 내가 모든 것을 할 수 있느니라.
> (빌4:13)"

처음 시험을 치르자고 하자 모두가 뜨악해하며 내심 '시험은 무슨 시험?' 하는 표정들이었다. 그런데 횟수를 거듭 할수록 재미가 쏠쏠해지자 전에는 교회를 다녀가면 방구석에 던져 놓던 성경을 읽기 시작했다. '내가 어떻게 그 많은 성경구절을 외울 수 있어, 난 못해' 하던 성도들이 이제는 '외워지네!' 하며 스스로 놀란다. 못할 것은 없다. 다만 도전을 하지 않을 뿐이다. 이들도 자기 입에서 술술 풀어져 나오는 성경 말씀에 스스로 놀라며 할 수 있음을 몸으로 체득하는 좋은 시간이었다.

오늘은 2020년 tres dias 준비를 위해 30명의 봉사자들이 발대식을 가지는 날이다. 내년 처음으로 Bolivia 사람들로 진행해 보려고 준비에 박차를 가하고 있다. 이미 봉사자는 신청을 마감했고 오늘부터 훈련에 들어갈 것이다. 특별히 로요(Rollo, 강의)를 맡은 지도자들과 찬양 그룹을 중점 훈련할 것이다. 또 미자립교회 목사들이 만나 교도소와 병원을 방문하고 교회의 비전을 나눌 것이다. 올 4월 출범한 Bolivia 연약한 교회 돕는 사역은 이달까지 24개 교회와 후원자가 연결되어 너무나 감사하다.

이 지면을 통해 후원자 분들께 감사를 표한다. 오늘 우리는 하루 축제를 준비했다. 오후에는 예배를 마치고 목사가 준비한 예쁜 만년필을 비롯한 선물을 나누고 저녁을 겸해 불고기 파티를 할 것이다. 그리고 밤에는 축구경기와 불꽃놀이로 행복한 추억을 만들려 한다.

행복을 파는 사람들

Patuju 성전 정문과 붙어 바로 농구장이 있다. 농구장에 우리가 제작한 32대의 난로를 진열해 놓으니 장관이었다. 우리가 만든 난로와 비슷한 것이 한국에서 얼마에 팔리는지 인터넷을 찾아보고 놀라고 말았다. 화목을 때는 난로는 모두가 100만원을 넘어가고 있었다. 예배가 끝나고 성도들과 함께 우리가 만든 난로에 화목을 넣고 불을 붙여 시운전을 해 보았다. 내가 생각해도 아이디어가 훌륭했고 작업을 한 인부도 너무나 멋지게 만들었는데 화력이 풍성해 구경하는 성도들이 탄성을 질렀다.

이곳 남미의 겨울 추위(실은 영상 2-5℃)는 별것 아닌데도 여기 사람들은 난방이 없으니 밤새 새우잠을 자기에 아침에 일어나는 것이 정말 힘들다. 웅크리고 자는 것은 건강에도 매우 좋지 않다. 동네 이장에게 가난한 노인이 사는 가정을 추천해 달라고 했다. 오늘 드디어 「사랑 난로」를 설치해 주러 각 가정을 방문할 것이다. 교회 형제 중에서 설치를 도울 자원자를 모집했다. 그들이 오늘 행복을 나누러 간다고 생각하니 목사는 너무나 기쁘고 행복하다. 마을 주민들이 이 추운 겨울을 따뜻하게 날 수 있도록 돕는 것만으로도 기분이 상큼하다.

내 숙소에는 전기로 된 작은 난로가 있는데 야밤 추운 날 그것을 켤 때마다 동네 노인들이 마음에 걸렸는데 이제 그들도 따뜻하게 겨울을 날 수 있으니 얼마나 감사한지 모른다. 물론 동네 모든 가정을 도울 수는 없지만 그래도 아주 일부라도 행복을 배달하는 것이 기쁨이요 즐거움이다.

> "선한 일을 행하고 선한 사업에 부하고 나눠 주기를 좋아하며 동정
> 하는 자가 되게 하라. (딤전6:18)"

내가 사랑을 실천하는 것은 결코 나의 의를 세우려는 것이 아니다. 물론 예수님의 사랑을 실천하는 것은 맞지만 그에 앞서 이곳 청년들에게 예수 사랑을 가르치는데 더 큰 의를 두고 있다. 그 청년들에게 '지금은 너희가 다른 나라로부터 도움을 받지만 언젠가는 너희들이 이 목사처럼 가난한 나라에 선교사로 가야한다.'고 훈도하고 있다. 그리고 우리 「사랑 난로 나누기」 행사에 동참해 주신 한국과 미국의 사랑님께 이 글을 통해 감사를 드린다. 아직은 더 많은 참여자가 요구되지만 지금 참여해 주신분만으로도 감사가 넘친다.

올해 6월은 참으로 잔인했다. 코로나 바이러스로 전 세계 천만 명이 감염되고 50만 명이 유명을 달리했기에 복음을 나르는 목자의 한 사람으로 매우 유감스럽고 슬픔을 감출 수가 없다. 그래서 새벽 성전에서 가끔은 주님을 향해 타박을 하기도 한다. 농담이지만 사단이 하나님을 방문해 어깨에 힘을 주며 '하나님 제가 전 세

계의 모든 교회의 문을 닫게 했습니다.' 그러자 주님은 '나는 전 세계 모든 가정을 교회로 만들었네.' 했다는 농을 누가 만들었다. 그런데 나는 그 농담이 마음에 들지 않는다. 가정이 교회가 되는 것도 좋지만 사도행전 말씀처럼 우리는 만나서 교제하며 사랑을 나누어야지 고립되어 가정별로 예배를 드리는 것은 좋은 모습은 아니다.

물론 사람은 만나면 언젠가는 한 번 헤어짐이 순리이지만 우리네 마음은 천년만년 함께할 줄 안다. 사랑하는 부모에게 흔한 제주도 여행 한 번 못 시켜 드렸는데 홀쩍 가 버리신다. 한 이불을 덮었던 부부도 한 쪽이 먼저 떠남은 막을 수 없다. 그러나 우리가 삶이라는 과제를 가지고 이 땅을 살아가는 것도 매우 중요하지만 그 자리를 떠날 때를 미리 대비하는 것도 필요하다. 그러나 이러한 바이러스의 횡포 때문에 사랑하는 사람이 곁을 떠나는 것은 아픔이다. 이 사태가 거두어지고 모두가 성전에 모여 환하게 웃으며 주님을 찬양할 날이 빨리 오기를 기도하며 7월에는 그런 날이 될 것이라 믿고 싶다.

이채 시인은 「중년의 가슴에 7월이 오면」이란 시에서 가슴 뭉클한 말을 엮어 놓았다.

『저 숲, 저 푸른 숲에 고요히 앉은 한 마리 새야, 부디 울지 마라
인생이란 희극도 비극도 아닌 것을 ....
산다는 것은 그 어떤 이유도 없음이야
세상이 내게 들려준 유산은 부와 명예일지 몰라도
세월이 내게 물려준 유산은 정직과 감사였다네』

시인의 노래처럼 세상 사람들은 '부와 명예'를 위해 동분서주 할지라도 우리 행복을 배달하는 하나님의 사람들은 '정직과 감사'를 노래해야 할 것이다. 우리 모두 7월이 오면 소망을 노래하고 꿈을 꾸고 나 혼자가 아닌 이웃과 함께 주님 나라로 여행할 준비를 해야 할 것이다. 그것이 함께하는 이웃과 또 새로이 맞이할 뒷사람(후손)에 대한 예의이자 배려이다.

> 바울은 "우리가 서로 알거니와 하나님을 사랑하는 자 곧 그 뜻대로 부르심을 입은 자들에게는 모든 것이 협력하여 선을 이룬다. (롬 8:28)"고 했다.

세상은 혼자가 아니다. 그래서 서로를 아끼고 사랑할 때 더 아름다운 향기를 뿜어 낼 수 있다. 내가 만든 역사가 협력하여 사랑을 이루면 좋을 것이다.

우리는 지금 내가 있는 이 자리, 지금 이 시간 최선을 다해야 한다. 많은 세대를 거쳐 가장 안타까워하는 말이 '있을 때 잘할 걸'이다. 부모가 곁에 계실 때는 그렇게 귀한 존재인 줄 깨우치지 못하다 돌아가시면 그때에야 땅을 치고 통곡한다. 세상의 버스는 다음 차가 이어 또 오지만 한 번 가신 부모님은 뵐 수가 없다. 그래 어떤 환경에 처하던 내가 맡은 임무에 성실하게 임하는 것은 조직에도 좋지만 나 또한 행복을 찾는 길이 된다. 지금 주님이 맡겨 주신 소명이 마음에 차지 않는다 해도 열과 성을 다해 수행하면 다음 길이 열린다. 요셉은 노예이자 어린 청년이었지만 그의 성실에 반한 권력자는 자기 집 총무를 맡겼고 옥에서 또한 신뢰를 받아 드디어는 이방 청년을 국무총리에 앉게 하는 파격인사를 단행하게 했다.

"나의 달려갈 길과 주 예수께 받은 사명 곧 하나님의 은혜의 복음 증거하는 일을 마치려 함에는 나의 생명을 조금도 귀한 것으로 여기지 아니하노라 (행20:24)"

바울의 고백처럼 주어진 자리에서 최선을 다하면 기회는 따라온다.

이채 시인은 『불지 않으면 바람이 아니고

늙지 않으면 사람이 아니고

가지 않으면 세월이 아니다.

세상에는 그 어떤 것도 무한하지 않아

아득한 구름 속으로 아득히 흘러간 내 젊은 한 때도

그저 통속 하는 세월의 한 장면일 뿐이지』라고 노래했다.

오늘 Patuju에서 동네 가난한 어르신을 위해 행복을 팔러 나간 청년들이 귀한 교훈을 얻고 돌아오기를 바란다. 사랑과 물질적 도움은 받는 것보다도 사랑을 건네고 물질적 도움을 주는 것이 얼마나 더 아름다운 것인지 깨우치면 그것으로 만점이다. 모두가 소망하는 일은 빨리 바이러스가 사라져 평범한 일상으로 돌아가는 것이다. 그런 멋진 날이 곧 올 것이다. 믿고 축복 된 날을 위해 사랑을 준비해 두면 멋질 것이다.

내가 함선을 품는 항구가 되자

세계 3대 미항을 꼽으라면 호주의 시드니, 브라질의 리우데자네이루, 이탈리아의 나폴리를 드는데 그 이유는 아름다운 자연경관도 있지만 그 항들이 항해하는 선박들을 따스하게 보살피고 선원들이 편안하게 쉼을 얻는데 좋은 서비스를 제공하기에 이름이 난 것이다.

망망대해를 항해하는 것은 결코 만만한 일이 아니기에 중간에 암초를 만나거나 태풍이 찾아 오기도 하고 급기야는 선박이 고장나 표류하는 경우가 허다해 마치 인생 길과도 흡사한 것이 바다를 항해하는 것이다.

20세기 초 세계 최대의 여객선 「타이타닉」호는 당시 견줄 만한 함선이 없는 유일한 여객선으로 전장 269m, 11층 900개의 객실을 보유했으며 사고당일 무려 2,200명이 탑승하고 있었다. 타이타닉은 당시로서는 너무나 거대해 '불침선' 이라는 닉네임도 있었지만 첫 항해에서 빙산과 충돌해 비운을 맞이했다. 우리는 영화를 통해 타이타닉 침몰의 참상을 소상하게 본 적이 있다. 그런 피곤에 지친 함선과 선원들을 거두어 주는 곳이 바로 항구이다.

보통의 함선은 작은 풍랑에도 힘겨워 하지만 새클턴이라는 영국의 남극횡단 탐험대장은 27명의 대원과 함께 인듀어런스 호를 타고 남극으로 갔으나 곧 해빙에 포위당해 배는 침몰 당했다. 최악의 상황에서 634일간 사투를 벌려 드디어 모두가 무사하게 귀환한 사건이 있다.

> "네가 물 가운데로 지날 때에 내가 함께 할 것이라 강을 건널 때에
> 물이 너를 침몰치 못할 것이며 네가 불 가운데로 행할 때에 타지도
> 아니할 것이요 불꽃이 너를 사르지도 못하리니 (사43:2)"

우리 Patuju 교회에서는 올해 출발할 때는 야심이 가득했고 목사 또한 의기양양 해 했다. 이유인즉 Patuju에서 4명이 목사를 꿈꾸고 신학대학에 입학했기 때문이다. 그런데 어제 Cecilia라는 청년이 교회를 나가므로 그 4명 중에 이제 한 명만이 남았다. 물론 목사가 아무나 되는 것이 아니기에 사단의 방해공작과 유혹이 얼마나 심한지는 익히 잘 알고 있지만 믿었던 청년이 변심을 해 나가자 약간은 허탈한 마음도 들었지만 그 사건까지 주님이 주관하고 계심을 알기에 주님의 처분에 맡겨 두었다.

3명이 중도에 학업을 포기한 사연을 보면 다양하다. Noelia라는 30대 엄마는 성실하고 천재적인 두뇌를 소유했는데 그 남편이 심하게 박해를 가해 교회를 나감과 동시에 신학교도 휴학을 했고 교회와 먼 곳으로 이사를 가 버렸다. 또 Yenny라는 의사는 입학금만 내고는 차일피일 미루다 교회를 나가버려 등록금만 떼인 경우이다. 세 번째 이탈한 Cecilia는 토요일 청년 예배를 맡아 열정을 보였는데 조금씩 성령이 빠지기 시작하더니 매주 토요일 오후 2시에 교회에 와 기도로 준비한 뒤에 예배를 인도하라고 수없이 강조하

는데 조금씩 늦기 시작하더니 지난 토요일에는 예배가 6시에 시작인데 6시 반에 왔다. 그리고 예배가 끝나고는 주일 일하러 가야 하니 교회에 못 오겠다고 하기에 '네 마음대로 해라.' 충고해주고 가르침을 주었는데 교회를 나가겠다고 떠났다.

목사는 Patuju를 항구처럼 만들어 그들의 미래를 책임져 주고 힘겹지만 전액장학금을 지원하면서 학업을 돕고 필요를 채워 주고 있다. 그들은 약속을 지키지 못할 뿐만 아니라 심지가 굳지 못해 촐랑거리며 행동을 하기에 차라리 목사가 되지 않는 것이 주님을 위해서도 낫다고 생각하고 그들을 거두는 것을 포기했다. 그러나 아직 Patuju에는 4명의 목사 지원자가 있어 그들 만큼은 처음부터 성령의 사람으로 다듬어 갈 준비를 하고 있다. 내년에는 다시 3명이 신학교에 다닐 것으로 예상하고 있다.

첫째 교회는 항구와 같이 묻지도 따지지도 않고 영혼을 챙겨주고 인도해야 한다.

"수고하고 짐 진 자들아 다 내게로 오라 내가 너희를 쉬게 하리라. 나는 마음이 온유하고 겸손하니 나의 멍에를 메고 내게 배우라 그러면 너희 마음이 쉼을 얻으리니 (마11:28-29)"

항해에 지친 선박들이 쉼을 위해 항구를 찾아 연료와 음식을 공급받는 것처럼 떠도는 영혼들을 「묻지도 따지지도 않고 받아 주는 곳」이 교회가 되어야 하고 목자가 실천할 덕목이다. 삶에 지쳐 방향을 잃고 쓰러진 영혼을 거둬 위로와 쉼을 주어 영혼도 구원받고 이 땅에서의 삶도 윤택해지도록 도움을 주어야 한다. 그러나 수많은 영혼들을 돌보기 위해 전도자가 지쳐 주저앉는 것을 경계해야 한다.

이방인 목사가 Patuju에서 4년을 살아내고 보니 많지 않은 교회 식구들 가정 대소사건을 거의 소상하게 알게 되니 마음이 너무나 어둡고 아프다. 보통의 상식으로는 이해할 수 없는 가정사가 진행되는 것을 보면서 본심은 그들 모두에게 항구와 같은 목사가 되려고 마음을 먹고 도전하고 있는데 막상 현실을 받아들이고 보면 난감하기가 비교할 곳이 없을 정도이다.

뭐 문제가 없는 가정이 없겠지만 Patuju는 대략 40가정(한 가정의 식구가 대략 6-10명)이 되는데 마치 거미줄을 엮어 놓은 것처럼 문제(남자들의 음주 폭력 이혼 처자식 돌보지 않는 무책임)들이 주렁주렁 달려 있다. 그러할지라도 그 가정을 위해 기도하고 무어라도 돕기 위해 목사의 모든 역량을 동원하려 주님께 청을 넣고 있다.

둘째 교회는 거룩한 자의 공동체가 아니라 용서받은 죄인이 모인 것을 알아야 한다.

"너희 중에 죄 없는 자가 먼저 돌로 치라. 나도 너를 정죄하지 아니하노니 가서 다시는 죄를 범치 말라. (요8:7)"

우리는 자신의 등에는 똥이 덕지덕지 묻어 있는데도 상대의 먼지 묻은 것을 책망하는 격이다. 「형제의 눈 속에 있는 티는 보고 네 눈 속에 있는 들보는 깨닫지 못하느냐」 교회를 좀 오래 다녔거나 직분을 맡게 되면 더 겸손해야 함에도 처음 교회를 방문하는 자를 보면 자신은 눈 같이 깨끗한 척 교만을 보이고 상대는 중죄인이나 되는 것처럼 대한다. 그래 먼저 교회 지도자부터 겸손하게 자기 죄를 고백하고 회개하고 용서를 구해야 한다. 죄인이 아닌 자는 없다. 다만 주님께 회개하고 용서를 받은 자가 성도가 되고 천국을 향할 수 있는 것이다.

오래 전에 한국을 광풍으로 몬 유행가 '세상은 요지경'이란 노래가 있었다. 그 가사가 주는 의미가 꽤나 의미심장했다.
「잘난 사람은 잘난 대로 살고 못난 사람은 못난 대로 산다. 여기도 가짜 저기도 가짜 짜가가 판치니 정신 차리고 살아라.」

한 가정이든 작은 교회이든 아니면 한 국가이든 구성원들이 가지고 있는 갈등이 터지기 전에 상대의 이야기를 들어주고 다독이고 서로를 낮추고 양보하고 협력할 길을 모색해야 한다. 사회는 갈등이 증폭되면 언젠가 혁명이 터지고 가정은 이혼으로 매듭을 엮는다. 하나님을 기쁘게 하는 것은 모두가 화평을 이뤄 내는 것이다. 작고 큰 사건들이 실타래처럼 복잡하게 엉켜 있다 해도 매듭을 하나하나 풀어내는 것이 목자가 해 주어야 할 일이다. Patuju 교회도 양파 껍질을 벗기는 것처럼 한 겹씩 벗길 때마다 드러나는 맨 얼굴이 말 그대로 요지경이다. 그렇다 할지라도 그들을 품고 목자로서의 소명을 다하려 한다.

"나는 마음이 겸손하고 온유하니 나의 멍에를 메고 내게 배우라 그러면 너희 마음이 쉼을 얻으리니 이는 내 멍에는 쉽고 내 짐은 가벼움이라. (마11:29-30)"

C.

주는 자가 거둘 축복

아침 이슬 같은
단비가 되기를 소망하며

오늘은 6월 tres dias 월례 예배로 섬기는 날이다. 아울러 Bolivia 미자립교회 목사와 그 가족을 초청해 맛있는 저녁을 대접하고 함께 예배를 드린 뒤에 한국과 미국에서 후원하시는 분들이 보내주신 사랑을 나누는 복된 날이다.

2기 사역을 출발하며 50개 교회를 후원할 목표를 세웠다. 6월까지 12개 교회를 후원할 수 있어 얼마나 감사한 줄 모른다. 그저 주님의 은총임을 고백할 수밖에 없다. 물론 아쉬운 점이 없지는 않다. 6월 목표를 10개 교회를 추가로 돕기로 했는데 아직 후원자를 못 만난 8개 교회는 기도로 천사가 연결되기를 소망하고 있다. 100-200 달러 돈이 부자에게는 커피 한 잔 값에 불과하지만 Bolivia에서는 4인 가구의 한 달 생계비에 해당한다. 나 또한 어린 시절 가난을 몸으로 겪은 바 있다. 저녁이 되면 옥수수 찐 것과 감자 삶은 것으로 한 끼를 때우는 것이 그렇게 싫었다.

요즘은 그때의 음식은 별식에 해당하여 인기이나 그때 그 시절에는 살기 위해 먹어야 했다. 그러나 이곳 Bolivia는 한국의 70년대와 비슷한 경제수준에 있으나 한 가지 다른 점은 절대빈곤은 아니라는 것이다. 과거 한국의 살림살이는 아예 먹을 것이 없었다. 그러나 이곳은 하나님의 특별 배려로 사철 먹을 것은 지천에 널려 있다. 나도 잘사는 나라에서 왔지만 개인적으로 가진 것은 많이 없다. 그러나 이 곳 사람들 삶을 보면 무엇이고 도와주고 싶다. 그것이 빈곤을 체험한 자의 도량일 것이다. 모세는 하나님의 말씀을 단비에 비유해 노래했다.

> "나의 교훈은 내리는 비요 나의 말은 맺히는 이슬이요 연한 풀 위
> 에 가는 비요 채소 위에 단비로다. (신32:2)"

이곳 Bolivia 연약한 교회를 돕는 손길이 풍성하지는 못하다 해도 그 손길에는 하나님의 사랑이 듬뿍 담겨있기에 액수의 과다가 중요한 것이 아니라 섬긴다는 것 그 자체만으로도 베푼 자의 자녀는 천대까지 축복이 임할 것이다.

첫째 콩 반쪽을 나누는 마음이 필요하다.

지금 12개 교회를 돕고 있는 후원자 분들의 면면을 보면 여유가 넘쳐나는 분은 단 한 분도 없다. 그러나 주님의 말씀을 따라 당신의 입으로 향할 빵을 이웃을 향해 나누는 사랑을 실천하기 때문에 아름다운 것이다. 많은 사람들이 '자리가 잡히면 엄마 모시고 효도할게' 한다. 그러나 그 시절은 영영 오지 않을 수도 있다. 지금 곤궁하면 궁핍한데로 효를 다해야 한다. 제3의 나라 이름도 얼굴도 모르는 교회에 후원을 하는 것은 결코 쉬운 일이 아니다. 그러나

그 물질은 하나님께 드리는 거룩한 성물인 것이다.

> "내가 주릴 때에 너희가 먹을 것을 주었고 목마를 때에 마시게 하
> 였고 나그네 되었을 때에 영접하였다 (마25:35)"

자기가 행한 선한 행실에 대해 티를 내거나 목에 힘을 주는 분은 단 한 분도 없다. 예수님은 제자들을 향해 "네 구제함을 은밀하게 하라 은밀한 중에 보시는 너의 아버지가 갚으시리라"고 하셨다. 사람에게 보이려고 신문에 광고를 내고 마을 어귀에 공덕비를 세우는 무례함이 아니라 세상은 몰라도 상관이 없다. 오직 내 아버지 한 분의 칭찬만 있으면 된다. 혹여 마음이 동했는데 망설이는 분이 있다면 과감하게 동참해 주실 것을 청한다. 다음에 다음에는 영영 기회를 상실할 수도 있다. 그리고 3국 오지의 교회와 안부를 주고받는 대화 또한 무척 아름답다.

둘째 나누면 채우는 원리를 터득하라.

우리가 하나님께 감사하는 것은 "나를 지으심이 신묘막측"하기에 더욱 감사한 것이다. 우리가 단 1분만 숨을 멈추어도 목숨을 잃게 되는 호흡은 힘을 들여 하는 것이 아니다. 대기 중의 공기를 내쉬면 자연스럽게 산소는 채워지고 들이쉬면 자연스럽게 탄소는 나간다. 마찬가지 재물도 내 것이 아니기에 내 주머니 것이 나가면 남의 주머니에 들었던 돈이 내 주머니로 들어온다. 남는 재물을 쌓아 두면 썩거나 도둑 당하는 것 외에는 없다.

> "어리석은 자여 오늘 밤에 네 영혼을 도로 찾으리니 그러면 네 예
> 비한 것이 뉘 것이 되겠느냐 (눅12:20)"

강권은 아니지만 나눠 보는 재미를 체험하면 입고 있는 옷도 벗어주고 싶어진다. 그것이 나누고 싶어 하는 성령의 권고이고 예수님의 기다리심이다. 당신의 참여를 기다리는 주님의 마음을 헤아려 보면 좋을 것이다.

2019년 10월 Bolivia에서 tres dias를 3회에 걸쳐 300명을 대상으로 실시한다. 사실 능력이 없는 초보 선교사가 300명을 섬긴다는 것이 쉬운 문제는 아니다. 참여하겠다고 하고 딴 소리를 하는 현지 대형교회 목사 때문에 마음을 많이 다쳤다. 그런데 하나님은 더 웅장한 계획을 숨기고 계셨던 것이다. 월례 예배에 함께하는 미자립교회를 통해 3기 인원을 거뜬히 채워 주실 것을 약속 받았다. 연약한 교회의 성도들에게 수련이 더 필요한 것이기에 맞춤형으로 행사가 준비되고 있어 주님께 감사할 뿐이다. Patuju 교회도 허리띠를 졸라매고 살림을 줄여 피와 살을 이웃과 나누고 있다. 아름다운 손길이 함께 해 주시기를 주님께 청하며 오늘 Patuju 교회 위에 천군천사가 함께해 아름다운 예배와 만남이 되게 해 주실 것을 구한다.

잠시도 참지 못하시는 하나님

교회에서 집으로 돌아올 때 매번 오토바이 택시를 타고 온다. 하루에도 3번 이상 꼭 교회를 가게 된다. 집에서 300m 떨어진 공원 입구에서 내려 공원을 가로질러 집으로 간다. 그러면 구두닦이 아이들이 반갑게 손 인사를 건네 온다. 공원에서 전도를 많이 했고 또 그들에게도 저금통을 나누어 주었기 때문에 목사를 알고 살갑게 한다. 그래 어제는 다리가 없는 50대 장년 한 분과 구두를 닦아 생계를 이어가는 소년 10여 명을 공원 옆에 있는 식당으로 초청해 맛난 점심을 대접했다. 저금통과 Patuju 이름이 새겨진 티를 하나씩 나눠 주며 꿈을 가지라고 격려해 주었다. 대부분 결손가정의 아이들이지만 살아보려는 의지가 강해 비록 지금은 구두를 닦지만 언젠가는 성공하리라 믿는다.

다만 그 노력을 예수 그리스도 안에서 하라고 훈도해 주었다. 또 저녁에는 교회 앞에 사는 Carla는 16세 소녀가 임신을 했는데 찾아가 심방예배를 드려 주고 맛난 것 사 먹으라고 격려금을 건넸다. 분명 그 여자아이의 잘못이 크지만 새 생명을 보내는 권한은 주님께 있으니 축복해 주고 격려해 주었다. 저녁 예배까지 마치고 숙소로 돌아오니 몸은 물먹은 솜처럼 녹초가 되었지만 주님을 기쁘게 해드린 하루였기에 나 또한 행복했다.

> "누가 이 세상 재물을 가지고 형제의 궁핍함을 보고도 도와줄 마음
> 을 막으면 하나님의 사랑이 어찌 그 속에 거할까 보냐. (요일3:17)"

사실 그제 구두닦이 소년들을 격려하기로 작정하고 대표 아이에게 이야기를 하고 나자 주님은 조금도 참지 못하고 바로 도와줄 손길을 찾아 연결해 주셨다. 신학교에서 동문수학한 목사님이 계신데 그분이 보낸 글 일부이다.

> [안녕하세요. 목사님! 유미숙 목사입니다.
> 늘 올려 주시는 글로 목사님의 사역을 보며 참으로 하나님의 사용하심
> 을 눈으로 확인하고 있습니다. 다름이 아니라 몇 달 전 저의 딸의 첫
> 열매가 되는 첫 즉 월급 전부($1,000)를 선교비로 보내기로 하고 제가
> 받아 놓고 어디로 보내야 할지 기도 중에 하나님께서 목사님의 사역
> 을 보게 하셨습니다.]

감사가 넘치는 문자를 받고 아연할 수밖에 없었다. 사실 딸이 보내주는 선교헌금과 가까운 지인이 모아주는 금액을 절약하고 아껴 성도들과 연약한 교회로 모두 투여하지만 매번 여유가 없다. 그런데 주님은 조금만 내 지갑이 엷어지면 나보다 더 급해하신다. 아마도 당신의 일을 하는 일꾼들을 24시간 바라보고 계시는 모양이다. 이런 문자를 받고 섬김을 받을 때마다 가슴이 따뜻해지고 눈물이 찔끔 나며 오지에 와 있는 보람을 느낀다.

첫째 주님을 기쁘게 해 드리는 일을 찾아보자.

많은 자녀들이 악착같이 공부하는 이유 중의 하나가 바로 부모님을 실망시키지 않겠다는 생각 때문이기도 하다. 피조물이 창조주 하나님을 기쁘게 해 드릴 수 있는 일들이 많이 있다. 교회를 부흥시키고 세상에서 크게 출세를 하는 것과 돈을 많이 버는 것도 기쁘게 해 드릴 수 있을 것이지만 주님은 그것보다는 우리가 한 영혼이라도 구원을 위해 노력하는 것과 시련 속에서 넘어지지 않고 앞으로 전진하는 것을 볼 때 가장 좋아하신다. 주님이 돈이 없는 것도 아니고 권력이 부족한 것도 아니다. 어쩌면 시골 촌부처럼 우리가 세상을 잘 살아 주는 것만으로도 행복해하신다.

> "내가 붙드는 나의 종 내 마음에 기뻐하는 나의 택한 사람을 보라
> 내가 나의 신을 그에게 주었은즉 그가 이방에 공의를 베풀리라.
> (사42:1)"

자기 일을 잘하고 책임감이 투철하게 예배와 구제를 하는 것도 좋지만 "땅 끝까지 찾아가 당신의 증인이 되는 것"을 가장 기뻐하신다.

둘째 틈틈이 주님과 함께 하는 것을 바라신다.

처음 연애를 할 때 청춘남녀의 행동을 보면 참으로 유치하다. 데이트를 마치고 남자는 여자를 여자 집에 바래다주고 여자는 다시 남자 집에 데려다주다 차편이 끊어져 발을 동동거리는 것이 사랑이다. 주님도 죄와 허물투성이인 나를 그렇게 보고 싶어 내 주위를 늘 서성이고 계시다.

그 모습을 다윗은 "여호와는 너를 지키시는 자라 여호와께서 네 우편에서 네 그늘이 되시나니 낮의 해가 너를 상치 아니하며 밤의 달도 너를 해치 아니하리로다. (시121:5)"고 노래했다.

나도 하루 일과 중 짬짬이 시간을 쪼개 1분이든 5분이든 주님과 함께하려 의도적으로 주님을 찾는다. 그럴 때마다 주님은 '왔니' 하시며 손을 꼭 잡아 주신다. 가끔은 얼굴을 쓰다듬으며 '너도 이제 나를 닮아가는구나' 하시며 칭찬을 아끼지 않으신다.

김형석 교수는 '사랑이 있는 고생만큼 행복한 것은 없다. 가장 불행한 것은 사랑이 없는 고생이다.'고 했다. 나 또한 무거운 배낭을 메고 산길을 걸어도 사랑을 팔기에 행복하다. 사실 나는 부모에게 효를 다하지 못했다. 10대 후반에 집을 나가 50대 중반까지 군인으로 떠돌이로 살다 보니 부모님을 돌보아 드리지 못한 불효자이다. 퇴역을 하자 두 분은 급히 떠나셔서 맛난 요리 한 번 제대로 사드리지 못했다.

그러나 나의 부족함에 비해 나는 자녀들로부터 받는 호사가 늘 감사하면서도 부담으로 온다. 부모를 잘 섬기지 못한 부덕을 선교지에서 이방 사람들에게 사랑을 베풀면서 갚고 있는지도 모른다. 어제 함께한 구두닦이 소년들의 눈에 살짝 맺히는 이슬을 보면서 예수님께서 "내가 주릴 때에 너희가 먹을 것을 주었고 목마를 때에 마시게 하였다."는 말씀이 가슴을 먹먹하게 한다. 내가 작은 사랑을 베풀 때마다 주님이 더 바삐 움직이시기에 어떨 때는 무척 송구하다. 그러나 그 또한 내가 부리는 재롱 같아 주님만 좋아하시면 못 부릴 응석이 어디 있겠는가? 70 아들이 90노모 앞에서 부리는 투정과 같은 아양을 받아 주시는 주님이 계셔서 행복하다.

계란 다섯 알

그 옛날 호랑이가 담배를 물고 다니던 세월 막을 내리고 6.25 전쟁을 탈출한 뒤의 세상 이야기이다. 요즈음은 친구 집에 초청을 받아 가게 되면 예쁜 꽃다발이나 품격 있는 선물 등을 사가지고 방문한다. 그러나 나의 유년시절 초청받은 집을 방문할 때는 새끼 줄로 엮은 바구니에 계란 몇 알을 담아 가져가 축하를 해 주었다. 물론 가난한 시대의 아름다운 추억의 유산이다.

며칠 전 Espanol 수업을 오는 Yenny 선생이 비닐봉지에 싼 계란을 내밀며 집에서 키우는 닭이 낳은 자연산 알이라고 다섯 개를 내 놓으며 엄마가 목사님 가져다 드리라고 해서 가져왔다고 건네준다. Yenny는 30이 된 의사인데 이곳이 물론 한국의 50년대와는 다르지만 아직 계란을 나눠 먹는 정이 남아있다. 계란을 받아 들고 어린 시절 추억의 필름이 재빨리 재생되어 잠시 고향을 다녀왔다.

생색을 내거나 결코 바라는 것이 아니라 주머니를 털어 교회 성도들과 이곳 지체들을 섬기면서 가슴이 따스해지는 선물을 받아 본적이 없다. 그러했기에 Yenny가 가져온 계란 다섯 알은 내게 감동을 주기에 부족함이 없었다. 작은 것을 나누는 마음이 훈훈하다. 큰 금액의 선물이나 후원도 마다할 사람은 없겠지만 계란 한 알이라도 그것에 사랑이 듬뿍 담겨 있다면 참으로 아름다운 일이다.

> "선한 일을 행하고 선한 사업에 부하고 나눠 주기를 좋아하며 동정
> 하는 자가 되게 하라. (딤전6:18)"

바울은 디모데에게 위와 같이 훈도했다. 나 또한 챙기기 보다는 나누기를 좋아한다. 그런 성품은 타고나기도 하지만 살아오면서 몸으로 깨우치는 경우가 많다. 어려서는 어머니가 가난한 살림에 퍼주시는 것을 보고 자랐다. 결혼 후에는 아내가 이웃에게 무조건 퍼주는 것을 보았다. 그러다 보니 딸이 엄마를 닮아 손이 크게 퍼주고 있다. 퍼준다고 당장 굶는 것도 아니다.

하나님은 퍼주는 것만큼 채우는데 이력이 나 있으시기에 퍼 주면 다시 채워진다는 단순한 논리를 배우면 된다. 거미처럼 자기 배만 볼록하게 불리는 사람들은 언제 그 배가 빵~ 터질지 모르기 때문에 채워 넣고 있는 것이다.

예수님은 "목숨을 위하여 무엇을 먹을까 무엇을 마실까 몸을 위하여 무엇을 입을까 염려하지 말라"고 하셨다. 이 땅이 더 아름다워지는 것은 계란 한 알을 나누는 사랑이 가득할 때 모두 활짝 웃을 수 있다.

첫째 사랑의 크기는 재물의 과다에 있지 않다.

세상에 존재하는 수많은 사랑의 크기를 재거나 무게를 달아 볼수는 없지만 대략 가늠할 수는 있다. 가장 큰 사랑은 당연히 예수

께서 우리를 죄에서 구원하기 위해 당신의 목숨을 주신 것이다. 다음이 엄마가 자기 새끼에게 베푸는 끝없는 사랑이다. 자신의 몸을 통해 세상에 내어 놓은 그 자식은 엄마 당신의 몸보다도 더 귀하게 돌본다. 얼마 전 비행기 사고로 탑승객 전원이 사망했다. 사고 처리반이 도착해 한 엄마의 시신을 거두려 할 때 엄마가 어린아이를 안고 있는데 그 아이는 안전하게 보호받아 살아 있는 것을 발견해 세상을 놀라게 했다. 자신은 죽을지언정 자기 아이를 위하는 그 마음이 사랑이다.

> "어떤 가난한 과부의 두 렙돈 넣는 것을 보시고 가라사대 내가 참으로 너희에게 말하노니 가난한 과부가 모든 사람보다 많이 넣었도다. (눅21:2)"

100원을 당신에게 가져온 과부를 향해 칭찬을 마다하지 않으셨다. 선교지에서 몸과 마음을 다해 사랑을 주고자 안간힘을 쓰고 있다. 그러나 어떤 때는 건성으로 어떤 때는 습관적으로 건네며 자신을 위로하는 모습을 발견하고는 깜짝 놀라 회개를 하기도 한다. 비록 사탕 한 알이라도 그것에 진한 예수님의 사랑을 담도록 즐겨하고 그렇게 해야 한다. 만원을 베풀면서 그 안에 사랑이 없다면 아니함만 못하다.

둘째 편견 없이 베풀고 사랑해야 한다.

우리나라도 불과 60-70년 전에 'Hey give me chocolate.' 하며 미군 트럭을 따라다니며 구걸을 했다. 또 미군부대 하수구로 나오는 음식물 쓰레기를 받아 씻어 끓여 먹었다. 그 맛이 후일 '의정부 부대찌개'로 유명세를 탔다. 그 풍경을 국제시장이란 영화에서 잘 담아낸 적이 있다. 이제 살만 해졌다고 우리나라에 와 있는 제 3세계 사람들을 무시하고 조롱하는 모습은 과히 좋은 모습은 아니다. 성경에도 리브가와 이삭이 자기 아들을 편애하는 모습이 기록되어 있다.

> "너희는 나그네를 사랑하라 전에 너희도 애굽 땅에서 나그네 되었
> 었음이니라. (신10:19)"

지금은 베풀 능력이 있지만 그 언젠가는 도움을 받아야할 상황에 처할 수도 있음을 알아야 한다. 편견과 편애는 조금의 격차가 있다. 나라 인종 피부 종교 등의 선입견 없이 모두를 품고 사랑하는 것이 예수님의 가르침이다. 힘든 일이지만 그렇게 하기를 노력해야 한다,

'막대사탕 목사'로 불릴 만큼 아이들에게 사탕 과일 작은 선물을 자주 준다. 그런데 그렇게 하며 예뻐하는 아이와 덜 예뻐하는 아이를 매번 차등을 두는 나의 모습을 발견한다. 그런 편견 없이 교회 예배에 오든 예배에 오지 않고 교회에 와 줄기차게 축구만 하든 다 사랑하리라 다짐을 하건만 매번 내 마음은 그렇게 실천을 못한다.

> 여호와는 "고아와 과부를 위하여 신원하시며 나그네를 사랑하사
> 그에게 식물과 의복을 주시며" 편견 없이 보살피셨다.

Yenny가 가져온 계란 다섯 알을 통해 작지만 큰 사랑을 알았다. 나 또한 모두를 품고 편견 없는 사랑을 펼쳐볼 것을 스스로 다짐한다.

C-4.

복숭아 5개의 감사

　대한민국 거제에 사시는 한 권사님이 있다. 아침 글을 통해 만난 분으로 아직 면식도 없고 살갑게 통화도 한 적이 없다. 다만 글을 통하여 매번 읽고 답을 달아주는 고마운 분이다. 그분이 지난 8월 20일 '주는 자의 행복' 글이 나가고 답을 달아 주셨다. '퇴근하면서 산 복숭아 5개를 미용실 하는 교회 집사님께 드렸다.' 며 마음이 행복했다고 하셨다. 그렇다 우리는 작은 것을 나누면서 받는 사람보다는 주는 사람이 더 행복함을 느낄 때가 많다.

　탈무드에 보면 아름다운 형제 이야기가 나온다. 그들은 가을걷이를 한 곡식을 서로 가져다 주다가 어느 날 새벽 논두렁에서 만나 부둥켜안고 우는 뜨거운 형제의 우애를 보여주고 있다. 내 주머니를 채울 욕심을 내려놓고 타인의 주머니 사정을 염려해 줄 때 세상은 천국이 되는 것이다.

> "가난한 자를 불쌍히 여기는 것은 여호와께 꾸이는 것이니 그 선행을 갚아 주시리라 (잠19:17)"

복숭아 5개를 주는 마음은 바로 주님께서 채무자가 되어 주신다는 것이다. 세상 은행은 파산할 수도 있으나 하나님의 금고는 부도가 날 염려가 없으니 주님이 채무자가 되어 주신다는 것은 얼마나 아름다운 저축인가? 또 세상 TV 나 라디오를 켜면 나오는 뉴스는 온통 살인, 강도 부조리로 도배를 하고 있다. 그러나 오늘 아름다운 소식 하나를 더 전하려 한다. 동남아 어떤 나라에서 선교를 하시는 권사님이 Bolivia 미자립교회를 돕고 싶다고 청을 해 오셨다. 8월에는 덴버 할렐루야 교회 장로님을 포함해 무려 3개 교회가 추가로 사랑을 입어 총 16개 교회가 되었다. 나는 축복의 통로로서 역할밖에 못하지만 이곳 연약한 교회가 힘을 얻게 될 때마다 행복이 넘친다. 그렇게 주님의 마음으로 내가 가진 것을 나누는 분들을 보면 존경스럽고 그분들 때문에 세상 살 맛이 난다. 아직 그런 행복을 맛보지 못했다면 복숭아 5개를 나눠도 좋고 Bolivia 연약한 교회를 향해 사랑의 화살을 쏘아도 멋질 것이다.

첫째 예수의 마음을 닮아보자.

목회자의 길을 나서면서 '예수를 닮아 보아야지' 마음을 단단히 먹고 끝없이 도전하는 중이다. 그러나 내가 최선을 다했는데 반응이 없거나 약속을 잘 지키지 않거나 규율을 어기고 제 멋대로 행동하면 의지는 '사랑해야지' 하는데 마음은 이미 부아가 치밀어 오르고 있다. 거기에 억울한 모함이나 욕을 듣게 되면 인내는 바닥을 보이고 만다. 또 손을 내미는 사람들에게 준비한 동전을 나눠 주면서도 진정 그의 입장에서 아파하고 마음을 다해 그를 공궤하지 않고 바리새인의 흉내를 내며 '나는 늘 구제를 솔선해' 하며 의를 세우고 있는 나 자신을 볼 때마다 부끄럽다.

"누구든지 제자의 이름으로 이 소자 중 하나에게 냉수 한 그릇이라
도 주는 자는 내가 진실로 너희에게 이르노니 그 사람이 결단코 상
을 잃지 않으리라. (마10:42)"

이천 년 동안 인류가 오직 그 한 사람 예수에게 열광하는 것은
그만큼 예수께서 우리 죄인을 위해 당신의 목숨을 기꺼이 주신 것
이 얼마나 큰 사랑인지 알기 때문이다. 그리고 많은 사람이 도전했
지만 예수님을 따라 하기 쉽지 않은 것을 알고 있다. 그러나 가까
이 갈 수 없다고 지레 포기하는 것이 아니고 조금이라도 근사치에
갈 수 있도록 노력하므로 세상은 예수의 가르침대로 될 수 있다.
나 또한 어렵다고 주저앉지 않고 바다를 품는 심정으로 단 한 지
체라도 주님 곁으로 인도하기 위해 길을 나선다.

둘째 행복은 소유가 아니라 나눔에 있음을 깨우치면
소유물이 적어도 행복하다.

Patuju 교회 어린이 교실에 낡은 TV가 한 대 있었다. 처음 시작
할 때 교회 장로님이 기증한 것인데 잘 나오지 않아 버리려 했다.
그런데 한 엄마가 목사에게 다가와 '그 TV를 자기 주면 안 되냐고'
주저하며 어렵게 묻는다. 순간 어린 시절 고향 마을에 월남 파병
갔다 오면서 TV를 사온 이웃집 형이 부러웠던 기억이 났다. 고등
학교를 졸업할 때까지 우리 마을에는 전기가 들어오지 않아 라디
오 있는 집에 모여 연속극을 듣던 추억이 떠올랐다.

"네가 온전하고자 할진대 가서 네 소유를 팔아 가난한 자들을 주라
그리하면 하늘에서 보화가 네게 있으리라. (마19:21)"

가진 것이 넉넉한 사람은 상대의 결핍을 헤아리지 못하는 경우가 많다. 그러나 자신이 먹을 빵이 없어 굶어 본 사람은 자기 입으로 빵이 들어가는 순간 누군가는 굶고 있을 것을 생각한다.

재물의 많고 적음에 상관없이 마음을 담아 이웃을 향해 사랑을 베풀면 주님은 그 손길을 잊지 않고 당신의 채무 장부에 기록해 놓으신다고 했다.

거제도의 권사님처럼 자기 식구가 먹으려고 산 복숭아를 이웃을 위해 기꺼이 나누는 것이 곧 감사이다. 구제의 대명사인 워린 버핏은 기부하는 행동을 놓고 '습관은 처음에는 깃털 같아 결코 느낄 수 없지만 나중엔 무거운 쇳덩이 같아 결코 바꿀 수 없다.'는 명언을 남겼다. 1원의 사랑을 연습하면 후일 1억의 사랑을 베풀 수 있다. 당신의 아름다운 손길을 축복하며 더 낮은 곳을 둘러보는 하루가 되기 바란다.

착한 뉴스

Bolivia에 본부를 두고 있는 Patuju 방송에서 착한 뉴스를 전해 드리겠습니다. 작금 전해지는 뉴스는 아름답고 훈훈하기보다는 삭막하고 아픈 내용이 가득하다. 온통 다툼과 미움 살인과 싸움으로 도배를 한다. 그래서 많은 사람들이 신문을 받아 들면 바로 스포츠 면으로 가 버리기도 한다. 그러나 오늘은 Patuju 방송에서 따스한 뉴스를 전하려 한다. 사실 그제 화요일이 도심에서 전도를 하는 날인데 하나님은 그 전도를 막아 버리셨다. 주님은 두 가지 상황을 연출해 전도행사를 무산했다.

먼저는 봄의 작별을 고하는 남미의 계절이 비와 추위를 동반하고 방문해 공원은 비가 주룩주룩 내리며 한겨울 한기를 느끼게 해 사람이 아무도 공원에 나오지 못하게 날씨로 통제를 했다. 다음 상황은 목사에게 있었다. 주일 삐끗한 허리 때문에 화요일에는 오전 동안 침대에서 꼼짝도 할 수가 없었다. 그러니 그냥 아프면 목사의 마음이 상할까 봐 주님은 외부환경을 만들어 하루를 쉬게 만들어 주었다. 그래서 화요일 하지 못한 전도를 어제 수요일에 했다.

"주 여호와의 신이 내게 임하셨으니 이는 여호와께서 내게 기름을 부으사 가난한 자에게 아름다운 소식을 전하게 하려 하심이라 나를 보내사 마음이 상한 자를 고치며 포로 된 자에게 자유를 갇힌 자에게 놓임을 전파하도록. (사61:1)"

특별한 기회를 주시는 계시다. 전도행사에 50명이 참여할 것이라고 공표했는데 연기한 탓인지 유아를 포함해 30명이 참여했다. 우리는 성도들을 3개 조로 나누어 성탄을 앞두고 공원에서 즐기는 청소년을 대상으로 힘차게 예수를 증거하기 위해 특가로 세일 판매를 시작했다. 전하는 자나 듣는 자나 모두가 행복이 가득해 보기만 해도 절로 어깨춤이 나왔다. '복음을 전하는 것이 바로 행복이다.'

첫 뉴스는 한창 전도가 무르익어갈 즈음
한국에서 카톡이 온 것을 전해 드리겠습니다.

거제에 살고 계시는 반태순 권사님의 소식이 왔다. 그분을 아직 뵌 적은 없으나 아침 글을 읽으시고 살갑게 답을 해 주시는 고마운 분이시다. 또 Bolivia를 위해 기회가 될 때마다 기도와 물질로 도움을 주고 계시다.

'목사님 지난번 Daniel 교회 건축비는 좀 들어왔습니까? 저에게 주님께서 감동을 주셔서 50만원을 송금했습니다. 작지만 Daniel 교회 공사에 보태 써 주시면 고맙겠습니다.' 이렇게 전도가 축제로 진행될 때 나는 복음을 판매하는 성도들을 따라다니며 사진을 찍는 것이 임무이다. 그래 권사님의 글을 접하고 사진 찍기를 멈추고 잠시 벤치에 앉아 주님께 감사를 올렸다.

그러면 주님은 너무나 정확하게 타임을 맞추고 너무나 신실하심을 깨우치는 기회가 되었다. 우리는 전도가 끝나면 성도들에게 점심을 대접해 주고는 곧바로 Daniel 교회로 가기로 되어 있었기 때문이다. 그런데 아직 그때까지는 아무도 물질로 참여를 해 주시지 않아 어쩌지 하면서 '주님 사람을 보내 주세요.' 전도를 하면서 주님께 칭얼거리고 있었기 때문이다. 이 얼마나 절묘한 타임에 권사님을 감동시키셨는지 감사가 절로 나왔다. 전도는 주님이 보시는 가운데 아름답게 마무리가 되었다. 물론 가져간 저금통은 일찍 바닥이 났다. Patuju 성도들을 모시고 우리의 단골 식당으로 들어가 닭고기 요리를 주문해 맛난 점심을 하게 했다. 나는 많은 성도들을 안내해 식당을 갈 때는 함께 음식을 먹지 않는다. 적소에 주문을 해 주고 그들이 맛나게 먹고 또 부족한 것이 없는가? 세심하게 챙겨주는 일을 해 주기 위해서이다. 물론 그런 버릇은 오자서 장군을 따라 하기 위해 위관장교 때부터 몸에 익힌 습관이다. 어제는 평소보다 양을 조금 많이 주문해 실컷 먹도록 해 주었다. 그들이 맛나게 먹으며 그릇을 깨끗하게 비우는 모습을 보는 내 눈은 살며시 촉촉해져 붉게 물들고는 한다.

두 번째 뉴스는 Daniel 교회의 건축 상황을 전해 드리겠습니다.

차편이 어렵게 연결되어 2시가 되어서야 교회에 도착했다. Daniel 교회 건축을 위해 동네 어른 대여섯 명과 어린이 십여 명이 땀을 쏟아가며 주님의 몸을 다듬고 있었다. 우리가 도착할 즈음에는 잠시 공사를 쉬며 점심을 먹고 있었다. 지난번 설명을 들을 때 지붕이 대략 10,000 bs 즉 1,500 달러 정도가 소요된다고 했다. 1차적으로 지붕 비용을 도와주러 갔다. 그래 반태순 권사님이 보내신 금액과 성탄을 맞이하여 Laguna Wood(미국 오렌지 카운티에 있는 도시)에 사시는 최선정 권사님이 아내를 불러 주신 1,000불을 묶어 지붕 공사비로 전달을 했다. 그것을 받는 그들의 마음에는 폭포수 같은 눈물이 감사로 넘치고 있었으나 전달하는 내 마음은 더 큰 감사의 폭풍이 몰아치고 있었다. 정말 아무런 인연도 없는 생면부지의 이국 교회를 돕는 것은 축복이요 사랑이다. 이들에게 나를 통해 축복을 전할 수 있어 참으로 행복했다. 우리는 큰 돈은 없다. 그러나 사랑만큼은 무한하게 많이 소유하고 있다. 그 사랑을 나누는 것이다. Daniel 교회 성전이 아름답게 지어져 가기를 기도해 주고 눈물을 뿌리는 그곳 성도들을 뒤로하고 Montero로 돌아왔다.

그제는 고국에서 장발장을 돕는 아름다운 소식(돕고 싶어요, 그 24시간 뒤의 기적)을 나누었다.

특별히 성탄의 계절에 즈음하여 이웃을 돌아보며 예수님의 사랑을 나누는 아름다운 모습이 도처에서 그 역사의 날을 쓰고 있음에 감사할 뿐이다. 우리도 연약하고 능력은 부족하지만 우리의 필요를 이웃을 위해 나누려 물질과 시간을 쪼개고 있다. 돌아오는 금요일 20일에는 엄마들과 이곳의 고아원을 찾아 그들과 만나려 한다. 또 24일에는 공원의 구두를 닦으며 생계를 꾸려가는 소년들을 격려해 줄 것이다. 그리고 27일에는 tres dias 멤버들과 목사 40여 명이 이곳의 교도소와 병원을 방문해 격려와 사랑을 나누려 계획을 하고 있다.

오늘의 착한 뉴스를 마치겠습니다. Patuju 교회에서 Bernabe' 목사가 전해 드렸습니다. 함께 하고 싶은 분은 언제라도 환영입니다. 모두를 사랑하고 예수의 이름으로 축복합니다.

사랑! 사랑! 누가 말했는가?

    지난 주일은 하루 종일 비가 뿌리다 그치기를 반복한 우중충한 날씨였지만 영적으로 하나님의 사랑을 가득 선물 받은 아름다운 날이었다. 교회가 모두 파하고 나자 평소 같으면 놀이터와 축구장에 어린이와 청년들이 바글거려야 하는데 야속한 비 때문인지 아무도 없다. 그 빈자리를 바라보며 마음 한구석이 텅 빈 느낌을 받았다. 나는 능력도 없고 그렇다고 가진 것 또한 없다.

    그러나 목자로 이곳 Bolivia에 와서 연약한 형제들과 작은 물질이지만 늘 나눌 수 있는 삶이 행복이고 기쁨 그 자체가 되었다. 물론 청년시기에는 움켜쥐려 하고 출세를 위해 매몰차게 동료를 밀어내고 자리를 차지하기 위해 유치한 경쟁을 하기도 했다. 누가 말한 것처럼 무소유의 기쁨까지는 아니지만 재물이 없는 것이 부끄럽지 않다. 늘 부족한 틈이 보이면 주님이 바삐 움직여 주시기에 행복하다.

    "누구든지 하나님을 사랑하노라 하고 그 형제를 미워하면 이는 거짓말하는 자니 보는 바 그 형제를 사랑치 아니하는 자가 보지 못하는 바 하나님을 사랑할 수 없느니라. (요일4:20)"

어제는 주님께서 작은 기쁨들을 보내 주셨다. 소소한 것이 모이자 영롱하게 빛나는 행복이라는 보석을 만들어 주어 감사가 넘쳐났다.

첫째 동포 향기를 물씬 맡은 날이다.

Bolivia 가장 큰 도시가 이곳 Santa Cruz이다. 이 도시 중앙 시장에 '아씨' '유리' 라는 한인 마트 두 개가 나란히 어깨동무를 하고 정겹게 앉아있다. 아씨가게는 Patuju 권사님이 운영하시고, 유리는 인접교회 권사님이 운영하신다. 최근에 바쁘다는 핑계로 두 달 여를 방문하지 못했었다. 어제 방문에서 우리 교회 박 권사님은 마치 친정 온 딸에게처럼 흑마늘즙과 김, 라면 등을 바리바리 싸 보따리를 안겨주었다. 또 점심을 준비해 주시어 3년 만에 처음으로 점심을 먹었다. 지금까지 굳이 사양한 것은 한 번 먹고 나면 갈 때마다 상을 차리실까 보아 사양했었는데 어제는 맛있게 점심까지 먹는 사랑을 듬뿍 받아 참으로 행복했다. 또 옆 가게 유리 사장 권사님은 한 번도 거르지 않고 매번 김치를 싸 주셨다. 어제도 맛난 김치를 두 포기나 주셨다.

두 권사님이 베풀어 주신 사랑에 마음이 따스해지고 진한 동포애를 느끼며 대한민국 국민이라는 자부심을 느끼게 해 주셨다. 돌아오며 어느 여가수가 불렀던 유행가가 떠올랐다.

「때로는 당신 생각에 잠 못 이룬 적도 있었지 기울어 가는 둥근달을 보며 타는 가슴 남 몰래 달랬지 사랑사랑 누가 말했나 아아 향기로운 꽃보다 진하다고 아아 사랑사랑 그 누가 말했나.」

그렇다 이국 타향에 와서 동포가 서로 사랑하며 아끼는 것은 참으로 아름다운 모습이 아닐 수 없다.

둘째 대한민국은 소망이 있음을 보았다.

어제 Patuju 교회 4명의 신학생에게 컴퓨터를 선물해 주었으면 하는 바보 목사의 간절함이 아침 QT를 통해 나가자 한국에 계시는 오은경 자매님께서 메시지를 보내오셨다.

『샬롬~ 볼리비아 원종록 선교사님~ 주님의 사역 길에 응원합니다. 제가 1명의 신학생을 위한 컴퓨터를 사겠습니다. ^^』

이처럼 아름다운 사건이 또 있겠는가? 글을 쓰는 것이 참으로 힘들고 어렵다. 벌써 10년 가까이 써 왔고 보낸다고 받은 분이 다 읽는 것은 아니지만 대략 4만 명에게 발송해 드리고 있는데 이렇게 응원을 해 주시기에 펜을 놓지 못하고 끙끙대면서도 계속 쓰고 있는 것이다.

그리고 또 한 분은 미국에서 글을 읽고 소식을 전해왔다. 아내가 사역하는 교회의 명오주 권사님께서 컴퓨터를 사 주시겠다고 사랑을 보내오셨다. 명 권사님은 "너는 구제할 때에 오른손이 하는 것을 왼손이 모르게 하라"를 몸소 실천하는 섬김의 대명사이시다. 권사님은 한 주 내내 섬김을 위해 동분서주하며 연약한 자를 만나면 아낌없이 손을 내밀어 주신다.

대한민국이 소망이 있는 증거는 전 세계 선교사 파송 1등 국가이며 후원 1등 국가가 된 것이 반증하고 있다. 많은 믿음의 형제들이 보이지 않는 손으로 전 세계를 아우르는 대한민국은 복을 받을 수밖에 없는 예쁜 일을 많이 하고 있다. 이곳 Bolivia 현지인을 만나면 첫 질문이 '치노(중국 사람이냐? 비하하는 말)' 묻는다. 'Coreano'라고하면 무척 반가워하며 바로 존경의 자세를 취한다. 한국 사람은 상대적으로 중국과 일본 이민자들보다 숫자가 작지만 거의가 선교사이거나 선교사를 돕는 일로 봉사하고 있기 때문이다. 그래서 대한민국 국민이라는 것이 자랑스럽다.

> "내가 이것을 너희에게 이름은 내 기쁨이 너희 안에 있어 너희 기쁨을 충만하게 하려 함이니라. (요15:11)"

나 또한 이들을 구원의 길로 인도하는 것은 물론이려니와 작은 도움이라도 건네기 위해 노력하고 있다.

어제는 여러 모양으로 감사가 넘쳐났다. 그러나 바보목사는 우산장수와 짚신장수 아들을 둔 심정으로 기도를 드려야 했다. 우리가 돕고 있는 교회 중에 Vismar 라는 40대 중반의 목사가 있다. 그는 자기 교회의 열악한 환경 중에도 더 연약한 산골 교회 두 곳을 돕고 있는 훌륭한 목자이다. 그런데 그가 오른쪽 다리에 암이 발병해 수술을 해야 하는데 수술비가 없다고 간청을 해 왔다. 그런데 그 액수가 나의 능력으로 감당할 수 없는 금액이라 주님께 요청을 드리고 있다.

그가 완치되어 하나님 일에 더 매진하도록 힘주실 것을 고하고 있다. 주님은 섬세하고 감성이 넘치신다. 왜냐면 부족한 종이 경거망동 할까 보아 기쁨과 묵상해야 할 주제를 꼭 절반씩 챙겨주고 계시다.

사랑의 눈물에 침몰된 Patuju

어제 Patuju에는 오순절 마가의 다락방에 성령이 임하신 것처럼 성전 가득 성령으로 채워져 감사가 쏟아지고 사랑의 눈물이 홍수가 되어 서서히 행복의 바다로 가라앉고 있었다. 발을 씻기는 아빠의 눈물이 아들 발등에 낙수가 되어 대야의 물이 넘칠 것만 같았다.

성찬식의 시초가 되었다고 볼 수 있는 유월절 저녁을 함께하던 예수님은 잡수시던 자리에서 일어나 겉옷을 벗고 수건을 가져다 허리에 두르고 대야에 물을 담아 제자들의 발을 씻기고 수건으로 닦아주었다. 제자들은 깜짝 놀라고 말았다. 놀란 나머지 베드로는 '내 발은 절대로 아니 되옵니다.'고 물러서자 예수님은 "내가 너를 씻기지 아니하면 네가 나와 상관이 없다."고 하셨다.

우리 Patuju는 감사예배 테마를 「살아계셔서 감사합니다.」로 정했다. 자식은 부모님이 강건하게 살아계심을 감사했고, 아빠 엄마는 자녀들이 환난 속에서도 꿋꿋하게 버텨준 것을 감사하는 자리를 마련했는데 너무나 감동적인 주일이 아닐 수 없었다.

"내가 주와 또는 선생이 되어 너희 발을 씻겼으니 너희도 서로 발을 씻기는 것이 옳으니라. 내가 너희에게 행한 것 같이 너희도 행하게 하려 본을 보였노라. (요13:14-15)"

예수님이 보인 본을 우리 Patuju 에서는 그대로 행동에 옮겼다. 남편 발을 씻기는 아내는 중반부가 되자 연신 눈물을 훔치느라 제대로 세족이 어려울 만큼 감동이 파도를 몰고 왔다. 살가운 애정표현이 서서히 사라져 가던 부부는 부여안고 떨어지 질 않아 세족식만 1시간 반이나 시간을 쓰고 끝을 낼 수가 있었다.

성찬식에 이어 설교시간은 거의 되었는데 목사는 목이 잠기고 눈물이 쏟아져 아무리 진정을 하려 해도 멈추지를 않아 부득이 다음 순서를 위해 설교를 인사만 하고 다음 주에 하기로 약속을 하는 진풍경이 일어났다. 목사가 진정을 하려고 눈물을 훔치며 허공을 쳐다보자 성도들은 박수를 멈추지 않으며 성원을 보내 목사의 울먹임은 더 참기가 어려웠다. 비록 설교는 못했어도 지난 5년여의 사랑이 성도들에게 큰 감동을 주고 있다는 생각에 뿌듯하면서도 책임감이 어깨를 무겁게 눌러오자 성령님이 엄지를 세우며 위안을 보내 주었다.

이어서 2부 순서는 찬양 그룹이 율동을 곁들여 신명을 더하자 Patuju 성전의 지붕은 고공으로 날아오르고 말았다. 이어 유아들부터 시작한 연극은 준비할 시간도 부족하고 연습하는 것도 한 번도 보지 못했는데 청년, 엄마그룹, 아빠그룹까지 Las Vegas 쇼가 부럽지 않을 만큼 열정적으로 공연을 해 기어코 바보목사를 엉엉 울게만들었다. 점심은 오후 1시가 반이나 넘고야 시작했는데 엄마 C 그룹이 준비한 돼지고기 바비큐는 이백 여 성도들 모두가 엄지를 척 내보일 만큼 환상적인 점심이 되었다.

점심 후 잠시 휴식을 하고 성전에 모여 기도와 찬양으로 마무리를 하고 교회가 준비한 선물을 나누고 돌아가는데 시계는 오후 3시를 훌쩍 뛰어넘고 있었지만 모든 성도들 얼굴에는 무언가 '해냈다.' 라는 성취감이 비장하게 묻어나고 있었다.

첫째 살아 있음에 감사하자.

살아 있는 것이 얼마나 귀한 것인지 보여주는 일화가 있다. 『11살 소년 브랜든은 병원에서 2주밖에 더 살수 없다는 판정을 받았다. 병원에서 집으로 돌아오면서 엄마는 어렵게 아들에게 말을 꺼냈다.

'아들, 남은 시간동안 하고 싶은 소원을 말해 볼래.' 힘든 치료를 받고 집으로 돌아오는 차 안에서 소년은 무언가를 보았다. 창밖으로 지나가는 노숙자들이 아이 눈에는 병중에 있는 자신 보다 처량하고 불쌍해 보였다. 브랜든 입에서 나온 마지막 단어는 뜻밖이었다.

'엄마, 저 사람들 모두에게 샌드위치를 만들어 주고 싶어요.'

엄마를 가슴 아프게 했던 아들의 마지막 소원은 우연히 인터넷에 올라가면서 미국 전역의 수많은 사람들 눈시울을 적셨다.

'소년의 마지막 소원에 동참하고 싶습니다.'

작은 천사의 마지막 소원을 들어주기 위해 수많은 도움의 손길들이 줄을 이었다. 급하게 식재료를 싣고 달려온 트럭들과 자신의 일을 접고 달려온 이웃 주민들 그리고 미국 전역에서 보내온 기부금이 순식간에 모아졌다. 소년의 마지막 소원으로 시작된 〔브랜든 샌드위치〕는 순식간에 미국 전역의 노숙자들에게 전해지기 시작해 2주 동안 35,000명의 노숙자들이 샌드위치를 받았다.

기자가 소년에게 '수많은 노숙자들이 샌드위치를 먹었다고 알려주자.' 소년은 "행복한 시간이었어요! 숨이 멈추는 시간까지 저는 이제 행복할 것 같아요!" 그 말을 남기고 소년은 엄마의 품속에서 마지막 숨을 거두었다.』

소년은 「삶에 있어서 가장 좋은 것은 그냥 살아있다는 거고요, 삶에 있어서 가장 슬픈 것은 누군가 삶을 포기할 때」 라고 말했다. 오늘 숨 쉬고 살아 있다는 것은 무조건 감사할 일이다. Patuju에서 벌인 「살아계셔서 감사합니다.」 축제는 하나님을 향한 감사와 가족을 향한 사랑을 확증하는 멋진 잔치였다.

둘째 더 늦기 전에 사랑을 많이 표현하자.

'호스피스' 라는 직업은 임종을 앞둔 환우 분을 돌보는 일을 한다. 그들이 숨을 거두는 사람으로부터 듣는 말 중에 가장 많은 것이 '힘 있고 능력 있을 때 더 많이 사랑을 표현하고 사랑할 걸.' 아쉬워하는 것이라고 한다. 어제 Patuju 성전에서도 그런 사랑의 폭풍이 휘몰아쳤다.

처음 목사가 부부별로 조를 짜 주자 냉소적인 반응을 보이며 그렇게 조를 짜면 '교회에 오지 않겠다.' 는 부부도 있었다. 그런데 그 부부들이 껴안고 엉엉 울며 볼을 비비며 사랑을 나누는 모습을 카메라에 담으며 나 또한 아내와 자녀들에게 늦기 전에 살가운 사랑을 많이 표현해야 겠다고 마음을 다졌다.

"우리가 사랑함은 그가 먼저 우리를 사랑하셨음이라. (요일4:19)"

가장 먼저는 부부와 자녀 형제가 화평을 이루고 사랑을 나누는 아름다운 풍경을 만들어야 한다. 그리고 색깔, 이념, 지역, 학연으로 갈등이 극에 달한 대한민국이 그 분열과 투쟁을 멈추고 사랑을 나누는 자리로 돌아와야 할 것이다. 우리 믿는 하나님의 자녀들이 앞장서서 사랑을 실천하고 보듬는 모습의 본을 보여야 한다. 누군가 사랑을 나누는 것은 포옹이고 마음까지 나누는 것은 포용이라고 했는데 공감이 가는 말이다. 우리는 사랑을 넘어 상대를 포용하는 경지까지 간다면 더 아름다울 것이다.

사실 코로나 바이러스가 완전 종식된 것이 아닌데 축제를 배설해도 될까? 하는 염려가 전혀 없지는 않았다. 그러나 시급한 것은 성도들의 사기를 고양하고 힘겨웠던 지난 시간을 잊고 잠시라도 환하게 웃게 해주고 싶어 계획을 서둘렀다. 목사 스스로의 평가는 대만족이다. 이백여 성도들이 박수를 치고 몸을 흔들며 찬양을 따라하고 어설픈 연극이지만 막이 하나씩 열릴 때마다 열렬하게 환호해 주는 그들의 모습에서 소망을 보았고 이제 다시 일어설 수 있다는 결단을 읽을 수 있었다. 감사한 것은 모두가 강건하게 터널을 아주 조심스럽게 통과하고 있다는 것이다.

이 글을 읽으시는 하나님의 자녀 모두에게 감사와 축복을 전하며 오늘도 홧팅! 을 외친다.

C-8.

주는 자가 거둘 축복

12세기에 삶을 살아낸 「아시시의 성 프란치스코」라는 사람이 있다. 그는 매우 부유한 로마 상인의 아들로 젊은 시절 혈기방장한 삶을 살았다. 그러나 십자군 전쟁에 참여한 뒤 로마로 순례를 떠난 그는 성 베드로 대성전에서 구걸을 하는 걸인들을 보고 깊은 감동을 느껴 이후 평생을 가난한 사람을 위해 삶을 살았다. 세상을 살면서 '프란치스코'처럼 이름을 남긴 자도 있지만 보이지 않는 곳에서 이름도 빛도 없이 예수님의 사랑을 실천한 수많은 지체들이 있었기에 이 땅은 아름답고 또 살아 볼만한 곳이 되고 있는 것이다.

1970년대 경기도 동두천은 흔히 말하는 미군기지로 역할을 다하는 곳이었다. 유일하게 미 보병 2사단이 동두천에 주둔했기에 기지촌으로 미군을 상대로 몸을 파는(양색시) 여성들이 많았고 그들에게서 태어난 혼혈 2세들이 고아가 되어 길거리를 누비는 일이 태반이었다. 그때 아내와 나는 동두천에서 조금 북쪽에 있는 초성리라는 마을 시골 농가에 방 한 칸을 세 얻어 신혼살림을 차렸다. 사랑이 무언지 서울에서 곱게 자랐던 소위 서울아가씨가 수도도 없고 구공탄을 피워 밥을 해 먹어야 하는 전방 골짜기도 좋다고 나를 따라왔으니 말이다. 그 때 우리는 예수님을 열심히 믿는다고 는 했지만 예수의 사랑을 잘 알지 못하면서 아내와 동두천에 있는 고아원을 돕기 위해 지휘하던 중대원들과 자주 찾아 아이들을 위로하고 놀아주고는 했던 추억이 담겨 있다.

> "선한 일을 행하고 선한 사업에 부하고 나눠 주기를 좋아하며 동정
> 하는 자가 되게 하라. (딤전6:18)"

우리가 흔한 말로 세상인심이 박절하다고 표현하지만 사실은 그 정반대이다. 세상에는 가깝게는 엄마의 사랑으로부터 그와 비슷한 많은 손길이 자신보다는 남을 위해 헌신하기에 행복이라는 탑을 쌓고 있는 것이다. 하나님을 믿는 주의 자녀들이 교회에 정성을 다하는 헌금도 자신의 유익을 위하기보다는 자신보다 낮은 곳에서 헐벗고 굶주린 자에게 작은 보탬이 되기를 바라는 사랑이 표현되는 것이기에 헌금을 하는 손길이 아름다운 것이다.

구한말 조선은 19세기와 막 작별을 하기 직전 백안의 선교사를 맞이하는 축복을 누렸다. 대한민국의 근현대사를 선교사가 오기 이전과 온 후로 나누면 마치 예수께서 오기 이전 '주전'과 '주후'로 나뉘는 것만큼 엄청나게 큰 사건이다. 미국에서 선교사님이 오기 이전에는 이웃을 향한 사랑을 실천하기에는 매우 인색했고 뿌리 깊은 반상의 서열(양반 중인 상민 천민)이 팽배해 돕기보다는 착취에 더 열을 내는 나라였다. 예수님이 전해지면서 조선은 양반 상놈이 서서히 사라지기 시작했고 사랑이 그 싹을 틔우기 시작했다.

우리 Patuju 교회가 「주는 자가 거두는 축복」의 좋은 예를 보이고 있다. 선교 열정 하나만 품고 달려온 현장은 후원교회, 후원단

체 하나 없는데다 이순에 안수받은 목사는 교계에 인맥 또한 없으니 천애고아나 매 한가지일 때 세계 각지에서 Patuju를 향한 사랑의 손길이 이어져 Bolivia에서 첫째 갈 정도로 아름다운 교회로 거듭났다. 그런데 그 사랑의 손길을 펴신 분들이 이 부족한 목사를 아는 분이나 Patuju를 알고 힘을 보탠 분은 거의 없다. 모두가 성령에 매여 사랑을 보내고 있으니 이것이야말로 하나님께서 살아계시다는 증거이다.

첫째 내미는 손길에 사랑을 더하면 아름다움이 배가 된다.

아무리 값이 나가는 물건도 정성이 없이 건네는 것은 선물의 가치를 떨어뜨린다. 그래서 사람이 동물과 다른 것은 동물은 먹을 것을 잔뜩 주면 그냥 OK이나 사람은 그렇지 않다. 물질에 더해 사랑이 담긴 마음과 말 한마디를 보태면 감동이 배가 되기 때문이다.

"저가 재물을 흩어 빈궁한 자에게 주었으니 그 의가 영원히 있고
그 뿔이 영화로이 들리리다. (시112:9)"

우리는 자신이 스스로 긍휼하다고 생각하며 이웃에게 도움을 실천할 때 마치 '거지에게 동냥하는 것처럼' 하지는 않는지 살펴보아야 한다. 나도 가끔 귀찮은 것처럼 동전을 건네고 상대의 얼굴도 보지 않고 총총 사라질 때가 있다. 비록 도움을 주고 받지만 그 행위에 사랑이 담겨 있으면 주는 자와 받는 자 모두가 당당할 수 있고 또 행복할 수 있다.

"의인의 적은 소유가 많은 악인의 풍부함 보다 승하도다. (시 37:16)"

둘째 마음과 함께 재물이 동행하면 더 좋다.

뭐니 뭐니 해도 인간의 욕구를 채우는 윤활유는 물질이다. 빈손으로 수백 번 외치는 것보다 한 번의 물질이 효과를 가져오기가 더 쉽기도 하다.

> "오직 너희를 위하여 보물을 하늘에 쌓아 두어라 ~ 네 보물이 있는
> 그 곳에는 네 마음도 있느니라. (마6:20-21)"

예수님의 말씀처럼 예배에 올 때 공수로 오는 자보다는 봉투에 깨끗한 돈을 준비해 드리는 사람이 주님을 기쁘게 하는 것과 같은 이치이다. 상대를 돕고 배려하는 것도 마치 하나님을 섬기는 것과 같이 할 때 마음을 열고 한 방향을 바라볼 수 있다. 마음을 담아 콩 반쪽이라도 건넬 때 세상은 훈훈하게 되고 받는 자도 수치심을 느끼지 않고 당당하게 받고 줄 수 있는 것이다.

「주고 있는 자는 걱정을 하지 않지만 받기만 하는 자는 근심이 쌓인다.」

일제 강점기 계몽운동가이자 독립운동가인 이상재 선생은 '주라'는 가르침을 몸소 실천했다. 어느 날 밤에 글을 읽고 있는데 도둑이 들어 값나가는 물건을 찾는데 없자 선생이 독서하는 방으로 들어왔다. 놀란 도둑에게 이 방에서 값나가는 것을 챙겨 얼른 도망가라고 했다. 경황이 없는 중에도 도둑이 몇 개를 챙겨 나가다가 순경에게 붙잡혀 왔다. 그러자 선생은 순경을 보고 '내가 가지고 가라고 준 물건이니 그 사람을 보내주라'고 했다. 이처럼 빼앗기는 것과 주는 것은 확연히 다른데 언제나 주는 것은 멋지다.

주는 것이 더 행복함을 알면 마음이 부자가 된다. 사실 재물과 사랑은 퍼주고 나면 자신도 모르는 사이에 채워진다. 마치 우물물

을 퍼올리면 그만큼 채워 주는 자연의 이치와 같다. 구제와 헌금도 해 본 사람이 한다. 예수님도 움켜지기만 하는 자에게 "어리석은 자여 오늘 밤 네 영혼을 도로 찾으리니 그러면 그 네 예비한 것이 뉘 것이 되겠느냐."고 하셨다.

Patuju에서 '왜 자신에겐 안 쓰고 그렇게 퍼주기만 하세요.' 소리를 듣는다. 결코 의를 세우려는 것이 아니고 주는 것도 때가 있기 때문이다. 주고 싶어도 줄 기회가 없는 것처럼 부모에게 받은 사랑도 '돈이 모아지면 그 때 효도 해야지' 하는데 그땐 이미 부모는 세상에 없다. 마찬가지로 평생 주지는 못하고 받기만한 것에 대한 가책이랄 수도 있다. 비싸고 좋은 것이 아니고 1원짜리 사탕 한 개라도 적시에 간절히 필요한 자에게 줄 수 있는 것이 곧 행복이다. 노상전도를 가 저금통을 받고 팔짝팔짝 뛰는 아이를 볼 때마다 참으로 행복하다. 사랑하는 사람으로부터 예쁘게 포장된 선물을 받는 것도 무척 기쁘고 행복하다. 그러나 작은 것이지만 나눠 줄 때는 받는 것과 비교할 수도 없이 기쁘고 마음이 풍요로워진다.

'나누면 또 나눌 것을 채워 주는 것이 하나님의 사랑이다.'

D.

사랑쟁이는 팔불출이다

진짜 예수님처럼 살고 싶은가?

「진짜 예수님처럼 살고 싶은가?」질문에 '네' 하는 사람은 좀 심하게 말을 한다면 거짓말이거나 또는 성경을 심도 있게 읽지 않았거나 둘 중의 하나이다. 예수님처럼 살면 세상이 다 좋아할 것이라는 착각을 버려야 한다. 참 그리스도인으로 주님의 제자가 된다는 것은 세상과 담을 쌓게 되고 큰 미움을 사게 된다. 세상은 설탕과 섞여 달콤함을 취하고 싶은데 소금이 다가와 짠물을 끼얹어 분위기를 얼려 버리는 것을 좋아할 사람이 누가 있겠는가?

매주 토요일 Patuju 리더 청소년들은 3시부터 음악교실과 교회 청소, 그리고 목사의 설교까지 듣고 나면 밤 7시가 넘는다. 그 후에 찬양 연습을 밤 9시까지 하는 강행군을 13-15세의 학생들이 감당하기가 쉽지 않은 것은 잘 안다. 그러나 청소년 시기에 훈련이 되지 않으면 세상의 유혹에 쉽게 떠내려간다. 그 시간 교회 축구장에는 수십 명의 비슷한 또래가 모여 축구 삼매경에 빠져 있다. 그 친구들 때문에 집중을 잘 하지 못하는 경우도 있다. 그래 괜스레 축구장을 개방해 주었나 생각을 하면서도 리더 연단에는 더 좋은 기회라 생각하고 밀고 나가고 있다. 그래 지난 토요일에는 "무릇 그리스도 예수 안에서 경건하게 살고자 하는 자는 핍박을 받으리라. (딤후3:12)"를 주제로 말씀을 증거하며 일갈했다.

믿음 안에 거한다는 것은 많은 불편을 감수하는 것이다. 담배, 술도 먹지 못하고 디스코텍 같은 유흥장에도 가지 못하고 남이 쉴 때 교회를 와야 하고 힘겨운 일도 감수해야 하는 것이다. 그래 세상과 놀고 싶으면 교회 나오지 말라고 강한 톤으로 혼을 빼 놓았다. 예수님은 전능자이면서도 얻어맞고, 채찍에 찢기고 끝내는 수치스러운 십자가에 못 박히셨다. 그런데도 정말 그분처럼 되고 싶은가? 나도 습관적으로 예수님이 가신 길을 따라 가겠습니다. 고백하고는 했는데 정신을 차리고 생각해 보니 나 같은 겁쟁이는 도저히 감당키 어려운 일임을 알고 더 열심히 기도 중이다.

첫째 함부로 장담하지 마라.

짐 엘리엇이란 선교사는 1956년 1월 에콰도르 아우카 부족에게 살해되어 전 세계를 경악시켰다. 그는 「하늘 보좌에서 '가라'는 음성이 들린다. 사방에서 '와서 우리를 도와주세요!' 라는 외침이 들린다. 그런데 어떻게 편안하게 앉아 있겠는가?」라고 고백했다. 그의 목표는 하나님을 아는 것이었다.

그가 남긴 유명한 '영원한 것을 얻기 위해 영원하지 않는 것을 포기하는 것을 어리석다 하지 마라'는 말이 있다. 하나님을 위해 목숨을 바치는 것은 낭비가 아니다. 그러나 누가 엘리엇처럼 20대 꽃다운 나이를 하나님을 위해 선뜻 내 놓겠는가? 함부로 장담할 일이 아니다.

"그리스도를 위하여 너희에게 은혜를 주신 것은 다만 그를 믿을 뿐
아니라 또한 그를 위하여 고난도 받게 하심이라 (빌1:29)"

지난 4월 휴가에서 복귀한 이후 모든 일들을 힘겨워했다. 그 이유는 선교 상황을 좀 안다는 교만이 앞서 일이 순조롭게 풀리지 않는 것에 대한 조바심이 발동해 겸손을 잃어버렸다. 사실은 아닌데 마치 머피의 법칙을 시험이라도 하는 것처럼 일련의 꼬인 일들이 연속되었다. 그래 마음에는 평강이 없어졌고 얼굴에는 웃음기가 사라졌다. 주일 오후 수염이 한 자는 자란(토요일을 교회에서 자고 아침 면도를 하지 않아서) 얼굴은 영락없는 사단의 모습이었다.

'나는 할 수 있어' 각오는 참 좋은데 마치 전능자처럼 또 군대 지휘관처럼 지휘봉만 제시하면 되리라 행동하는 나의 허풍이 여지없이 깨지는 단계에 왔다. 그래 주님께 허물을 고백하고 다시 초심으로 돌아가 선교사로 첫발을 디디던 그날처럼 겸손 하려 한다.

둘째 나는 주님이 제시하는 커트라인에 들어가는가? 시험해 보라.

일제 강점기 말 그들은 지구상에서 가장 악랄한 방법으로 신사참배를 거부한 사람을 고문했다.

그 중 하나가 당사자가 아닌 자녀를 데려다 보는 앞에서 주리를 틀며 부모의 마음을 돌리려 했다. 1944년 4월 형무소에서 면회 온 아내에게 '여보 나 따뜻한 숭늉 한 그릇 먹고 싶은데' 마지막 말을 하고 순교한 주기철 목사는 모두가 배도하며 목숨을 구걸할 때 의연히 예수를 향해 길을 갔다.

> "너희가 믿음 안에 있는지 너희 자신을 시험하고 스스로 입증하라.
> 예수 그리스도께서 너희 안에 계신 것을 스스로 알지 못하느냐? 그
> 렇지 못하면 너희는 버림 받은 자들이라. (고후13:5)"

우리는 맡은 바 직무와 사명을 감당하며 과연 예수님이 제시하는 커트라인을 넘어설 수 있는지 스스로 점검해 보아야 한다. 나는 나를 채점한 결과 낙제점수임을 알았다. 그래 다시 결단하고 도전하려 한다.

침으로 예수의 사랑을 실천하는 김 박사께서 주일 예고도 없이 교회로 와 허리를 치료해 주었다. 일이 꼬이고 허리까지 말썽을 부려 의기소침해 있는데 뜻밖의 반가운 손님을 맞이하자 침을 맞기도 전에 치유가 된 것 같았다. 바울은 옥에 갇히고 태장과 돌로 맞고 굶고 헐벗고도 예수를 전하기 위해 분전했는데 부족한 나는 작은 걸림돌 하나를 넘지 못하고 낙망해 하는 모습을 보며 '너 진짜 예수처럼 살고 싶니' 자문을 했다. 대답은 '그렇다' 마음은 좋은데 행동이 따르지 못하는 부족한 자이지만 다시 결단을 하고 예수처럼 살아 보려 한다.

D-2.

나를 죽여주소서

토요일 청년들이 찬양 연습을 끝내고 교회에서 영화를 보며 자겠다고 해 승낙을 해 주었다. 나도 허락하며 속셈이 있었다. 새벽에 청년들을 깨워 새벽기도회에 참석시켜 보려 했다. 역시나 잠이 덜 깬 상태에서 처음 접하는 새벽기도라 얼떨떨해 하면서도 찬양과 말씀에 충실하고 각자 기도에 열중하는 모습이 무척이나 예뻤다. 나는 주님과 단단히 담판을 지으려 청년들이 성전을 나가고 한 시간이 넘도록 매달렸는데 주님은 아무런 내색도 없으셔서 급기야는 '나를 죽여주소서.' 기도가 나왔다.

내가 아무리 악하고 부족하다 할지라도 주님은 언제나 자애하게 사랑의 손길을 펴는 분이라는 것은 익히 알지만 작금 나름 최선을 다해 주님과 동행하고 싶은데 그럴수록 거리를 두는 것만 같아 몹시 서운했다. 꼭 부흥이 최고의 목적은 아니지만 성도가 성전을 꽉 채워주면 그간의 땀이 시원하게 씻어지는 느낌을 받을 것인데 갈수록 성전이 비워져 내 입이 돼지처럼 튀어나온 것만 같다. 나도 목사라지만 황혼의 길을 찾는 필부에 불과하다는 것은 겸손이 아니다. 그래서 시간이 촉박하다는 이유 하나만으로 시간을 쪼개고 쪼개 달음박질을 치는데 만만하게 손에 잡히는 것이 없으니 여유를 가지려 하지만 가슴이 답답할 때가 많다.

> "내가 그리스도와 함께 십자가에 못 박혔나니 그런즉 이제는 내가
> 산 것이 아니요 오직 내 안에 그리스도께서 사신 것이라 이제 내가
> 육체 가운데 사는 것은 나를 사랑하사 나를 위하여 자기 몸을 버리
> 신 하나님의 아들을 믿는 믿음 안에 사는 것이라. (갈2:20)"

나는 아직도 그리스도와 함께 십자가에 못 박히는 것은 요원하기만 하다. 다듬어야 할 모난 곳이 너무나 많고 마음 또한 평온을 유지하기가 보통의 문제가 아니다. 그래 주님이 당신 품으로 거두어 주신다면 모든 것을 멈추고 따르고 싶다.

첫째 무엇이 최고인가?

올림픽에 나가 금메달을 따면 그 종목에서는 4년 주기로 최고 자리에 등극하는 것이다. 물론 올림픽 말고도 그런 자리는 많이 있다. 그러나 나는 세계 최고는커녕 시골에서도 1등을 해 본 기억이 없다. 그런데 후반전 경기에서는 최고가 되고 싶어 선교지에서 땀을 쏟고 있으나 마음은 굴뚝 같은데 열매는 미미하기에 내 능력의 한계는 여기까지구나 생각이 되어 망연자실할 때도 있다

> ."네가 진리의 말씀을 옳게 분변 하며 부끄러울 것이 없는 일군으
> 로 인정된 자로 자신을 하나님 앞에 드리기를 힘쓰라. (딤후2:15)"

바울의 권면을 따라 부끄러울 것이 없는 삶을 살고 싶은데 마음

먹은 대로 되지 않는 것이 세상이고 현실이다. 그러나 이번만큼은 주님에게 칭찬받는 최고가 되고 싶다. 그래서 주님이 미욱하고 보잘 것 없는 자를 위해 당신의 몸을 버리신 것과 같이 나 또한 복음을 위해 목숨을 기꺼이 드리고 싶은데 현실은 그리 녹록하지 않다. 나는 예수님처럼 공평하고 조건 없는 사랑을 베풀지 못하고 있다. 내 말을 잘 듣고 교회에 열심히 출석하는 자는 사랑을 듬뿍 준다. 반면 교회 운동장에 와서 예배는 관심이 없고 축구만 하는 자에게는 사랑이 가지 않는다. 그래서 예수님 앞에서도 최고는 턱도 없음을 느낀다. 사람을 가리지 않고 사랑을 실천해 보려 기도로 매달리고 있다. 예수를 닮는 최고는 아무 조건 없이 공평한 사랑을 나눠주는 것이다.

둘째 주님의 생각을 읽을 수만 있다면 얼마나 좋을까?
믿는 자로서 참으로 한심한 질문이다.

주님은 이미 당신의 생각과 바람을 성경에 계시해 두셨기 때문이다.

"이는 하나님의 사람으로 온전케 하며 모든 선한 일을 행하기에
온전케 하려 함이니라. (딤후3:17)"

주님은 많은 선지자를 통해 당신의 생각을 계시해 주시어 성경에 담아 우리가 읽고 따르도록 조처하고 보고 계시다. 물론 우리의 삶을 위해 보혜사 성령을 통해 일거수일투족을 노심초사하시며 관찰하고 있다. 우리가 바른 길로 가지 못하면 직접 말씀은 하지 않으시지만 무척 아파하신다.

"너희가 내 안에 거하고 내 말이 너희 안에 거하면 무엇이든지 원하는 대로 이루리라 (요15:17)"

　어제는 예배와 모든 수업을 마치고 시내로 나와 스태프들에게 늦은 점심을 대접해 주었다. 그리고 숙소에 와 빨래를 비벼 건조대에 널고 나자 6시가 힘겹게 반 고개를 넘어가고 있었다.

　그래 간편복을 입고 오토바이 택시를 타고 교회로 향했다. 막 어둠이 방문하려는 시간 교회에는 이방청년(예배에는 전혀 출석하지 않는 자들)이 축구 삼매경에 빠져 깔깔거리고 있다.

　나는 성전 문을 열고 어둑한 바닥에 앉아 주님을 바라보았다. 그러자 참았던 눈물이 주르륵~~~ 양 볼에서 미끄럼을 타고 내려온다. 나름 최선을 다 한다고 하지만 주님의 마음을 흡족하게는 못하고 있음을 알았다. 만약 다 쓴 건전지처럼 '너는 더 이상 쓸모없어' 용도폐기 당한다면 얼마나 슬픈 일일까? 그러기에 오늘도 충직한 종으로 쓰임 받기 위해 나를 연단한다.

D-3.

주님과 나눈 사랑

'우리 사이를 거닐던 사랑'이란 저서를 쓴 폴 밀러는 말했다. 「사랑은 상대가 지고 있는 짐을 내 어깨로 옮겨 놓는 것이다.」 이어서 그는 주님의 사랑을 받는 것은 '나의 짐을 예수님께 맡기고' 그 미래가 어떤 것인지 궁금해하지 않고 따르는 것이라고 했다. 마치 유치원생 아이가 아빠를 따라 여행을 가며 '의문을 품지 않고' 마냥 즐거워하는 것과 같다. 그러나 자아가 생기는 나이가 되면 아빠를 불신하기보다는 자기주관으로 판단 하려 하기에 '아빠 어디로 가세요?' 꼬치꼬치 묻기 시작한다.

다윗은 약관의 나이에 고난의 길을 걸으며 힘들 때에도 의심하지 않고 주님을 따랐다.

> "주께서 밭고랑에 물을 넉넉히 대사 그 이랑을 평평하게 하시며 또 단비로 부드럽게 하시고 그 싹에 복 주시나이다. (시65:10)"

고백을 하며 여호와를 무한 신뢰했다. 주님은 한 번도 우리 자녀를 실망시킨 적이 없음에도 우리는 조금만 형편이 나빠져도 원망과 한탄을 앞세우며 주님의 품을 떠나려 하고 심하면 하나님의 존재까지 부정하는 죄를 서슴지 않는다. 오늘 새날을 주신 주님을 묵상하며 내게 부어 주신 은혜의 달콤한 사랑이 얼마나 많았는지 감사하며 그 사랑의 단비에 흠뻑 젖어보는 시간을 가져보자.

우리 Patuju에서 처음으로 결혼식을 올리는데 소요되는 비용에 대해 조금 염려를 했다. 그러자 주님은 목사보다 그 문제를 더 많이 생각하시고 바빠 하셨다. 어제 LA 힐링 한인교회 목사님께서 연락을 해 오셨다.

"땅에는 언제든지 가난한 자가 그치지 아니하겠으므로 네 형제의 곤란한 자와 궁핍한 자에게 네 손을 펼지니라." 신명기를 묵상하시다 Patuju에서 결혼하는 형제가 생각나 교회 재직 분들과 상의를 하시고 큰 사랑을 보내 주셨다. 목사님은 '폴 밀러'가 말한 것처럼 「내가 지고 있는 짐을 목사님 어깨로 옮겨 가신 것이다.」

이 얼마나 아름다운 광경인가? 참으로 기쁘고 행복이 넘치는 뉴스였다. 그래 어제는 주님의 사랑에 흠뻑 젖은 날이 되며 그렇게 행복할 수가 없었다.

선교지에서 힘겹고 지치기도 하지만 이러한 기쁨 때문에 고난 가운데에서도 축복을 낚아 올리는 것이다. 예수님은 사랑을 주시려고 항상 손을 펴고 있는데 구하지도 않고 안 주신다고 투덜거렸던 과거의 내 모습이 투영되며 심히 부끄러웠다.

첫째 주님을 신뢰하면 주님이 해결사가 되어 주신다.

'결혼식 하객 대행 사업'이라는 직종이 있다고 한다. 그 사장이 한 여성으로부터 아빠 대행을 부탁받고 5살 여아의 아빠가 되어 연극을 하는데 그 아이는 진짜 아빠인 줄 알고 좋아하였다. 아이와 퍼즐을 맞추는 놀이를 하는데 조각 하나가 아무리 찾아도 없었다.

우연히 화장실에서 그 조각을 발견했는데 그 아이는 퍼즐이 끝나면 아빠가 갈까 보아 하나를 숨겼던 것이다. 그 대행업을 하는 사장님은 잠깐은 해결사가 되었지만 영원한 해결사는 되지 못한다. 예수님은 부활하셔서 제자들을 찾으신 가운데 자신을 의심하는 도마를 향해 "너는 나를 본고로 믿느냐 보지 못하고 믿는 자는 복되도다. (요20:29)" 하셨다.

신뢰는 참으로 어렵다. 도마는 3년을 수행하며 스승이 죽은 나사로를 살리는 것은 물론 맹인이 눈을 뜨고 중풍병자가 일어나는 것을 보았음에도 그 스승을 믿지 못했던 것이다.

우리는 주님을 믿기만 하면 다음에 전개될 일은 주님의 영역이다. 꼭 도마처럼 옆구리에 손을 넣어보아야 믿는다면 영생이라는 것은 어불성설이 된다. 어찌 보이는 것도 믿지 못하는데 보이지 않는 천국을 믿을 수 있는가? 나는 바보목사이지만 믿고 시작하면 주님이 움직여 주신다는 것을 믿고 있다. 지난번 「사랑난로 나누기」에도 많은 천사 분들이 왕림해 주셨고 이번 결혼식도 황송하게도 주님은 힐링교회 목사님을 보내 주셨듯이 믿는 것만큼 해결을 해 주신다.

둘째 주님과의 사랑을 연습하라.

나는 1973년 의정부에 있는 한미 1군단 의장대장을 했다. 한국군은 행사를 오전 10시 아니면 오후 2시에 하는 경우가 대부분이다. 그러나 미군은 오후 5시에 지휘관 교대식이나 경축 기념행사를 한다. 대략 30분 행사를 위해 의장대는 거의 하루 종일 총을 돌리는 것을 비롯해 제식동작을 연습한다. 특히 행사 당일에는 아침부터 식장이 준비된 운동장에서 예행연습을 한다. 행사의 성공은 얼마나 연습을 했느냐에 따라 결과가 나뉜다.

우리도 주님을 믿고 사모하는 것을 단순하게 생각과 행동에 그치는 것이 아니라 끊임없이 연습을 하면 후일 주님 나라에서 만날 때 더 살가울 수 있을 것이다.

> "사랑하는 자들아 하나님이 이같이 우리를 사랑하였은즉 우리도
> 서로 사랑하는 것이 마땅하도다. (요일4:11)"

사랑을 연습한다는 것은 매 순간 주님의 시야 안에서 삶을 살아가는 것이다. 주님의 눈이 무서워 숨거나 피한다면 온전하지 못한 삶이 된다. "약한 사람을 돕고 주는 것이 받는 것보다 복이 있다" 하심을 기억하는 것은 사랑을 나누는 교본과도 같은 것으로 그렇게 하므로 주님과 사랑을 나눌 수 있는 것이다. 베푸는 손이 교만하지 않고, 받는 이의 마음을 헤아리는 도량이 마음에 자리 잡아야 한다.

어제는 Patuju 지체들에게 식용유와 설탕, 소금, 국수를 나누면서 소리 소문 없이 건네도록 청년들을 독려했다. 우리가 건네는 식재료가 모든 가정의 음식을 충당하지는 못한다. 다만 우리가 사랑을 나누어 성도들로 하여금 '그리스도가 가까이 계시구나.' 믿음을 실증시키려는 것이다.

Patuju 교회에는 빵을 파는 할머니 한 분이 매일 빵을 들고 찾아온다. 그가 오면 매일 2달러 정도의 빵을 산다. 이유는 그녀를 말없이 돕는 것과 교회를 찾아온 사람에게 무언가 주기 위해 사 두었다 나눠준다. 어제는 찬양 연습을 끝낸 청년들이 그 빵을 맛나게 먹는 것을 보면서 목사의 마음이 창공을 훨훨 날고 있었다.

이 글을 읽으시는 모든 분들이 오늘 예수님과 특별한 사랑을 속삭이기 바라며 축복한다.

D-4.

복음의 빚을 갚기 위한
대한민국 선교사의 헌신

「하나님은 모든 사람이 구원을 받으며 진리를 아는 데 이르기를 원하신다.」고 디모데에게 훈도한 바 있다. 지금 전 세계 오지를 찾아 복음을 나르는 대한민국의 선교사들을 생각하면 19세기 지도에도 나오지 않는 조선이라는 변방을 찾아 복음을 전하기 위해 생명도 아끼지 않았던 백안의 선교사님들이 그려진다. 당시만 해도 미국은 선진 문명으로 윤택하게 살 수 있는 편리함을 버리고 6개월이나 걸리는 항해를 통해 이름도 생소한 동방의 작은 반도를 찾아 예수를 증거하고 순교했기에 오늘 우리가 3국 오지에서 예수를 기쁘게 증거하고 있는 것이다.

「결초보은 結草報恩」이라는 고사성어가 있다. 춘추시대 진나라 위과가 아버지가 돌아 가시자 서모를 개가 시킨 바 있는데 전장에서 위과가 위급한 상황을 당해 목숨이 경각에 이르렀을 때 그 서모 아버지 혼령이 풀을 묶어 적장을 쓰러뜨려 위과를 구했다는 고사에서 유래했다. 서모 아버지의 혼령처럼 은혜는 죽어서도 갚아

야 하는데 최근에는 「인면수심 人面獸心」이라는 단어를 좋아하는
지 은혜를 원수로 갚는 배은망덕한 인간들이 많다. 나도 늦깎이 선
교사이지만 대한민국의 선교사님들의 헌신은 독보적인 존재이다.

이곳 Bolivia 에도 단연 한국 선교사님들의 희생이 돋보이는데
최근 코로나로 조금은 빨리 하나님의 부르심을 받는 분들이 있어
동료 선교사로 마음이 아프다. 대한민국 선교사의 모습을 본 다윗
은 "대저 의인의 길은 여호와께서 인정하시나 악인의 길은 망하리
라. (시1:6)" 고 삼천 년 전에 기록해 놓은 바 있다.

어제는 오랜만에 Santa Cruz를 다녀왔다. 복합적 일을 챙기려니
정신없이 다녀와 빠트린 일도 몇 개 있다. 중요했던 일은 핸드폰을
정비하는 일이었다. 지난해 휴가 차 집에 갔을 때 아들이 아빠가
쓰는 핸드폰을 보고 '아빠 어떻게 이런 것을 쓰세요?' 하며 최신형
삼성 폰으로 바꿔 주었는데 2년여를 사용하고 나니 잔고장이 생기
고 아침마다 많은 분에게 카톡을 보내려면 심심치 않게 시비를 걸
어오기에 고쳐 왔다.

또 하나 중요한 일은 나의 주치의를 자청해 주시는 한(양)의사
김 박사께 코로나 19 검진을 받은 것이다. 한국에서 수입한 진단
킷으로 10분 만에 검사를 받았는데 음성 반응을 보여 당연한 결과
인데도 마음은 기뻤다. 그리고 약국을 방문해 온도 체크기 한 대와
진단 킷 4개를 구매했다. 우리 Patuju도 예배에 오는 성도들을 자
가 검진할 수 있는 역량을 갖추게 되었다.

지금 비록 3국 오지에서 의료시설도 변변치 않고 상황도 아주
열악한 방향으로 흘러가지만 복음의 빚을 갚기 위해 대한민국 선
교사 분들의 예수를 전하겠다는 열정과 현지 지체를 사랑하는 그
마음을 이미 주님께서 알아보고 '대한민국에게 무슨 복을 보낼까?'
고심하고 계시다. 이천 년 전 바울이 "헬라인이나 야만이나 지혜

있는 자나 어리석은 자에게 다 내가 빚진 자리.”는 말씀을 따라 순종하고 행동으로 옮기는 선교사라는 이름의 당신이 장하다.

첫째 선한 것으로 갚아야 한다.

> “여호와께서 내 의를 따라 상 주시며 내 손의 깨끗함을 좇아 갚으셨다. (시18:20)”

우리 대한민국은 동방예의지국이라는 말이 허울이 아니고 세계 어디에 내놓아도 예의범절이 바르고 신뢰를 생명처럼 지키는 아름다운 성품을 가지고 있다. 그러나 작금 대한민국을 쥐락펴락하는 좌편향 세력들은 자신의 탐욕을 교묘하게 숨기고 동족(북한)사랑이라는 미명을 앞세워 치부와 몰염치한 일을 예사로 저지르고 있다.

> “사람의 모든 죄와 훼방은 사하심을 얻되 성령을 훼방하는 것은 사해 줄 수 없다. (마12:31)”

마찬가지 북쪽에서 죄를 짓고 있는 자들은 선을 악으로 갚고 있다.

> “독사의 자식들아 너희는 악하니 어떻게 선한 말을 할 수 있느냐 이는 마음에 가득한 것을 입으로 말함이라. (마12:34)”

그 북쪽의 돼지들이 저지른 큰 죄는 예수님을 탄압한 것이다. 1907년 평양 부흥으로 무력감과 일제 때문에 소망이 없던 국민에게 꿈을 심어 주었던 그곳을 전 세계 사람들은 동방의 예루살렘으로 불렀다. 그 거룩한 곳에서 주님은 추방당해야 했다. 어찌 그들의 죄가 가볍다 할 수 있는가? 우리가 심판하지 않아도 주님께서 하실 것이다. 작은 일이나 큰 일이나 우리는 배은망덕하지 않도록 선은 꼭 선으로 갚아야 한다.

둘째 복음의 빚은 복리로 갚아야 한다.

'양지가 음지 되고 음지가 양지 된다.' 는 말이 있다. 역사는 부침을 거듭하며 빛과 어둠이 교차한다. 성경에서 역사(팔레스타인)를 주물렀던 앗수르, 바벨론, 페르시아, 헬라, 로마의 위세는 영원할 줄 알았지만 나라가 사라진지 오래다. 청교도들의 피 값으로 세운 미국은 사백 년 가까이 예수를 근간으로 세계 경찰로 그 역을 감당하고 있으나 작금 그 위세가 조금씩 균열이 가고 있다. 우리는 그 미국에 복음은 물론 민주주의를 빚진 나라이다. 그런데 작금 힘을 쥔 자(전교조, 좌편향 노조, 좌편향 정치 세력)들이 '미국은 떠나라' 외치고 있으니 배은망덕도 유분수이다. 근본 문제는 그들이 공산주의 이념인 '종교는 아편이다.' 라는 사상에 젖어 예수를 믿지 않기에 작금 총리실을 중심으로 기독교를 탄압하는데 앞장서고 있는 것이다.

그들의 패악무도한 행위에 대해 우리 하나님의 자녀들 책임 또한 가볍지 않다. 지금이라도 그들을 향해 복음을 나눠주고 사랑으로 감싼다면 그들도 저 유황불에서 김일성을 만나지는 않을 것이다. 복음의 빚은 악한 자이든 좌편향 자이든 김일성을 찬양하는 자이든 전해야 한다.

> "우리가 은혜와 사도의 직분을 받아 그 이름을 위하여 모든 이방인
> 중에서 믿어 순종케 하나니 (롬1:5)"

복음의 정수를 누렸던 유럽의 웅장하고 화려했던 교회가 텅 비워진 것을 반면교사로 삼아 때를 놓치기 전에 복음의 빚을 갚으러 나서야 한다.

> "악인은 오직 바람에 날리는 겨와 같다. 그러므로 악인이 심판을 견디지 못하며 죄인이 의인의 회중에 들지 못한다. (시1:4-5)"

Patuju 교회에도 배은망덕한 사례는 비일비재하다. 교회 바로 앞에 사는 Mari Luz라는 삼십 대 후반 엄마는 손자가 둘인데 두 딸이 아름답지 못하게 아이를 가졌고 물론 딸들의 남편도 없다. 그런데 또 큰 딸은 누구의 씨인지도 모르는 둘째를 임신해 곧 출산을 앞두고 있다. 그래 그 엄마를 불쌍하다고 많이 도와주었는데 교회를 나가버렸다. 이유인즉 전에 동거하던 남자가 형무소에 가 있는데 딴 사내를 데리고 와 자기 동거남이라고 인사를 시키기에 좋은 모습이 아니다 라고 타일렀더니 쌩~ 하고 떠났다. 작은 딸 출산을 앞두고는 찾아와 울고불고해 꽤 많은 비용을 출산비로 도와주었는데 받을 때는 좋아하고 자기 허물을 조금만 들춰도 반성은커녕 적반하장을 하고 나온다. 그러할지라도 그 가정을 보살피고 온전한 길로 인도하려고 마음을 다스리고 용서라는 잣대를 가지고 나를 재고 있다. 복음은 나의 의를 세우는 것이 아니므로 예수의 모습을 본받아 복음의 빚을 갚으려 한다.

사랑이 없는 종교와 가정의 두려움

지금은 고인이 되었지만 구수한 입담으로 인기를 끌었던 황수관 박사의 간증 중에 이런 대목이 있다. 전쟁 중에 피난을 가는데 도로에 포탄이 떨어졌다. 한참 뒤에 정신을 차려보니 엄마는 자기 몸을 가지고 어린 아들을 포개고 몸으로 포탄을 막아주었다. 그런데 아버지는 자기 혼자 살려고 쏜살같이 도랑으로 피신해 혼자 숨어 있었다고 한다. 같은 부모지만 엄마와 아빠의 사랑은 온도차이가 분명히 있다. 엄마는 결코 음식이 자기 입으로 먼저 들어가지 않는다. 또 어떤 아빠는 자식이 자기를 넘어 더 큰 인물이 되는 것을 질시하기도 한다. 그러나 하나님은 엄마보다도 더 우리를 챙기고 사랑하신다. 만약 주님이 우리와 경쟁을 할 만큼 옹졸하다면 인류는 진작 멸망했으리라 본다. 그러나 유대인이 믿었던 여호와 너의 하나님은 "질투하는 하나님인즉 나를 미워하는 자의 죄를 갚되 아비로부터 아들에게로 삼사 대까지 이르게 하리라" 엄포를 놓고 있다.

"사랑 안에 두려움이 없고 온전한 사랑이 두려움을 내어 쫓나니 두려움에는 형벌이 있음이라 두려워하는 자는 사랑 안에서 온전히 이루지 못하느니라. (요일4:18)"

곧 하나님은 사랑이시라고 하셨다. 만약 기독교가 엄격한 율법만 존재하고 그 중심에 사랑이 없다면 얼마나 무서운 종교가 되는지 생각해 보아야 한다. 사랑 없는 기독교는 이미 역사적으로도 증명하고 있다. 11세기 십자군 전쟁은 단지 성지회복이라는 미명 아래 숱한 이방인(이슬람교도, 유대교도)을 무참히 살해했다. 그것도 주 예수 그리스도의 이름으로 말이다.

또 교묘한 교리를 만들어 믿음의 동료들을 자기 교리와 다르다고 화형에 처하고 단두대에서 목을 자르는 만행을 서슴없이 자행했다. 사랑이 없는 교회와 가정은 존재 가치가 없다.

첫째 사랑이 없는 기독교는 미신이 된다.

아무리 하나님이 전지전능하다고 해도 그분이 사랑을 베풀지 않으면 우리는 공장에서 양산되는 로봇에 불과하다.

"하나님이 세상을 이처럼 사랑하사 독생자를 주셨으니 이는 저를 믿는 자마다 멸망치 않고 영생을 얻게 하려 하심이다. (요3:16)"

성경 66권을 놓고 무엇과도 바꿀 수 없는 보물이 바로 이 말씀이다. 하나님이 우리를 죽자 살자 사랑하기에 당신이 성육신 하여 이 땅에 온 것이다. 그러기에 사랑이 없는 기독교는 처음부터 생각할 수가 없다. 때문에 모든 목회와 복음의 중심에 사랑이 바탕이 되어야 한다. 나 또한 말씀을 증거하기 위해 길을 나섰지만 매번 사람을 차별하고 모두에게 공평한 사랑을 나누지 못하고 있다. Patuju 교회에는 매일 청소년들로 북적이는데 예수를 잘 믿고 목사가 가르치는 말에 순응하는 아이들은 지극히 사랑하면서도 단순히 축구만 하러 온 아이들은 본체만체 한다.

그래 매일 마음을 바꾸고 회개하며 주님께 간구하고 있다. 믿지 않는 아이들까지도 지극한 마음으로 사랑할 수 있게 해 달라고 청한다. 왜냐면 축구만 하러 온 아이들이 교회는 사랑이 없다고 생각할까 두렵다.

둘째 사랑이 없는 가정은 인간 사육장이 된다.

사랑을 바탕으로 깔지 않으면 가정은 출산을 하는 공장에 불과하고 단순히 삶을 영위하는 단체가 된다. 출산과 일도 사랑하는 대상이 있을 때에 행복한 것이다. 가정에 사랑이 없다면 새끼만 출산하는 돼지와 다를 바가 없다. 부모와 자식 간의 매개체는 사랑이라는 이름아래 아름다운 열매를 맺는 것이다. 그래서 어려서는 부모에게 보살핌을 입고 장성해서는 그 부모를 섬겨 편안하게 모셔야 한다. 이곳 Bolivia에서 가장 강조하는 것이 부모를 잘 섬기라는 가르침을 주고 있다.

> "아비들아 너희 자녀를 노엽게 하지 말고 오직 주의 교양과 훈계로
>   양육하라 (엡6:4)"

그렇게 예수 그리스도 안에서 사랑으로 자란 아이는 후일 또 사랑으로 자기 역사를 써 나갈 수 있다. 금요일 엄마수업과 상담을 모두 마치고 오토바이 택시 뒷자리에 앉아 숙소로 향하는 길에 맞은편 하늘에 얼굴을 내민 보름달이 인사를 건넨다.

'어이 베르나베 목사 송편은 먹었나?'

벌써 고국의 보름달을 못 본 지가 10년이 넘었다는 생각에 마음 한구석이 서늘해 왔다. 어제 추석에는 송편 한쪽 먹을 여력이 없었다. 물론 교회 권사님이 저녁을 초대해 주셨지만 갈 입장이 아니었다. 어린 시절 강원도 두메산골에서 보았던 그 달과 이곳의 달의 족보를 자세히 알지는 못하지만 아마도 배가 다른 형제인 모양이다. 잘 생긴 외모는 비슷한데 풍기는 매력은 고국의 달이 더 살갑다.

특히 명절이 되면 조국의 품이 그립고 친지와 친구가 간절히 보고 싶다. 작금 대한민국은 몹시도 시끄럽고 분열의 영이 나라를 삼키려 하고 있다. 이럴 때 절실하게 요구되는 것이 사랑이다. 사랑으로 하나가 된다면 대한민국은 다시 멋지게 달릴 수 있을 것이다. 명절을 끝내고 헤어지는 가족 친지를 꼭 안아주며 '사랑한다' 속삭이기 바란다.

D-6.

짐짓 눈 감아 주시는 주님

어제는 빗속을 뚫고 일찍 Santa Cruz로 향했다. 10월에 개최할 tres dias에 사용할 천막을 계약하러 길을 나섰다. 조금이라도 저렴하게 준비하려고 멀리 도시에 있는 회사를 찾아 주소를 받아 놓아 아침에 승합차(trufi)를 탔다. 도착할 즈음에 운전사에게 주소를 주고 그곳에서 내려 달라고 했다. 그는 이 차는 그리로 가지 않는다며 빙 둘러 길을 잡으며 내게 3불을 내면 데려다 주겠다고 한다. 비는 줄줄 오니 그렇게 하겠다고 하고 갔다. 마치 한국의 나쁜 운전자가 외국인 관광객이 오면 미터기를 사용하되 빙빙 둘러 요금을 바가지 씌우는 것과 동일한 수법으로 나에게 속임수를 쓴다. 도착해 보니 그 차량의 이동 경로였다. 순간 화가 났지만 웃으며 3불을 건네 주었다. Montero에서 Santa까지 1불인 것에 비교하면 큰 바가지인 셈이다. 그러며 주님도 우리가 숱한 죄에 빠져 허우적거리는데 일일이 체크해 벌을 주면 과연 살아남을 자가 몇 명이나 될까? 생각이 미치자 주님의 하늘과 같은 사랑이 나의 모든 세포를 따스하게 데워 주는 것만 같았다.

"여호와께서 말씀하시되 오라 우리가 서로 변론하자 너희 죄가 주
홍 같을지라도 눈과 같이 희어질 것이요 진홍 같이 붉을지라도 양
털 같이 되리라 (사1:18)"

그 운전자의 눈을 똑바로 보며 '축복한다.' 해 주었다. 그것은 비
꼬는 마음이 아니라 그가 진심으로 불쌍했기에 축복을 해 준 것이
다. 물론 3불을 바가지 씌웠다고 지옥에 가거나 유황불에 던져진
다는 것은 아니지만 한국 속담에 '바늘 도둑이 소 도둑 된다.' 는
말처럼 그에게 아주 작은 죄의 앙금이 쌓이기 시작하면 어느 순간
돌이킬 수 없는 죄인이 될 것이기 때문이다. 우리 또한 마찬가지이
다. 누가 경건하며 죄에서 자유로울 수 있는가? 주님이 짐짓 눈감
아 주시지 않는다면 모두가 어디로 향할지 뻔하다. 그것이 주님의
사랑임을 다시 깨우치는 좋은 시간이었다.

첫째 주님과 함께 변론해야 한다.

여호와께서 우리에게 구하시는 것은 "오직 공의를 행하며 인자
를 사랑하며 겸손히 네 하나님과 함께 행하는 것"이라고 미가 선
지자는 전했다. 우리가 주님과 격론을 벌인다는 것이 아니다. 우리
가 변론해야 하는 것은 주님을 세상에 널리 알리는 것이다.

주님의 그 크신 사랑 '하늘을 두루마리 삼고 바다를 먹물 삼아
도 한없는 하나님의 사랑 다 기록할 수 없겠네.' 찬양 가사처럼
세상을 향해 입을 열어야 함이 모든 피조물이 가져야할 기본 책
무이다.

"크게 외치라 아끼지 말라 네 목소리를 나팔 같이 날려 내 백성에
게 그 허물을 야곱 집에 그 죄를 고하라. (사58:1)"

그 운전자의 작은 속임수 때문에 그는 스스로 죄를 만들어 자신에게 올무를 채웠고 상대한 나는 아침을 비교적 상쾌하지 못하게 출발하는 사건이 된 것이다. 우리는 의도적이던 부지불식간이든 숱한 죄와 함께 하고 있다. 그러나 죄를 만들어 스스로 자신을 옥죄는 일을 하지 말아야 한다. 아무리 선한 주님이시지만 "반드시 그리스도의 심판대 앞에 드러나 선악 간에 그 몸으로 행한 것을 따라 받는다."고 경고하심을 명심해야 한다.

둘째 주홍 같은 죄가 희어지는 것이 바로 주님의 사랑이다.

현대를 사는 우리는 성경이 기록되었던 시대보다도 더 가까이 죄와 근접해 있다. 특히 손에 들고 있는 핸드폰을 통해 못할 일이 없다. 특히 사이버 세상에서 일어나는 범죄는 지능이 극에 달했다. 그러나 주님은 우리가 죄를 고백하고 '주님 살려주세요.' 한마디 외치기를 원하신다. 그런데 미련하게도 나는 죄가 없어 우기는 미욱한 자 때문에 주님은 마음을 아파하신다.

> "너희가 어찌하여 매를 더 맞으려고 더욱 더욱 패역하느냐 머리는 병들었고 온 마음은 피곤하였으며. (사1:5)"

그러나 늘 사랑만 베풀지 않는 예외도 있음을 알아야 한다. 광야에서 죄에 빠진 백성을 향해 "너희 시체가 이 광야에 엎드러질 것이라 너희 20세 이상으로 계수함을 받은 자는 결단코 약속의 땅에 들어가지 못하리라" 죄를 고하지 많은 자들의 말로를 직시해야 한다.

여호와께서는 "네가 부를 때에는 나 여호와가 응답하겠고 네가 부
르짖을 때에는 말하기를 내가 여기 있다 하리라 (사58:9)"

그렇다 모든 결핍 앞에서 우리는 진실로 찾아야 할 분이 주님이
시다. 우리 죄를 보시고도 짐짓 눈감아 주시는 주님을 말랑하게 생
각해서는 안 된다. 모르기에 그냥 계시는 것이 아니라 소상히 알
지만 사랑으로 덮어주시는 것이다. 아침에는 그 운전자에게 조금
은 서운했지만 저녁 퇴근길에는 행복을 나눴다.

구두를 잘 신지 않는다. 그런데 어제 새벽 기도회에 다녀오느라
우중에 운동화가 젖어 구두를 신었다. 막 어둠이 내리는데 집 앞
공원에서 오토바이를 내려 걸어가는데 구두닦이 소년이 부른다.
그래 그 앞에 앉아 구두를 닦으며 그의 형편을 소상하게 물었다.
15세 소년으로 어린 동생을 보살피며 공부를 열심히 하고 있다고
한다. 구두를 닦고 그를 데리고 인근 상점에 가 콜라를 한 병 사주
고 수고비를 좀 더 챙겨주고 집으로 향했다. 그러자 주님이 눈을
찡긋 하시며 '잘했어' 엄지를 세워주신다. 오늘은 남미의 봄이 시
작하는 날이다. 물론 고국은 가을이 시작된다. 봄의 전령사처럼 주
님을 반기고 우리의 주홍 같은 죄를 씻고 참된 자녀가 되는 봄이
되기를 축복한다.

사랑의 정량은 얼마인가

　이 땅에서 무게를 재는 저울을 처음 본 것은 목욕탕에서 몸무게를 다는 것이었다. 다음이 시장에서 물건을 살 때 달아주는 저울을 보았는데 가장 무거운 무게를 다는 것을 본 것은 과적차량을 단속하기 위해 큰 트럭이 지나갈 때 도로 한 구석에서 차량의 무게를 다는 것이었다. 그런데 이 세상에서 저울로 달 수 없는 무거운 것이 있다. 바로 엄마가 자녀를 향한 사랑의 무게는 측량할 수 없기 때문이다. 그런데 엄마의 사랑보다 더 큰 사랑이 있다.

　2차 대전 말기 미군 1기갑사단이 아이슈비츠 수용소에 도착했다. 군인들은 시체 더미에서 혹시 생존자가 있는가? 찾기 시작했다. 그런데 기적과 같이 시체창고에서 한 유대인이 자신의 피로 글을 쓰는 것을 보았다. 그는 글을 다 쓰자 바로 죽어버렸다. 그가 손가락을 잘라 벽에 썼던 것이 바로 "하늘을 두루마리 삼고 바다를 먹물 삼아도 하나님의 사랑을 다 기록할 수가 없네."라는 글이었다. 독일군의 가스 때문에 죽어가며 무엇이 그를 그토록 감동시켰기에 자신을 죽음에서 구해 주지도 못한 하나님을 찬양하고 있을까? 그것은 우리가 형용할 수 있는 범위가 아니다. 그에게 베푼 주님의 사랑을 세간의 눈으로는 감히 평가할 수 없다. 그의 내면에 베풀어준 주님의 사랑을 오로지 그만이 받았기에 그는 큰 바다의 모든 물이 잉크라고 해도 하나님께서 베푼 사랑의 위대함을 기록할 수 없다고 한 것이다.

뉴욕에서 있었던 일화이다. 중요한 회의를 마치고 공항으로 향하던 폴 일행은 급하게 택시를 타려다 노점상 할머니 과일을 쏟아버렸다. 동료들은 택시를 타고 공항으로 가고 폴은 혼자 남아 과일을 다 줍고 손해 본 금액을 할머니에게 챙겨주었다. 시각장애인 할머니는 '혹시 예수님이신가요?' 물었다. 왜냐면 과일이 쏟아졌을 때 '예수님 도와주세요.' 기도를 했고 바로 폴이 도와주었기에 앞이 보이지 않는 할머니는 진심으로 그가 예수인 줄 알았다.

> "내가 내게 있는 모든 것으로 구제하고 또 내 몸을 불사르게 내어
> 줄지라도 사랑이 없으면 내게 아무 유익이 없느니라. (고전13:3)"

억만금을 주면서 개에게 주는 것처럼 베푸는 것은 사랑을 담은 빵 하나만 못하다. 엄마의 사랑이 위대한 것은 자신의 육신으로 자기 새끼를 보살피는데 있다. 진정 '당신이 예수님이세요?' 소리를 들을 수 있다면 그가 행한 사랑은 위대하다고 해도 부족함이 없다.

첫째 한도가 없는 사랑을 나누어 보자.

흔히 사람들은 모든 것이 갖추어진 뒤에 해야지 마음을 먹는다. 효도 또한 번듯한 직장을 구하고 적금을 들어 돈이 좀 쌓이면 해야지 생각한다. 그런데 그 세월을 부모는 기다려 주지 않는다. 없으면 없는 가운데서 정성을 다해 밥이라도 한 끼 섬기는 것이 필

요한 사랑이다. 진실한 사랑은 그런 허울은 필요 없다.

> "사랑은 언제까지든지 떨어지지 아니하나 예언도 폐하고 방언도
> 그치고 지식도 폐하리라. (고전13:8)"

사랑 하나면 모든 것을 이룰 수 있다. California 남부에 빅베어라는 산이 있다. 3월에도 눈이 날리는 3000m 고산이다. 그곳 휴양지를 내가 참 좋아한다. 그렇다고 많이 가 본 것도 아니다.

지난해 휴가를 갔을 때 사위가 아빠가 좋아할 것이라고 예약을 해 다녀왔다. 그곳에 가니 우선 주변 풍광이 내가 자란 강원도 시골과 비슷하고 늘 태양이 작열하는 남미의 고온에서 벗어나 '제발 추워봤으면'을 입에 달고 있었는데 빅베어에 올라가 눈도 보고 추위도 맛볼 수 있기 때문이다. 그런데 어제 아내와 딸에게서 그곳에 갔다고 사진과 함께 소식을 전해왔다. 올해 아빠가 휴가를 오시면 모시려고 예약을 해 놓았는데 아빠가 휴가를 반납하셔서 부득이 남은 가족끼리 여행을 갔는데 아빠 생각이 많이 났다고 한다. 나를 그토록 사랑해 주는 가족이 있음에 또 그들의 사랑 때문에 마음이 따뜻해졌다. 가족이 나누는 사랑 또한 정량이 없어서 좋다.

둘째 적어도 한 번은 아름다운 이야기의 주인공이 되어보자.

작금 TV, 신문, 인터넷 등 뉴스를 전하는 매체가 수도 없이 많다. 그런데 내 삶은 한 번도 기사가 되지 못한 평범한 삶을 살아 내고 있다. 어쩌면 세인의 이목을 집중 시킬만한 사건을 행하지 못함에 기인할 수도 있다. 그러나 세상을 향해 나눈 사랑으로 세상 뉴스를 장식하라는 것이 아니다. 예수님 방송국에 아름다운 이야기의 주인공이 되라는 것이다.

"범사에 너희에게 모본을 보였으니 곧 이같이 수고하여 약한 사람을 돕고 또 주 예수의 친히 말씀하신 바 주는 것이 받는 것보다 복이 있다 하심을 기억하여야 할지니라. (행20:35)"

세상에 알려지지 않은 수많은 사랑의 손길을 통해 이 땅은 아름다운 하모니를 이루고 있는 것이다. 나도 내 삶이 끝나기 전에 주님께서 인정해 주는 아름다운 이야기의 주인공이 되기 위해 예수의 사랑을 전하려 한다. 작금 세상은 너무나 어수선하다. '코로나19'라는 바이러스를 놓고 자기 주관적으로 확대해석하고 주님의 심판이니 종말이니 떠드는 많은 목자들이 있는 것을 본다. 그러나 좀 더 기도하고 숙고하고 말을 뱉을 필요가 있다. 그런 말은 하나님을 너무나 무책임하고 사랑이 없는 분으로 매도하는 일이다. 잠잠히 기도하며 주님의 음성을 들어야 한다.

자세한 내막은 모르지만 전라도에서 경상도 현장으로 보낸 도시락 이야기가 가슴을 따스하게 해 주고 있다. 그 도시락을 보고 '당신이 예수세요?' 묻고 싶었다. 겸손하지 못한 이야기를 하나 하려한다. 이곳에서 어려운 교회와 후원자를 연결해 병을 치료해 주고, 교회를 보수해 주고, 학비를 대주는 사역을 하고 있다. 그 일은 내가 하는 것이 아니고 나는 다만 연결만 해 주는데 이곳 사람들은 가끔 '당신이 예수님이세요.' 한다. 그럴 때마다 숨고 싶지만 그들의 필요를 채워주는데 교량 역할을 한 것만으로도 나는 행복하다. 우리가 수여하는 최고의 훈장은 세상으로부터 '당신이 예수세요' 그 한마디면 족하다.

사랑쟁이는 팔불출이다

오늘은 내가 기꺼이 팔불출이 되어 보려 한다. 어느 부모가 자식 사랑하지 않는 자가 있으며 또 자식 자랑하고 싶지 않은 부모가 어디 있겠는가? 나는 늦게 목사가 되었다. 신학교에 다니면서 당시 신학교 총장님과 면담을 하며 어느 나라로 선교를 갈까 지역을 물색하고 있었다. 그런 상황에 문외한인 나를 지도해 주신 김인수 총장님께서 아프리카 이디오피아를 추천해 주시어 준비를 하고 있었다. 비자 문제로 꿈이 물거품이 되어 낙망하고 있는 나에게 총장님은 당신의 고교 동창생인 이곳 J 목사님을 소개해 주어 볼리비아로 지역을 결정했다. 문제는 젊지 않은 아빠가 오지 타국으로 가는 것에 대해 가족 동의를 얻는 것이 난관이었다. 그래 아내를 설득하고 가족회의를 열어 투표를 했다. 2살 손녀까지 합해 투표권자가 여섯 명인데 나와 딸과 손녀를 합해 강제로 과반수 표를 획득했다.

또 하나의 문제는 선교비가 걸림돌이 되었다. 내가 사역했던 남가주 모 교회 P목사는 아들 나이지만 4년을 잘 섬기며 아껴 주었는데 뭐가 틀어졌는지 여비는커녕 선교지에 있는 4년 동안 단 1불도 헌금을 하지 않았다. 선교 첫해에는 Laguna Wood에서 섬겼던 어르신들께서 십시일반 모아 버텼는데 이듬해 모두 끊어졌다. 그 때부터 딸이 모든 선교 헌금을 보내주고 있다. 물론 이 글을 읽으시는 많은 독자 분들께서 사랑을 보내 주시어 부족한 부분을 충당하고 있다. 또 Patuju 건축이나 이슈가 나가면 많은 분들께서 격려와 헌금을 해 주시어 감사가 넘치고 있다. 얼굴도 모르고 일면식도 없는데 많은 돈을 쾌척하는 분들은 사랑이 넘치는 복받은 분들이다.

> "세 번째 이르시되 시몬아 네가 나를 사랑하느냐? 베드로가 내가
> 주를 사랑하는 줄을 주께서 아시나이다. 예수께서 가라사대 내 양
> 을 먹이라. (요21:17)"

예수님 당부처럼 또 하나 사역은 이곳 Bolivia 미자립교회를 위하여 스물다섯 분이 25개 교회를 입양해 후원해 주시고 있어 감사와 기쁨이 넘친다. 작금 코로나 바이러스 사태로 모든 것이 멈추었지만 Patuju 교회는 그 이전보다도 더 생동감 있게 교회가 분주하다. 성전에는 음악을 사랑하는 청년들의 악기 연주로 하루 종일 꿍꽝거린다. 또 교회 곳곳에는 자원 봉사로 페인트를 칠하고 나무를 옮겨 심고 의자와 탁자를 수선하고 있다. 그리고 축구장과 농구장에는 동네 꼬맹이들의 축제의 장이 매일 열린다.

나 또한 하루 종일 교회 울타리 안에서 강의도 하고 설교 연습도 시키고 스스로 드럼도 치며 무료함을 달래지만 사실은 매우 바쁘게 하루를 마감하고는 한다. 새벽 4시에 시작한 일과를 밤 10시 자리에 눕기까지 즐거움으로 채우려 무진 애를 쓰고 있다. 그런데

딸이 요즈음은 하루에 한두 번 꼭 전화를 걸어 '아빠 건강하셔야
해요' 진심을 담아 아빠의 안위를 걱정해 오면 바보 목사는 목이
메어 말을 잇지 못해 딸까지 울리고는 한다. 전에는 그렇게 많이
울지 않았는데 딸 목소리만 들어도 목이 잠기기 시작해 끝내 눈물
을 쏟고 만다. 딸이 자기의 한 달 생활비에서 아빠에게 1/3을 떼어
보내는 것을 생각하면 미안하고 또 감사하다. 딸도 아이를 키우고
대학원에서 한의를 공부하기에 늘 돈에 쪼들리는 살림이기에 마트
에서 채소를 고를 때도 바로 사지 못하고 들었다 놓았다, 반복한다
는 소리를 듣고는 마음이 무척 아팠다. 자신의 허리를 졸라 하나님
나라를 위해 애쓰는 딸을 자랑하고 싶다. 물론 그 딸을 사랑하고
보필하는 사위의 역할이 크다.

첫째 사랑은 주는 것이지 받는 것이 아니다.

자식은 부모에게서 받은 만큼의 사랑을 되갚지 못하는 것이 세
상 이치이다. 그러나 부끄럽게도 나는 내 부모님에게 불효 막심한
자식이었다. 살갑게 목욕탕에 가서 아버지 등 한 번 밀어드리지 못
했다. 그렇게 이별을 하고 무척 마음이 쓰였다. 그런데 나의 두 자
녀는 내가 미안할 만큼 효를 실천해 다윗의 말처럼 "나는 누구오
며 내 집은 무엇이기에 나로 이에 이르게 하셨나이까?" 내가 자녀
에게 받는 복이 너무나 과분해 감사하고 행복하면서도 송구하다.

"예수의 친히 말씀하신 바 주는 것이 받는 것보다 복이 있다.
(행20:35)"는 말씀을 몸으로 실천하는 두 자녀를 보면서 그들이
쌓아 둘 하늘의 보화가 넘치는 것 같아 감사할 뿐이다.

둘째 사랑은 무게를 달 저울이 없다.

이 세상에 있는 어떤 저울도 사랑의 무게를 달 수는 없다. 그만

큼 사랑은 귀하고 소중한 보물이다. 우리가 흔히 남녀 간의 불 같은 사랑을 말하는데 그런 사랑은 사랑 축에도 끼지 못한다. 사랑은 자신을 버리고 상대를 세우는 일이다. 겸손하게 자신을 낮추고 끝에는 목숨을 버리기까지 하며 이웃을 챙기는 것이 사랑이다.

> "누구든지 자기의 유익을 구하지 말고 남의 유익을 구하라. (고전 10:24)"

내 이익을 뒤로하고 이웃을 먼저 배려하는 마음이 사랑이고 복음이다. 그 일을 위하여 바울은 "수고하고 애쓰고 여러 번 자지 못하고 주리고 목마르고 여러 번 굶고 춥고 헐벗었다." 누가 이 사랑을 따라할 수 있겠는가? 그만큼 사랑의 무게는 귀한 것이다.

주일 헌금을 위해 지갑을 톡 털었다. 90Bs(약 15달러) 뿐이 없어 그것을 헌금하고 나니 지갑이 텅 비었다. 잠시나마 마음이 짜릿해 왔다. 그러나 월요일 사선을 뚫고 교회 장로님께서 부식과 자금을 조달해 주어 빈지갑을 다시 채우고 어제는 식당의 전등과 어린이 놀이터를 칠할 페인트를 구매했다. 오늘은 어린이 놀이터가 변신을 꾀할 것이다. 오늘 시장을 가 국수와 설탕을 구매해 내일 가정마다 나눠주려 한다. 작금 바이러스 사태가 연장되면서 가난한 가정에는 끼니가 걱정되고 있어 교회도 재정이 부족하지만 음식재료를 우선 구매해 나눠줄 계획이다. 팔불출이 되면 사랑을 나누기가 훨씬 쉬워진다. 사랑을 나누는 자는 모두 행복쟁이들이다. 당신도 한 번 도전해 보면 좋을 것이다.

E.

한겨울 폭염속에서 드린 예배
(경건훈련)

당신이 뿌린 말의 씨앗은
잘 자라는가

아마도 초등학교 5학년으로 기억된다. 전교생이 200명이 채 안 되는 시골학교에서 한 학년이 40명 정도였다. 졸업할 때까지 학급 반장을 못해 보았다. 그런데 총학생회 임원으로 선생님이 추천해 대의원으로 회의에 참석한 적이 있다. 민선(?)으로 뽑힌 학생회장이 좀 어눌했다. 나는 회의 내내 사사건건 반론을 펴 회장을 곤욕스럽게 했다. 회의가 끝나자 선생님이 부르더니 '너 정말 똑똑하다' 한마디 해 주셨다. 그런데 문제는 그 칭찬이 나를 매우 몹쓸 사람으로 만들었다. 비판이 최고인 줄 알고 틈만 나면 상대의 코를 납작하게 만들고 우쭐해 했다. 그 버릇이 꽤 오래 갔던 것 같다.

잠언기자는 "유순한 대답은 분노를 쉬게 하여도 과격한 말은 노를 격동한다. (잠15:1)"고 했다.

아무리 내가 옳다 해도 부드럽게 상대를 배려해 주어야 하는데 송곳으로 상대의 약점을 파고드는 것은 좋은 모습이 아니다. 바란 광야에서 이스라엘 백성이 여호와를 원망했다.

> "그들에게 이르기를 여호와의 말씀에 나의 삶을 가리켜 맹세하노
> 라 너희 말이 내 귀에 들린 대로 내가 너희에게 행하리라. (민
> 14:28)"

우리가 나누는 말은 보이지도 않고 냄새도 없으나 그는 생명을 가지고 사람을 살리기도 하고 죽이기도 한다. 초등학교에 입학한 에디슨이 너무나 저능해 선생님은 에디슨 엄마를 호출했다.

'더 이상 에디슨을 지도할 수 없습니다.'고 했다. 학교를 나온 엄마와 에디슨이 함께 집으로 향했다. 에디슨은 어렸지만 선생님의 말뜻을 대충 알 수 있었다. 그런 상황에서 엄마는 '너는 장래가 정말 촉망 된다는구나'고 격려했다. 엄마의 말씀에 용기를 얻은 에디슨은 각고의 노력을 기울여 인류를 위해 큰 도움을 주는 일을 할 수 있었다. 내가 뱉어 내는 말 한마디가 독화살이 되어 상대를 아프게 하는지 아니면 가뭄에 단비가 되어 죽어가는 생명을 살리는지 곰곰 생각해 보자.

첫째 살아 있는 말만 해야 한다.

말은 치유하고 파괴하는 능력을 함께 소유하고 있는 요술 방망이와 같다. 내가 내려치는 대로 명령을 수행한다. 말 한마디가 병든 사람을 치유하기도 하고 절망에 빠진 사람을 위로하고 소망을 줄 수 있다. 회자되는 말처럼 반잔의 물을 보고 '반잔 밖에 안 남았네, 아직도 반잔이나 남았네.' 말하고 생각하는 것은 삶의 근본부터 흔들어 준다.

"죽고 사는 것이 혀의 권세에 달렸나니 혀를 쓰기를 좋아하는 자는
그 열매를 먹으리라. (잠18:21)"

'미치겠네, 죽고 싶네, 못 하겠네' 등의 말은 자신은 물론 옆 사람까지도 파멸로 몰고 간다.

특히 믿는 자의 말은 하나님이 듣고 계시다는 것을 명심해야 한다. 말은 바로 우리의 삶과 미래를 결정하고 인격을 가늠하는 잣대가 된다. 아무리 요란하게 립스틱으로 변장을 해도 인격까지 가릴 수는 없다. 단 한마디 말을 들어보면 그의 실체를 파악할 수 있기 때문이다.

둘째 듣기를 먼저 해야 한다.

우리의 모든 언어, 행동, 심지어 울음까지도 '내 소리 좀 들어줘' 하는 의사표현이다. Patuju 교회 농아예배에 참석해보면 그분들의 아픈 심정을 십분 이해하게 된다. 의사를 표현해야 하는데 말을 못 하니 답답해할 때가 많다. 그들은 실제 듣지 못해도 들으려 많은 노력을 기울인다. 그러나 귀와 입이 멀쩡한 우리는 단순히 듣기만 하는 것이 아니라 상대의 마음까지 듣도록 해야 한다. 필부들은 상대가 말을 꺼내려 하면 자기주장을 먼저 쏟아 내기 바빠 한다. 나 또한 그렇게 많은 시간을 살아왔다. 잠언기자는 경고하고 있다.

"사연을 듣기 전에 대답하는 자는 미련하여 욕을 당하느니라. (잠 18:13)"

아마도 입이 하나고 귀가 두 개인 것은 주님께서 우리를 만드실 때 많이 고민하신 결과물인 듯하다. 내가 말의 씨앗을 뿌리기에 앞

서 상대는 어떤 씨앗을 가져왔는지 먼저 들어보고 내 씨앗을 시와 때에 맞춰 뿌리는 것이 바로 현자가 되는 길이다. 우리는 보이지 않지만 우리가 매일 뿌리는 말은 내 이름으로 등기된 밭에 차곡차곡 쌓여 자라고 있다. 그런데 다행인 것은 막말보다는 예쁜 말이 번식력이 왕성하다는 것이다. 혹여 지금까지 나쁜 말을 뿌렸다 해도 염려할 필요는 없다. 지금 이 시간부터 아름답고 고운 말로 밭을 가득 채우면 된다. '사랑한다.' '축복한다.' '너는 잘 될거야' '지금 고난은 나중에 축복으로 온단다.' 당신이 뿌린 밭에는 주님이 예쁜 팻말을 붙여 놓고 관리 해 주신다. 우리가 뿌린 씨앗이 맺게 될 열매는 자녀 천대까지 만나가 되어 줄 것이다.

> "하나님의 말씀은 살았고 운동력이 있어 좌우에 날선 어떤 검보다도 예리하여 혼과 영과 및 관절과 골수를 찔러 쪼개기까지 하며 또 마음의 생각과 뜻을 감찰한다. (히4:12)"

이 글을 읽는 모두를 사랑합니다. 축복합니다.

E-2.

글과 말에 독을 제거하라

요즘 카톡을 열면 갑자기 전해지는 내용을 보면 황당하기 그지 없다. 읽기도 부담스럽지만 잠시 옮겨 보려 해도 내 손이 부끄러워 그 내용을 적기가 민망하다. 그것도 한 번 올리는 것도 아니고 수십 번을 반복하고 있다. 글을 쓰신 분의 저간의 사정은 알 수가 없으나 글을 쓴 분들도 자녀들이 있을 것인데 자녀가 그 글을 읽는다면 무어라 할 지 궁금하다.

보웬 목사는 '불평 없이 살아보기' 라는 저서에서 「비판은 비판을 듣는 자의 행동을 변화시키기는커녕 오히려 강화하는 결과를 초래한다. 왜냐면 비판 받는 자는 잘못을 고치기보다는 자신의 행위에 대해 정당화 할 구실을 찾기 시작하기 때문이다.」 그렇게 비판으로 상대를 변화시키는 것은 쉽지 않다. 다윗은 그러한 문제를 시편에 적었다.

"저희가 칼 같이 자기 혀를 연마하며 화살 같이 독한 말로 겨눈다.
(시64:3)"

독을 담은 말과 글은 자기가 낳은 자녀일지라도 받아들이지 않는다. 의식이 있고 보통의 양심과 배움이 있는 사람이라면 험한 내용보다는 아름다운 글과 말로 상대를 배려해야 한다. 그렇지만 상대의 부당한 행위를 보고 "잘 했어!' 하고 칭송할 수 없다. 세상이 올바로 굴러가는 것은 칭찬과 맞물려 건강한 비판이 있기에 인간관계가 수평을 유지할 수 있고 세상은 안정을 가져오는 것이다.

인간의 심성이 늘 온화하고 사랑으로 채워져 있다면 얼마나 좋겠냐만 여호와께서 창조하실 때부터 자유의지를 함께 공유하게 했기에 따스한 인품과 언어습관은 연단과 절제가 필요하다. 그 첫 사건이 바로 아담과 하와가 낳은 첫 아들 가인이 살인을 저질렀음을 보면 알 수 있다.

나를 비롯한 우리 모두는 성품이 완벽하거나 성인처럼 온화함만으로 구성되어 있지 못하다. 그러기에 가정교육이 있는 것이고 나아가서는 학교교육을 받아야 하는 것이다.

그 책임의 일부를 교회를 비롯한 종교단체와 사회가 관여해야 한다. 군이 그 역할을 많이 감당하고 있다. 군 지휘관들은 부하를 거느릴 때 단순하게 상명하복 관계의 부하가 아니라 대한민국의 국민이자 자신의 자녀와 같이 거두고 가르치기 위해 '군을 국민대학'으로 개조하는 일을 솔선 추진하고 있기에 '군을 다녀오면 사람이 된다.' 는 칭송을 듣고 있는 것이다. 잠언 기자는 유명한 말을 남겨주었다.

"유순한 대답은 분노를 쉽게 하여도 과격한 말은 노를 격동하느니라."

서두에 말씀드린 그런 글을 쓰는 분과는 일면식도 없기에 사감이나 원망이 없고 존중한다. 다만 카톡도 우리의 공공장소라고 보아도 무방할 것이다. 좋은 말씀으로 글을 올려 주시면 읽는 사람과 쓰는 사람 모두가 행복한 하루를 맞이할 수 있을 것이다.

첫째 축복의 글과 말을 던지면 그 복이 내게로 돌아온다.

아주 쉬운 예로 누워서 침을 높이 뱉어보면 그 침이 어디로 떨어지겠는가? 선풍기를 틀어놓았으면 옆으로 날아갈 수도 있지만 대부분은 자기 얼굴로 떨어질 것이다. 물론 사랑과 축복된 말만 전하면 듣는 이가 스스로 과오를 뉘우치고 바른 길로 갈 수도 있다. 말과 글의 독화살을 변화시키는 것은 마음을 지켜야 가능하다.

> "너를 축복하는 자에게는 내가 복을 내리고 너를 저주하는 자에게
> 는 내가 저주 하리니. (창12:3)"

잠언기자는 "복을 주는 이는 자기도 흡족해지고 마실 물을 주는 이는 자신도 흠뻑 마시게 된다.(잠11:25 새번역)"고 가르치고 있다. 우리는 자신이 잘 아는 사람이든 일면식도 없는 불특정 다수이든 예의와 범절을 지킨 줄 아는 동방예의지국의 백성임을 명심하고 아름다운 말로 향기를 뿜어내어야 한다. 특별히 가까운 가족에게 먼저 아름답게 전해야 하고 이웃과 나아가서는 국민이 함께 보듬고 사랑을 나눠 주어야 한다. 그러면 그 향기와 축복이 자신과 자신의 가문을 향해 돌아온다.

둘째 자신의 펜과 혀에 멍에를 씌어 놓으면 더 좋다.

괴테는 '즐거운 생활을 하려거든'이라는 글에서 「될수록 성내지

말라고 하면서 분노 속에서 한 말이나 행동은 후회만 남는다고 했다. 우리가 분노의 노예가 되어서는 안 된다.」 나 또한 젊어서는 물불을 가리지 않고 분을 토해내며 나의 의를 세운 적이 많다. 그러나 세월이 지나고 늙음이 찾아오자 그랬던 그 일들이 후회라는 훈장으로 남아 있다. '왜 그랬을까?' 돌이키려 해도 이미 쏘아버린 화살이기에 거둘 수가 없음을 알았다.

> "죽고 사는 것이 혀의 권세에 달렸나니 혀를 쓰기 좋아하는 자는
> 그 열매를 먹으리라. (잠18:21)"

펜과 혀를 날로 세우지 말고 긍휼로 덧입혀 놓으면 좋다. 고희를 앞에 두고도 수양이 부족해 말이 재빨리 동작을 취하려는 경우를 많이 만나기에 그럴 때마다 붙잡느라 애를 먹는다. 반면 글은 써 놓고는 한 번 읽고 지울 수 있기에 조금은 나은 편이다. 모두가 아름다운 글을 쓰고 예쁜 말을 하는 가정, 회사, 사회, 국가가 되기를 기도한다.

다윗은 "우리를 저희 이에 주어 씹히지 않게 하신 여호와를 찬송하라 (시124:6)" 고 했다. 우리가 괜히 대중에게 씹힐 필요는 없다. 사이버 상이니 '나를 누가 알겠어.' 그렇다. 인간은 모를 수도 있겠지만 주님은 그가 누구인지 정확하게 알고 계심을 알아야 한다.

비판을 받지 않는 것의 우선은 내 행실을 올바르게 다듬는 것이 먼저이다. 내 몸에서 나는 악취를 맡지 못하고 상대의 입에서 마늘 냄새가 난다고 코를 움켜쥐고 흉을 보는 내 모습부터 바꾸어야 한다.

그러나 비판이 세상을 이끌고 가는 두 개의 수레바퀴 중에 한 축을 담당하고 있음을 알고 건전한 비평을 하도록 해야 한다. 글과 말에 독을 제거하면 싸울 일도, 얼굴을 붉힐 일도 없다.

> "사랑하는 자들아 하나님이 이같이 우리를 사랑하였은즉 우리도 서로 사랑하는 것이 마땅하도다. (요일4:11)"

제가 말해도 될까요?

인간이 여타 동물에 비해 우수하고 만물의 영장이라는 소리를 듣게 되는 것은 의사를 소통하는 방법이 효율적이고 그 방법을 위해 언어와 문자를 만들었다는 것이다. 동물의 왕으로 대우를 받는 사자들이 자기들만의 소통을 하는 언어는 있을 수 있지만 그 언어를 문자로 옮겼다는 말은 들어본 적이 없다. 우리 피조물은 크게 두 방향에서 대화를 나눠야 한다. 먼저는 창조주이자 나의 주인이신 하나님과 대화이고 다음은 인간 상호간의 의사소통이다. 하나님은 우리를 창조하시고 처음에는 당신께서 대화를 주도하셨다.

창세기 11장까지의 원 역사 속에서는 하나님께서 우리 자녀와 살가운 대화를 나누셨다. 흔히 직통계시라고 하는 말로 하나님이 한 개인에게 말씀, 환상, 꿈 또는 실제적으로 출현하여 의사를 소통하는 것을 이른다. 그리고 아주 보편적인 방법으로는 하나님이 세운 대리자를 통해 당신이 하고 싶은 이야기를 대변하게 하셨다. 대표적인 인물이 이사야와 예레미야 등 선지자들이 시대별로 중요한 사건을 겪을 때마다 준비해 두셨다.

인간 상호 간에는 다양한 방법으로 의사소통을 할 수 있도록 우리의 선진들이 연구하고 몸소 적용하고 체득한 이론과 경험들을 전수해 주어 오늘 우리는 쉽게 서로 소통하고 있는 것이다. 물론 언어를 사용하지 않고도 자기 요구를 관철하는 방법이 있다. 유아는 배고픈 것을 알리기 위해 목 놓아 운다. 약자는 억울함을 호소하기 위해 스스로 목숨을 끊기도 한다. 그런데 순수한 의도와는 달리 자기 목적 달성을 위해 교묘하게 대중을 선동해 자기 배를 불리는 자도 있다. 요즈음은 상대의 말을 듣기보단 자기 의사만 표현하는 이들이 더 고상한 척 유난을 떠는 경우가 많이 있다. 나 또한 그런 버릇이 없지 않다.

Patuju 교회에는 Sordo (청각장애우) 그룹 예배가 있다. 그 목사와 대화를 하려면 글을 써 가면서 온 몸을 써야 한다. 수화라는 언어가 있는데 한쪽이 모르니 소통이 안 되어 낭패를 볼 때가 많다. 그래 기를 쓰고 상대의 요구 조건을 듣도록 노력하는 자세가 필요한 시대에 와 있다.

> "내 백성이여 내 교훈을 들으며 내 입의 말에 귀를 기울일지어다.
> 내가 입을 열고 비유를 베풀어서 옛 비밀한 말을 발표하리니. (시 78:1)"

대화를 풀어 가면서 가장 중요한 언어와 문자가 서로 다르기에 참으로 힘겨워 할 때가 많다. 특히 언어 달란트가 부족한 나와 같은 사람들은 소통이 되지 않아 애를 먹는 경우가 있지만 소명을 가지고 현장에 와 있기에 온 몸을 동원해 대화를 잘 이끌려고 무진 애를 쓰는 나의 모습에 가끔은 웃음이 나오기도 한다. 그런데 내가 서툰 스페인어로 주절거리는데 정확하게 알아듣는 사람들도 있어 그들이 내가 하는 말을 다시 부연하면 모든 사람들이 아~ 하고 알아 먹는다. 그럴 때 깨우치는 것은 결코 언어가 달라서 소통이 안 되는 것이 아니라는 것이다.

Patuju 찬양 리더를 맡고 있는 Silvia라는 소녀는 목사의 의중을 가장 잘 파악해 찬양 대원들에게 전하고 목사가 흡족해할 만큼 찬양을 잘 하고 있다. Silvia는 매번 목사에게 대답을 하거나 자기 의견을 건의할 때마다「제가 말해도 될까요?」겸손하게 시작하지만 그 말의 무게는 상대를 압도하고도 남는다.

첫째 자기 소견을 당당하게 표현하되 오만하지 않아야 한다.

아무리 정당한 권리를 행사해도 절도를 벗어나면 아름답지 못하다. 최근 '갑 질'이라는 말이 많이 유행하고 있다. 상대의 생사여탈권을 쥐고 있는 고용주 또는 직장상사, 구매를 해 주는 거래처 등, 힘을 가지고 있는 자가 부리는 횡포는 사회적인 문제이기에 앞서 대한민국의 양심과 도덕이 땅에 떨어진 것과도 같다. 반면 '을'이라는 입지를 교묘하게 역 이용해 자신의 이익을 증대시키기 위해 물리적 힘을 통해 억지를 부리는 것도 좋지 않은 모습이다. 언제 어떠한 자리이든 그리고 강자나 약자를 구분하지 않고 예의를 갖추어 대화를 하게 되면 세상은 평화가 넘실거리고 다툼이나 흠을 내는 일이 없어질 것이다. 나는 계급 구조에 익숙해 있었기에 처음 보는 청년들에게 하대를 하는 경우가 많았다. 평생을 이십 대 젊은이들 틈에서 살았기에 자연스럽게 반말이 나왔다. 그러나 군복을 벗고 그 문제가 사회생활에 막대한 지장을 주는 것을 알게 되었다. 지금 선교지에서는 어린 사람이라도 배려와 존중을 하려고 노력하고 있다.

"두루 다니며 한담하는 자는 남의 비밀을 누설하나 마음이 신실한
자는 그런 것을 숨기느니라. (잠11:13)"

내 말을 안 들어준다고 뒤에 숨어서 험담을 하는 것은 가장 나
쁘다. 당당하게 의견을 펴되 오만하지 않게 겸손이란 상표를 부치
면 좋은 결과를 얻을 수 있다.

둘째 말하기보다는 듣는 것을 즐겨 하면 좋다.

"허물을 덮어주는 자는 사랑을 구하는 자요 그것을 거듭 말하는 자
는 친한 벗을 이간하는 자니라. (잠17:9)"

말하기보다 듣기를 먼저 하라는 것은 겸손이고 상대를 향한 배
려이지 저항이나 작전이 아니다. 「침묵이 금」이라는 말처럼 아예
표현을 하지 않는 것도 의사표현의 수단이기는 하나 좋은 모습은
아니다. 내가 먼저 주장을 펴기보단 상대의 말을 들어주고 공감하
므로 좋은 대화가 이뤄질 수 있다. 상대의 말에 공감 맞장구 격려
는 그의 경계태세를 풀게 한다. 언제라도 내 말을 들어주는 내 편
이라고 생각하면 그는 평안을 얻는다. 그런 대화 상대가 되어 준
적이 있는가 생각해 보자. 상대에게 나는 언제나 당신을 칭찬하거
나 이롭게 말을 한다는 확신을 심어주고 또 실제로 그렇게 행동
해야 한다. 그러나 나를 비롯한 필부들은 남의 좋은 점을 부각시
키기보다는 약점을 찾아 고소해 하며 씹는 맛을 즐기는데 이력이
나 있다.

우리가 무엇을 원하거나 억울함을 탄원하는 주장을 펼 때 인간

에게 주절주절 말한 것들은 좋은 결실을 맺을 때도 있지만 부메랑이 되어 상처가 되어 올 때도 있음을 알아야 한다.

> "나의 환난 날에 주께 부르짖으리니 주께서 내게 응답 하시리라. (시86:7)"

좋은 일이건 나쁜 일이건 먼저 주님을 향해 「제가 말해도 될까요?」 겸손하게 묻고 청을 올리면 복된 일은 더 많은 축복으로, 슬프고 억울한 일이라면 주께서 앞장서서 해결해 주실 것이기에 마음에 평강을 얻을 수 있고 꼬인 일도 잘 풀릴 것이다. 그러나 세상을 향해 한마디 뱉어 내고 나면 속은 시원할 수 있지만 얻어지는 것은 상처뿐이다.

「내 말 좀 들어줘」 하기보단 「네가 먼저 말해 봐」 하면 둘 사이의 관계는 더 좋아진다. 말 못하는 유아, 벙어리, 마음이 닫혀 있는 사람을 포함해 모든 지체들은 자기주장을 들어주길 원한다. '역지사지' 란 말처럼 상대의 입장에 서서 먼저 그의 말을 들어주는 연습을 하자.

E-4.

실패라는 두엄더미

8월 마지막 토요일을 맞이하였다. 이제 다시는 2020년 8월의 마지막 토요일은 만나지 못할 것이다. 세월은 박절하게 인류를 뿌리치고 저만치 앞서서 성큼 발걸음을 내딛고 있다. 인류가 직면한 코로나 바이러스는 순순히 무장을 해제하고 물러날 기색을 보이지 않고 있다. 벌써 정확하게 반년이라는 세월을 차압당해 무기력하게 버티고 있는데 시간이 갈수록 연약한 우리의 모습이 머리 위 하늘 거울에 비춰지면 은근히 부아가 치밀기도 하지만 어떻게 해볼 방도가 없으니 나오는 것은 '주여 어찌하오리까?' 탄식이 한숨이 되어 맴돌고 있다.

사람들은 자기의 포부와 꿈을 말해보라고 하면 주저하지 않고 밝히지만 자신의 단점이나 수치를 묻는 질문에는 선뜻 답을 하지 못한다. 아니 치부를 숨기려고 납작 엎드린다. 그러나 이제 인류는 솔직하게 우리의 실패를 인정하고 그 실패에서 답을 찾아야 한다.

대부분의 사람들이 성공과 승리를 바라고 열정을 가지고 노력은 하지만 꼭 승리를 쟁취하기보다는 실패를 예상하고 결과가 패배로 귀결되면 '그냥 그렇게 사는 거지 뭐 할 만큼 했어' 하고는 스스로를 위로하고 체념을 하고 만다. 프랑스의 어떤 작가는 「좋은 시절은 주머니에 넣고 힘든 시절은 가슴에 묻는다.」고 했는데 충분하게 공감이 가는 이야기이다.

살아오며 기쁘고 행복했던 시간들은 기억 저편으로 많이 넘어가 있으나 살을 에는 고난의 시간은 바늘에 찔린 것처럼 고통이 선명하게 남아 있다. 부분적으로 예배가 허용되고 외출이 가능하지만 그 이전의 활기찬 모습과 복음을 나르며 땀을 뿌렸던 그 시절로 회기를 못하고 있어 무기력이 뇌를 점령하고는 한다.

> "형통한 날에는 기뻐하고 곤고한 날에는 생각하라 하나님이 이 두 가지를 병행하게 하사 사람으로 그 장래 일을 능히 헤아려 알지 못하게 하셨느니라. (전7:14)"

최근 우리는 형통이라는 축복을 선물 받지 못하고 고난이라는 반갑지 않은 손님이 자주 방문하지만 딱히 답을 찾지 못하고 있다. 그러나 여건이 최악이라고 마냥 울 수는 없기에 상황은 그대로이지만 '웃자, 웃어' 하며 스스로 최면을 걸고 있다. 어제는 이곳 남미가 겨울이라는 자신의 분수를 잃어버리고 어찌나 더운지 난로 옆에 둔 엿가락처럼 모두가 축 늘어져 행동을 제약 받고 의욕을 상실하고 말았다.

그러나 마냥 움츠리고 죽는 시늉을 하면서 세월을 낚을 수는 없다. 이제 우리는 실패라는 거대한 장벽 앞에서 '어떻게 대처할 것인가?' 지혜를 마주해야 한다. 자고로 실패를 통해 교훈을 도출해 똑같은 실패를 반복하지 않고 도약하는 자가 있는가 하면 또 한 부류는 실패의 충격에서 벗어나지 못해 주저앉는 자들도 있다. 이제 실패라는 낙엽이 떨어져 모아진 두엄더미에서 거름을 만들고 그 자양분을 토대로 소망이라는 싹을 피워 내야 한다. 생각만 바꿔 낸다면 지금 처해 있는 마지막 절벽이 창공을 날 수 있는 도약의 발판이 될 수도 있는 것처럼 최악을 최선으로 만들도록 우리 모두 가 협력하고 도와 선을 이뤄내야 한다.

첫째 당신은 실패로부터 무엇을 배웠는가?

솔직하게 나의 심정을 표현한다면 주님 회사에 취업을 하기 전 에는 실패를 맞이하면 '참담' 그 한마디가 모든 것을 설명해 주었 다. 실패를 감추려고만 했고 그 치부를 누구에게 들킬까 전전긍긍 하며 머리를 치켜들지 못했다. 그런데 성령님과 동행을 시작하고 는 나의 패착과 잘못을 여과 없이 주님께 고할 수 있는 여유가 생 겼고 그런 나를 주님은 눈동자 같이 보호하시며 한시도 곁을 떠나 지 않으시니 비록 실패라는 쓴 잔을 받아 들어도 두렵지 않다.

> "베드로가 이 말을 할 때에 성령이 말씀을 듣는 모든 사람에게 내 려오시니 (행10:44)"

우리말에 '실패는 성공의 어머니' 라고 했는데 실패로부터 배울 수 있는 가장 값진 것은 바로 나를 살갑게 돕는 어머니와 같은 분 이 있다는 사실을 깨우치는 것이다. 이전까지는 나 혼자서 모든 것 을 처리해야 하는 줄 알았다. 많은 실패자들이 보이지 않는 힘이 자신을 구렁에서 건져 올려 찢어진 날개를 치우고 새로운 날개를 달아주는 도우미의 존재를 알지 못했다. 그러나 실패를 통해 가장 값진 성령님의 존재를 만나는 사건이 축복이자 감사이다.

둘째 인생의 마지막 순간에도 일어나야만 한다.

아인슈타인 엄마는 자신의 아들이 저능아이기에 남들과 같아질 능력이 없다는 소리를 듣고 아들에게 「괜찮다. 남과 같아질 필요 없다. 같아지면 결코 남보다 나아질 수 없다.」고 가르쳤다. 원래 프로 권투에서는 한 라운드에 세 번 다운을 당하면 KO패로 인정했다. 그런데 1977년 WBA 주니어 패더급 초대 타이틀전은 프리 녹다운 제도를 채택한 첫 경기였다. 그 경기에서 한국의 홍수환 선수가 돌 주먹 카라스키에게 2라운드에서 4차례 다운을 당하고 3라운드에서 KO로 이겨 4전 5기라는 신화를 만들었다.

젊어 수없이 쓰러지는 것은 고통스럽지만 배움의 기회라고 치부할 수 있으나 마지막 순간에 KO가 되어 일어나지 못하면 가장 큰 문제이다. 주님 나라를 향한 마지막 관문 앞에서 정신을 똑바로 차리는 것은 물론 혹여 넘어졌다면 벌떡 일어나야 한다.

> "나 여호와 너의 하나님이 네 오른손을 붙들고 네게 이르기를 두려
> 워 말라 내가 너를 도우리라. (사41:13)"

역사 속에서 실패를 달고 살았던 이스라엘 부모들은 자녀에게 실패를 가르치기를 두려워하지 않는다. 그리고 교육은 체험적 방법을 택한다. 한 예로 '너 뭐 먹고 싶니?' 그리고는 자녀가 먹고 싶다는 음식을 조리해 부모가 먹고 자녀에게는 부모가 먹고 싶은 음식을 먹인다고 한다.

하나님이 선택했다는 자긍심이 충만했던 이스라엘 민족만큼 실패를 뼈에 새겨 둔 민족은 없다. 주전 586년 바벨론에 멸망 당한 이스라엘은 주전 2세기에 잠시 독립을 쟁취했으나 온전히 국가의 모습으로 재탄생한 것은 1948년이니 무려 2500년이나 나라 없는

고초를 당했는데 특히 2차 대전 당시 가스실에서 동족 600만이 희생된 것은 무어라 말할 수 없는 실패였다. 이스라엘 작가 위젤은 그의 소설 「나이트」에서 한 소년이 교수형을 당하는데 침묵하는 하나님을 향해 '주님은 어디 계세요?' 하나님을 탓하고 꾸짖는 처지가 되었는데 결국에는 하나님이 교수대에 매달려 있다고 생각하게 되었다. 그는 독일의 만행을 알리기 위해 자전적 소설을 썼고 그 소설로 노벨평화상을 수상하였다. 그의 결론은 최악의 실패는 생명을 허탄하게 빼앗기는 것인데 그 순간에도 하나님은 우리를 결코 버리지 않으신다고 후일 고백하고 있다. 교수형을 당해 형장의 이슬로 사라지는 참혹한 순간 우리 인간의 이성으로는 도저히 가늠할 수 없는 실패도 주님과 함께라면 승리자가 될 수 있다는 것이다. 실패의 자료를 거름으로 만들어 그 위에 소망의 씨앗을 뿌리기 바란다.

한겨울 폭염 속에 드린 주일예배

국어사전에서 거룩은 「뜻이 매우 높고 위대함」이라고 정의해 주고 있다. 반면 성경에서는 거룩을 「잘라 냄 또는 분리함」으로 설명하며 더러움과 분리된 상태를 이르고 있다. 남미의 어제는 분명 겨울에 속해 있는데 계절이 반칙을 하고 나와 찜통 같은 더위가 숨을 턱 막히게 하는 가운데 예배를 시작하려는 데 전기까지 뚝~ 끊어져 버렸다. 그렇게 극의 상황이 설정된 가운데 성탄절에나 나오던 성도들까지 몰려 입추의 여지도 없이 성전을 가득 채우자 더위는 거만한 모습을 모이며 승리자의 미소를 보내왔다.

설상가상으로 1년에 한 번 있을까 말까 한 손님이 방문해 설교를 해 주겠다고 일행 이십여 명이 교회를 찾아와 말 그대로 찌는 솥단지가 되자 거룩한 모습은 이미 달아나 버렸고 경건 또한 이웃 이야기가 되었다. 지난해 10월 Bolivia 대통령 선거에 한국인으로는 처음으로 Bolivia 대통령 후보로 출마했던 정 목사가 이번 10월 대통령 선거에 뜻을 두고 우리 Patuju를 찾은 것인데 그의 설교에 우리 성도들은 찜통 속에서도 환호하며 많은 감동을 받았다. 담임

목사의 서툰 Espanol 설교를 듣다 유창한 언어로 설교를 들어서인지 성도들은 흡족해하고 반응도 무척 좋았다.

어제 주일예배는 모든 것이 완벽한 짜임새를 갖추었다. 성도들이 성전을 가득 성황을 이뤘고 유명인사가 방문해 설교를 하는 등 만반의 준비와 실행에 허점이 있을 수 없었다. 그러나 겨울임에도 불구하고 날씨가 무척 덥다는 것에 추가해 전기가 안 들어오는 사건으로부터 우리는 거룩하고 경건한 예배에서 속절없이 무장해제를 당해야 했다. 이방인은 사경을 헤매는 모습을 보였지만 이미 더위에 익숙해 있는 이곳 사람들은 별로 어려워하지 않고 모든 예배를 잘 따라 주었다.

"여호와께서 자기를 위하여 경건한 자를 택하신 줄 너희가 알지어다. 내가 그를 부를 때에 여호와께서 들으시리로다. (시4:3)"

비록 날씨의 폭력에 속절없이 무너졌지만 끝까지 경건하게 예배를 대하는 Patuju 성도들이 이제는 한 뼘 성장한 것 같아 마음이 뿌듯해 왔다. 또 방문한 손님들에게도 시골 구석에 하나님이 구별해 주신 이런 멋진 교회가 있다는 것을 보여주어 기뻤다. 상황이 어떠하든지 하나님을 향한 우리의 자세는 경건하고 거룩하게 구별되어야 한다.

첫째 연습을 통해 경건도 가다듬을 수 있다.

겉과 속이 다른 경우를 '표리부동' 또는 '언행불일치' 라 부른다. 사람 앞에서는 그런 행위가 상대의 눈을 속일 수 있으나 주의 면전에서는 손바닥으로 해를 가리는 격이다. 그러나 많은 이들이 사냥꾼에 쫓기는 꿩처럼 꼬리는 하늘로 세우고 머리만 풀에 처박고 마치 전신을 가린 것처럼 완전범죄인지 착각하는 우를 범한다.

　군대에서 유니폼을 입히는 것은 보기 좋게 하는 면도 있지만 '남다른 모습'을 갖추기 위해서 복장을 통일하는 것으로 유니폼 때문에 행동이 달라지고 정신이 다듬어진다. 훈표창을 가슴에 매단 정복을 잘 갖춰 입으면 뭔가 경건이 몸에 달라붙는 것 같아 행동거지를 조심할 수밖에 없는 것은 외부 여건이 주는 경건의 단면이다. 모든 시선의 표적이 되니 일탈 된 행동을 자제하게 된다.

　　　"제자들이 안디옥에서 비로소 그리스도인이라 일컬음을 받게 되
　　　었다 (행11:26)"

　믿는 자들은 보이지 않는 예수의 유니폼을 입고 있기에 세인들이 주목하여 본다. 뭔가 구분되는 삶을 살아야 하는 이유는 우리의 모습을 보고 한 영혼이 구원을 받기도 절망하게 할 수도 있기 때문이다. 당신의 구별된 삶을 보고 어떤 이는 '네가 믿는 예수라면 믿고 싶지 않다.' 또 어떤 이는 '네가 믿는 예수라면 한번 믿어 보고 싶다.' 둘 중에 당신은 어떤 평가를 받을 것인가? 구별된 삶을 살지 못했다 해도 아직 늦지 않았으니 이제 부터라도 믿는 자로 경건의 연습을 시작하면 변화할 수 있다.

　　　"깨어 의를 행하고 죄를 짓지 말라 하나님을 알지 못하는 자가 있
　　　기로 내가 너희를 부끄럽게 하기 위하여 말하노라 (고전15:34)"

둘째 대인배와 소인배의 차이는 누가 보는가에 따라 표가 난다.

　매일 아침 성전 기도가 끝나면 성전 앞뜰과 화장실을 청소한다. 그때마다 무질서하게 어지럽게 날아다니는 휴지를 보면서 '아직

멀었어.' 푸념을 한다. 양심이 없어서라기 보다는 교육이 부족해 쓰레기를 아무 곳에나 버리는 것에 가책이 없다. Patuju 교회 앞에는 좀 외진 곳이다 보니 차를 타고 지나가는 사람이 창문을 열고 획~~ 쓰레기봉투를 던지고 씽~~달려간다. 보는 사람은 없지만 당하는 쓰레기봉투는 주인을 알고 있다. 경건하고 거룩한 모습은 혼자 있을 때 그가 하는 행동을 보면 그의 믿음을 가늠할 수 있다. 성경을 읽고 기도를 하는 사람도 있을 것이고 말초신경을 자극하는 쾌락을 찾는 이도 있을 것인데 이 모든 행위를 주님께서 실시간 녹화하고 있다는 사실을 알아야 한다.

"하나님은 모든 행위와 모든 은밀한 일을 선악 간에 심판하신다
(전12:14)"

혼자일 때 거룩한 자는 어디에서나 그 모습이 달라지지 않기에 주님은 엄지를 세워주신다. 어제 주일 예배를 통해 Patuju 교회가 괄목할 성장을 이룬 것 같아 흡족하면서도 더 발전을 도모할 사항들을 많이 발견하는 날이었다. 경건과 거룩은 상대로부터 평가받을 문제가 아니고 스스로가 준수해야할 자가 법칙이다.

"너희는 유혹의 욕심을 따라 썩어져 가는 구습을 좇는 옛사람을 벗어 버리고 오직 심령으로 새롭게 되어 하나님을 따라 의와 진리의 거룩함으로 지으심을 받은 새사람을 입으라. (엡4:22-24)"

20세기는 민주 공산 두 이념이 각축을 벌려 지구를 양분해 치열한 싸움을 했다. 주님을 배격하고 수억 명의 목숨을 빼앗은 공산주의는 이상에 불과한 허상임이 증명되었다. 그들만큼 표리가 부동

하고 패악한 자들은 찾기 힘들지만 거의 한 세기를 그들 때문에 주님도 매우 곤란을 겪으셨다. 우선 우리의 반쪽인 북쪽만 보더라도 70년이 넘는 시간동안 거룩과 경건과는 담을 쌓고 패악한 짓으로 세월을 낚고 있는 것이다. 오지에서 복음을 나르는 수고가 크지만 그와 동승해 외지에 숨어 있는 것을 이용해 거룩과 경건을 팔아 주님과 이웃을 속이는 사례가 가끔 들린다. 선교사가 대량으로 땅 투기를 하는 사람도 보이고, 평신도 선교사가 어느 날 목사로 둔갑하여 나타나기도 하고, 선교후원금을 모집하기 위해 거지 행세를 하는 사람도 있다. 본 회퍼는 '악을 보고 침묵하는 것은 그 자체가 악이다. 하나님은 그런 우리를 죄 없다 하지 않을 것이다.' 경건하지 못한 행위를 꾸짖으라고 했다.

> "곧 생명책이라 죽은 자들이 자기 행위를 따라 책들에 기록된 대로
> 심판을 받으니 (계20:12)"

죽기 전에 죄를 씻고 경건과 거룩으로 단장을 해야 주님 나라 시민권을 받을 수 있다. 누가 보든 보지 않든 주 앞에서 경건에 이르도록 삶을 연습해야 한다. 한 겨울 폭염 속에서 주일 예배를 드리며 성화에 대해 돌아보는 시간이 되어 감사했다.

E-6.

어항 속의 물고기가 되기 위해

영국 최초의 여성 총리를 한 마가렛 대처의 실화를 다룬 영화 '철의 여인'에서 주인공은 '난 매일매일 전쟁을 치르며 살았어요!' 외쳤다. 그녀가 던진 '생각을 조심해라 말이 된다. 말을 조심해라 행동이 된다. 행동을 조심하라 습관이 된다. 습관을 조심해라 성격이 된다. 성격을 조심해라 운명이 된다.' 는 교훈은 우리에게 시사하는 바가 크다. 즉 '사람은 생각하는 대로 된다.' 는 뜻이다.

사실 향수병은 아니라도 올해의 생일에는 조갯살을 넣고 끓인 세상 어디에서도 맛볼 수 없는 아내가 조리한 미역국을 먹고 싶었는데 주님이 훼방을 놓으셨다. 그래 생일인 오늘 아침에는 눈물에다 밥을 말아 때우려 한다. 지난 4년의 선교사 삶을 돌아볼 때 거룩하다거나 신실한 면에서는 과히 좋은 점수를 받지 못할 것만 같다.

물론 거의 매일 산골 마을을 찾아 가가호호 전도를 하고 연약한 교회를 돕고 Patuju 교회에 성령의 생기를 불어넣은 것은 어느 정도 선교사로서 책무를 완수했다고 볼 수도 있다.

그러나 바울이 말한 "형제들아 너희는 함께 나를 본받으라 또 우리로 본을 삼은 것같이 그대로 행하는 자들을 보이라. (빌3:17)"는 말씀을 읽고는 부끄러움을 감출 수가 없다.

나는 그렇게 나의 일거수일투족을 투명하게 공개하며 아무 거리낌 없이 살아오지 못했다. 숨겨야 할 치부 "불의 추악 탐욕 악의 시기 악독이 가득한 자"의 범주에서 자유롭지 못하다. 하나님을 향해 한 점 부끄럼 없는 삶을 살아내지 못했기 때문이다. 그래이제 어항으로 들어가려 한다. 투명한 유리 항아리에서 사는 물고기처럼 나의 모든 행동 하나까지도 감추지 않고 살아보려 결단을 한다. 거기에 하나 더 붙여 생각도 세탁기에 빨아 깨끗하게 간수하려 한다. 영화 '철의 여인'에서 읊은 생각에서부터 시작된 출발은 결국 운명까지 바꾸기에 마음을 바로 세우고 행동을 올바르게 하여 바울의 고백처럼 하나님의 사람으로 본을 보이는 삶을 살고자 한다.

첫째 의로운 척하지 말아야 한다.

난 청년시기에 폼을 잡아야 하는 교육을 받았다. 소위 국가의 간성이라고 부하를 다스려야 하는 리더로서의 수업을 받았다. 물론 그 교육이 평생 자양분이 되어 나를 도와준 것을 부인할 수는 없다. 근엄한 척 목에 힘을 주고 입술은 활처럼 아래로 굳게 다물고 나를 과대 포장했다. 모든 찌질한 것을 감추고 외형은 폼이 나게 보이도록 행동했다. 어쩌면 평범함을 화려한 제복 속에 깊숙하게 숨겨 놓았는지도 모른다.

그 길을 떠나 목자의 길을 걸으면서는 '거룩한 척, 신실한 척, 기도를 많이 하는 척, 성경을 많이 아는 척' 내실은 부실하면서도 외형을 포장하는 버릇은 별반 다르지 않았다. 또 함께 호흡하는 오래 믿었다는 형제들 또한 형식과 전통에 사로잡혀 있는 신자들, 관념에 갇혀 있는 장로 권사들도 척하기는 마찬가지이다. 특히 이런 현상은 자기를 괜찮게 여기는 사람, 성공했다고 뻐기고 싶은 사람들에서 더 많이 나타난다. 바로 자기는 믿음이 좋은 척, 자기의 삶은 바른 척, 자기는 성품이 좋은 척, 꾸미기 좋아하는 사람들 가운데 존재하는 무서운 모습이다.

> 바리세인들이 "나는 다른 사람들 곧 토색, 불의, 간음을 하는 자들과 같지 아니하고 이 세리와도 같지 아니함을 감사하나이다. (눅 18:11)" 고 외치는 것과 다르지 않다.

특히 성공이라는 역에 도착했을 때가 주의를 요망하는 순간이다. 이제 되었어! 하고 긴장을 내려놓는 순간 부패는 시작된다. 높은 자리에 올라설수록 겸손을 먼저 생각해야 한다. 그 자리에 서기 위해 저지른 모든 불의와 추악함을 숨기고 의로운 면만 부각시키기 때문이다. 나는 이제 나의 모든 명예를 내려놓고 바닥에 서려한다. 먼저 Patuju 성도들에게 목자의 참 모습을 보여줄 것이다.

둘째 나를 감추지 않으려 한다.

나는 내 생각과 내 판단이 항상 올바르다고 생각하고 살아왔다. 그러나 나는 온전한 사람이 아니고 순간순간 죄에 함몰되면서도 애써 그건 죄가 아니야 스스로 심판관이 되어 나의 허물을 합리화시키고는 했다. '자가당착' 이라는 말처럼 내가 말과 행동을 허수로 해놓고 그것을 스스로 부인하는 우를 범하고 있는 나를 발견했다. 서정주 시인은 '한 송이 국화꽃을 피우기 위해 천둥은 먹구름 속에서 또 그렇게 울었나 보다'고 노래했다. 나 또한 거울 앞에선 누님 같이 나를 다시 가다듬고 어항 속에서처럼 숨김없는 깨끗함을 도모하려 한다.

> "가라사대 아버지여 만일 아버지의 뜻이어든 이 잔을 내게서 옮기시옵소서. 그러나 내 원대로 마옵시고 아버지의 원대로 되기를 원하나이다. (눅22:42)"

이 고백처럼 아무리 현자고 지혜롭고 출세를 했다 해도 사람이지 신이 아니다. 성경이 말하는 지혜를 따르면 후회도 회한도 없음을 이제야 깨닫고 말씀대로 살아 내려 한다. 내 인생의 세월이 많이 낡아 너덜거린다. 적지 않은 시간을 살아 내면서 주님께 칭찬받을 일보다는 책망받을 일이 더 많음을 알았다. 나를 보내 주신 오늘 주님의 은혜를 생각하며 회개와 감사를 올린다. 어렵지만 어항 속의 물고기처럼 만인들이 보고 따라할 수 있는 삶을 엮어 내려 한다.

> "나 여호와가 의로 너를 불렀은즉 내가 네 손을 잡아 너를 보호하며 너를 세워 백성의 언약과 이방의 빛이 되게 하리라. (사42:6)"

번민하는 나를 격려해 주신다.

낭중지추

'낭중지추'라는 말이 있다. 이는 「날카로운 송곳은 주머니 속에 감추어져 있어도 그 끝이 드러난다.」는 뜻으로 중국 조나라가 진나라의 공격을 받자 초나라에 구원을 요청하려 할 때 모수라는 식객의 활약에서 유래된 말이다. '모수'와 같은 자는 표를 내지 않고 겸손하게 있어도 날카로움이 나타나는 부류이고 어떤 이는 주머니 밖에 '내가 날카로운 송곳이오.' 광고를 하는데 실제로 사용해보면 두부를 찔러도 들어가지 않을 무딤을 과장한 자이다.

우리는 삶의 현장 또는 복음의 자리에서 크게 두 종류의 사람을 만나 감동을 받기도 하고 실망을 잔뜩 거두기도 하면서 관계를 이어 나간다. 누가 보든 보지 않든 잘하는 사람이 있고 누가 볼 때 더 잘하는 사람이 있다. 딱히 뭐가 좋다고 말할 수는 없다. 다만 인간이 사회적 동물이란 것은 후자 때문이다.

Patuju에 스스로 열심인 15살 두 소녀가 있다. Silvia는 찬양그룹 리더인데 누가 보든 보지 않든 청소면 청소, 기도면 기도, 찬양 인도면 찬양 등 뭐 하나 흐트러짐이 없이 솔선수범을 하고 있어 바라보는 목사를 흐뭇하게 해 준다. 또 하나 찬양그룹의 소녀인

Nariely라는 아이는 모두가 열심히 청소를 하는데도 사무실에 앉아 핸드폰을 뒤적이며 요령을 피운다. Silvia가 없을 때 찬양 인도를 시키면 질질 빼면서 하지 않는다. 그런데 목사 사무실에 와서 매번 '콜라주세요.' 당당하게 맡겨 놓은 듯이 내놓으라고 한다. 그래 거의 주지만 가끔은 '너도 무언가 해야지 콜라를 주지' 하고 면박을 주기도 한다. Silvia는 찬양 연습을 하기 전에 대원들을 지휘해 성전 바닥에 무릎을 꿇고 기도를 하는 모습이 얼마나 예쁜지 모른다.

또 지난주부터는 찬양 연습 전에 30분씩 성경공부를 시작했다. 처음 목사에게 강의를 부탁해 '네가 한번 인도해 보면 좋은 경험이 될 것이다. 정 어려우면 도와줄게.' Silvia가 인도할 수 있는 방법을 가르쳐주고 수업을 하면서 궁금해하는 것을 메모 했다가 모르는 것은 목사에게 질문하라고 했는데 그들의 공부하는 것을 몰래 엿보니 아주 능숙하게 잘 하는 모습을 보고 그들의 미래가 참으로 멋질 것이란 생각을 했다.

> "나로 주의 택하신 자의 형통함을 보고 주의 나라의 기쁨으로 즐거워하게 하시며 주의 기업과 함께 자랑하게 하소서. (시106:5)"

새벽 일찍 성전에서 묵상을 하며 나는 과연 하나님이 보시기에 어떤 모습으로 투영되어 있을까? '낭중지추'와 같이 능력이 있으나 겸손한가? 능력도 없는데 있는 척하지는 않는가? 그러나 분명 주님에게 붙잡히기 이전 나의 본래 모습은 세상 출세를 위해 발버둥 쳤고 남에게 잘 보이기 위해 과대 포장해 스스로 유능한 척 성실한 척했던 바르지 못한 행동들이 바로 나라는 존재였음을 고백할 수밖에 없다. 물론 주님 회사의 말단으로 오지에 와 있는 지금도 별반 나아진 것은 없지만 그래도 정직하게 내 양심을 지키고 예수님께서 내 행동을 보시고 실망하지 않도록 애를 쓰고 있다.

> "공의를 지키는 자들과 항상 의를 행하는 자는 복이 있도다. (시 106:3)"

하나님과 이웃을 향한 참사랑과 헌신은 누구에게 보이기 위해 하는 것이 아니기 때문이다.

첫째 자신을 포장하려 하지 말고 능력을 키워라.

> "내가 궁핍하므로 말하는 것이 아니라 어떠한 형편에서든지 내가 자족하기를 배웠노라 내게 능력 주시는 자 안에서 내가 모든 것을 할 수 있느니라. (빌4:13)"

바울의 고백처럼 산전수전 다 겪고 나면 연륜도 풍부하게 쌓이려니와 두려울 것이 없어진다. 그런 경험이야 말로 비천에 처하고 배고픔을 아는 반면 풍부하거나 궁핍한 상황을 만나서도 흔들리지 않고 바르게 처신할 수 있는 비결을 터득하게 된다. 그러한 자는 자신을 굳이 화려한 포장지를 구해 포장하지 않아도 진가가 나타나는 것이다. 「천재는 1%의 영감과 99%의 노력으로 이루어진다. 그렇게 한 노력은 결코 자신을 배신하지 않는다.」는 말이 있다. 이 뜻은 횡제수로 얻어지는 재물과 권력은 쉬 날아가지만 자신이 뼈를 깎아가며 이룩한 탑은 태풍이 몰아쳐도 끄떡없는 것을 말한다. 자신의 땀과 피로 이룩한 일이야말로 진정한 자신을 표현하는 보증수표이다.

둘째 항상 최선을 다하라.

"사람에게 보이려고 그들 앞에서 너희 의를 행치 않도록 주의하라
그렇지 아니하면 하늘에 계신 너희 아버지께 상을 얻지 못하느니
라. (마6:1)"

'진인사 대천명' 이란 말은 나는 할 일을 완수하고 주님은 당신
의 상을 주신다는 뜻이다. 보통사람들은 자기 유익이 되는 일은 죽
자 살자 하지만 이웃을 위한 구제와 헌신에는 머뭇거리며 땀을 흘
리기를 주저한다. 반면 그런 자들의 일부는 날카롭게 갈은 자기 발
톱을 숨기고 악한 모습을 교묘하게 포장하고 선을 행하는 것처럼
하면서 자기의 주머니를 탐욕으로 가득 채운다. 마치 불난 집에 와
서 불을 꺼 주는 척하며 값난 물건을 슬쩍 하는 자와 다를 바 없다.
지도자가 대중을 위하는 척하면서 자기 주머니만 채우는 것은 흉
악한 범죄이다. 그러나 현대는 그런 술수를 부리는 자들이 부자요
리더요 가진 자가 되어 땅땅거리고 있다. 주어진 일에 최선을 다했
다면 순위는 그렇게 중요하지 않으나 최선을 다하지 않고 일등을
했다면 곰곰 따져 보아야 한다. 하나님은 결과의 성적이나 열매보
다는 그것을 성취해 나가는 과정을 더 소중하게 여기시기 때문이
다. 상대를 밟고 성공하거나 비열한 술수를 써서 일등을 하는 것은
아니함만 못하다.

"정직한 자의 성실은 자기를 인도하거니와 사특한 자의 패역은 자
기를 망케 하느니라. (잠11:3)"

묵묵히 자기 일을 하는 사람을 향해 세상이 칭찬과 격려를 보내

는 것은 시너지를 가져와 더 큰 일을 감당케 한다. 「칭찬은 고래도 춤추게 한다.」는 말처럼 내가 몸소 하지 못한다면 용기를 꺾는 비난이나 질타를 해서는 안 된다. 「잘 했어 정말 멋지다. 네가 최고야」 엄지를 척 세우며 상대를 향해 진심을 담은 칭찬은 고독하게 분투하는 사람에게 비타민과 같은 영양분을 줄 수 있다. 그리고 칭찬은 잠재된 능력을 이끌어 내는 최고의 명약이다. 박수치는 사회가 되면 세상은 더 아름다워진다.

사실 우리 주변에는 「낭중지추」와 같은 인재가 참으로 많다. 특별히 하나님의 사업을 하는 우리는 복음이라는 상품을 판매하는데 있어서 뛰어난 장사꾼을 찾아내는 것과 그들이 마음껏 이문을 남길 수 있도록 돕는 것만으로도 당신과 나는 만점이다. 세상은 탐욕을 가지고 '자기 과시'를 하는 사람도 있지만 보이지 않는 곳에서 진정한 사랑을 실천하는 많은 사람이 겸손하게 일을 하기에 지구는 잘 달리고 있는 것이다.

"네 구제함을 은밀하게 하라 은밀한 중에 보시는 너의 아버지가 갚으시리라. (마6:4)"

저울눈을 보지 마라

언젠가 노점상을 하던 할머니가 쓴 글을 읽은 적이 있다. 그 할머니는 번화가도 아닌 도로 모퉁이에서 리어카로 과일 행상을 했다. 매일 밤 아홉시가 되면 한 중년부부가 과일을 사러 와서는 싱싱한 것이 아니고 시들고 비틀어진 것을 골라 가기를 반복했다. 할머니는 돈을 받기도 미안해 '그냥 가져다 드세요!' 하면 그 부부는 '무슨 말씀이세요, 과일을 사 오실 때는 다 똑같이 값을 치루셨잖아요?' 하면서 단 한 번도 그냥 가지고 가지 않았다. 그렇게 1년이란 세월이 지난 뒤 하도 궁금해 작심하고 물어보았다.

'도대체 무슨 일을 하세요?' 그러자 수줍은 듯 부인이 대답을 한다.

'아~ 네 저분은 제 남편인데 저기 조그만 교회 목사님이세요.'

그 할머니는 '선생님 교회에 가보고 싶어요.' 그리고 그 교회에서 늦깎이 권사가 되어 당신이 비록 노점상을 하지만 예수를 닮기 위해 과일을 파는 것이 아니고 양심을 팔기 시작했다. 그렇게 과일이 아닌 사랑과 양심을 팔자 하루에 한 리어카면 족했던 과일을 대학 다니는 손자까지 합세해 하루에 세 리어카를 떼 와야 손님들을 소화할 수 있게 되었다고 간증을 했다.

나 또한 어려서는 똑똑하다는 소리를 들었다. 물건을 살 때도 야무지게 저울도 확인할 줄 알고 거스름돈도 잘 챙겨와 엄마에게 칭찬을 듣고는 했다. 그렇게 손해 보지 않고 물건을 사는데 익숙해 있었는데 선교지에 와서 나를 바꾸는 계기를 만났다. 이곳 Bolivia 노점상에서 과일을 사면 원주민 할머니들이 손저울을 통해 물건을 달아 준다.

어느 날 그렇게 물건을 사는 나를 보고 주님이 '얼마나 속는다고 그 저울을 쳐다보고 있니?' 순간 얼굴이 화끈해 왔다.

> "속이는 저울은 여호와께서 미워하셔도 공평한 추는 그가 기뻐하
> 시느니라. (잠11:1)"

정직한 자의 성실은 자기를 인도하거니와 사특한 자의 패악은 자기를 망케 한다. 고 잠언기자는 적고 있다. 신실한 믿음의 사람이라면 작은 교회 목사처럼 일부러 상한 과일을 골라 사는 도량에는 못 미쳐도 저울눈을 보지 않고 판매자를 믿어주는 아량을 갖추면 멋질 것이다. '손해를 보면 얼마나 보느냐?'고 하시던 예수님의 말씀이 귓가를 울린다.

첫째 상대를 향한 신뢰는 나부터 시작해야 한다.

아이는 아빠가 자기를 공중으로 던져도 까르르 웃는다. 아빠가 받아 줄 것을 믿기 때문이다. 망망대해를 항해하는 배가 침몰하면 다 죽는 줄도 모르고 죽기 살기로 싸우는 선원들의 모습이 바로 우리이다. 회사와 노사가 머리가 터져라 싸우다 회사가 망해 문을

닫자 노조원들은 졸지에 실업자 신세가 된 경우도 마찬가지 사례이다. 작금 대한민국 지도자들도 나라가 파선하면 다 죽는 줄도 모르고 주야장천 쌈질만하고 있으니 한심하다. 화합하고 뭉칠 수 있는 것은 내가 상대를 믿고 물러서면 가능하다. 그래서 내가 먼저 믿어주는 도량이 필요하다.

> "순종치 아니하고 거스려 말하는 백성에게 내가 종일 내 손을 벌렸노라. (롬10:21)"

예수를 믿는 믿음 또한 마찬가지이다. 보이지도 않는 존재를 믿고 따른다는 것이 말처럼 쉽지 않기 때문이다. 사람이 마음으로 믿어 의에 이르고 입으로 시인하여 구원에 이를 수 있다고 했다. 그러나 과일 행상 할머니에게 예수의 향기를 보여준 목사 부부처럼 믿음을 자신의 삶으로 표현해 내야 한다. 하나님을 향한 신실한 믿음이 있다면 저울추를 쳐다 보고 과일 하나를 더 챙기려는 욕심을 내려놓아야 한다. 어린 자녀가 엄마를 신뢰하듯 우리도 이웃과 주님을 향해 내가 먼저 마음을 열고 다가가면 신뢰가 연녹색의 싹을 틔어 한 여름의 미루나무처럼 쑥쑥 자라는 믿음이 풍성한 세상이 될 수 있다.

둘째 믿음은 사랑이란 열매가 되어 돌아온다.

일전에 재미난 통계가 발표된 적이 있다. 도로에 지갑이 10개가 떨어져 있으면 몇 개가 주인을 찾아갈까? 하는 내용이었다. 놀랍게도 일본은 9개, 한국은 3개라고 발표되었다. Bolivia는 어떨까? 질문을 해 보았다. 그들 스스로 생각하기를 단 하나도 주인을 못 찾아간다. 고 답을 했다. 믿음의 바탕에는 정직과 정의로 기초를 놓아야 한다. 사이비 종교에 빠져 있거나 깡패 무리에 속해 자기의 보스가 절대자인 줄 착각해 목숨까지 바치는 우매한 사람이 되면 신세를 망치고 만다.

> "우리가 다 반드시 그리스도의 심판대 앞에 드러나 각각 선악 간에 그 몸으로 행한 것을 따라 받으려 함이라. (고후5:10)"

우리의 믿음이 구원이라는 열매를 맺어야지 파멸이라는 쪽박을 차서는 곤란하다. 믿음이 아름다운 결실을 맺기 위해서는 한두 번 속았다고 멈추는 것이 아니다. 시종 저울추를 보지 않으면 처음에는 기준보다 적게 받을 수 있지만 어느 순간 얕은 수를 쓰는 사람도 정직하게 믿음으로 보답해 온다. 믿음은 자기의 유익을 구하지 아니하고 남의 유익을 위해 덕을 세우는 것이다.

어제 남미는 용광로를 방불케 했다. 얼마나 뜨거운지 잠시라도 태양을 만나면 태워질 것만 같았다. 엄마 수업을 하는데 연신 땀이 흘러 티를 흠뻑 적시고 말았다. 평소 콜라를 먹지 말라고 강조했는데 어제는 내가 솔선(?) 연신 콜라를 마셔 2리터를 순식간에 비웠다. 그래 주님께 소낙비 좀 보내주세요. 청을 넣었다. 신실하신 주님은 나의 믿음을 시험이라도 하시려는 지 집에 돌아와 앉자마자 뜨거웠던 대지에 엄청난 물을 끼얹어 순식간에 식혀 주었다. 그 비를 밤새워 퍼부어 주셨다. 저울추를 보지 않는 신뢰는 세상을 향기롭게 해 준다.

E-9.

따뜻한 말 한마디

죽은 사람의 유품을 정리해 주는 직업이 있다. 물론 정상적인 죽음보다는 조금은 슬프게 세상과 이별한 사람들의 유품을 정리하는 경우가 많다고 한다. 가족과 연락을 하지 않고 홀로 살다 스스로 목숨을 끊은 사람, 고독하게 홀로 죽은 사람, 사고를 당해 죽은 사람 등이 주 고객이라 한다. 그 사람이 매번 느끼는 것을 적은 글이다.

「내 가족 내 이웃에 대한 작은 관심만 있다면 안부를 묻는 전화 한 통, 따뜻한 말 한마디가 누군가에게는 살아갈 힘이 될 수 있다는 사실을 우리는 잘 모른다. 포기하려던 삶을 부여잡고 다시 시작할 수 있게 하는 것은 거창한 도움이 아니다. 당신이 소중한 사람이라는 것을 일깨워 주는 것만으로 충분하다. 작은 배려와 친절, 따뜻한 한마디 말로 충분한 일이다.」고 했다. 나 또한 선교지에서 혼자 생활하고 있다. 속을 드러내 놓고 고국어로 말 한마디 할 사람이 없다. 그래서 카톡을 연결해 가끔 소식을 듣고자 한다. 가족 창에 올라오는 '아빠를 향한 안부의 글'이 제 시간을 놓치면 불안해 하기도 한다. 그러나 우리는 따스한 말을 하기보다는 상대를 은근히 깎아 내리는 묘미에 빠져 흉보기에 열중할 때가 많다. 실은 흉을 보면서도 겉포장은 멋지게 칭찬으로 도배를 해 준다. 그러면서 한마디 '그는 다 좋은데?' 하며 준비한 독약을 슬며시 그의 코앞으로 들이민다. 나 또한 필부와 다를 바 없이 그렇게 사람 죽이기를 취미삼아 살아온 경험이 많이 있다. 특히 군에서 진급 경쟁 대상자를 음해하는 일이 바로 그렇다. '김 대령은 업무처리 능력이 탁월한데 술을 너무 마셔' 등 은근히 약점을 부각시키기 위해 장점을 동원하는 야비함을 무기로 쓰고는 했다.

> "두루 다니며 한담하는 자는 남의 비밀을 누설하나 마음이 신실한
> 자는 그런 것을 숨기느니라. (잠11:13)"

그러나 성품이 무르익었고 다듬어진 사람은 그렇게 말하지 않는다. 설령 상대가 잘못한 일이 있다 할지라도 사랑으로 감싸고 그를 위해 좋은 말을 하는 것이 믿는 자의 기본이다. 남의 말을 쉽게 하고 깎아내리려 하는 것은 크게 잘못된 행동이다. 어떤 상황에서라도 남의 말을 아름답게 해야한다.

지인이 보내준 영상에서 MBC 아나운서들이 언어실험을 한 영상을 보았다. 유리병 두 개에 밥을 지어 담았다. 그리고 겉봉에 하나는 '고맙습니다.'를 써서 부쳤고, 다른 하나의 유리병에는 '짜증나' 라고 써서 부쳤다. 그리고 아나운서 모두에게 나눠 주고 4주 동안 '고맙습니다.' 라고 쓴 병의 밥을 향해서는 '사랑해' 등 긍정적 언어를 쓰게 했고, 반대편 병의 밥에게는 '미워' 등 부정적 언어를 쓰게 했다. 4주 후 결과는 놀랍게도 '사랑해' 병의 밥은 구수한 누룩이 되어 보기에도 아름다운데, 반대편 '미워해' 했던 병의 밥

은 완전하게 썩어 악취가 진동하는 모습을 보였다. 밥에 귀가 달린 것도 아니고 그들이 이성이 있는 것도 아닌데 무슨 조화이기에 하나는 생글거리고 하나는 죽을상이 되었을까?

그것이 자연을 만드신 하나님의 섭리임을 깨우치는 실험이었다. 우리는 말로 사람을 죽이고 살리고를 반복한다. '무심코 던진 돌에 개구리는 맞아 죽는다.'는 말이 있다. 내가 무심코 던진 한마디에 누구는 죽을 수도 있다는 뜻이다. 그래도 막말을 하겠는가? 이제 따스한 말만 내 입에서 나가도록 보초를 세워야 한다.

첫째 하고 싶은 말을 사전에 준비하라.

나는 젊어 주로 명령을 하는 위치에서 살았기에 남의 말을 듣기보다는 내 주장을 먼저 말하는 습관이 들어 있었다. 그러면서도 소위 '소원수리' 라는 명분으로 '지휘관에게 하고 싶은 말이 있으면 서슴없이 말해도 좋다.' 고 했는데 사병이 부대의 치부(사실인 사항)를 적나라하게 적어 소원 수리함에 넣어 놓으면 고마워하기보다는 '어떤 놈인지 찾아내라' 고 담당과장을 닦달하고는 했다.

> 잠언기자는 "사연을 듣기 전에 대답하는 자는 미련하여 욕을 당하
> 느니라. (잠18:13)" 고 했다.

만약 당신이 예수님하고 단독으로 면담을 하게 되어 있다면 아무 생각 없이 가겠는가? 아마도 성경을 찾고 메모를 하고 준비를 철저히 함은 물론 몇 번 예행연습을 마친 뒤에 뵈러 갈 것이다.

마찬가지이다. 만나는 모든 사람을 향해 그렇게 준비하고 대화를 한다면 우리는 금세기 최고의 연설가가 될 수 있을 것이다. 하고 싶은 말을 사전에 준비하면 여러 가지 유익을 맛보게 된다. 허

투루 말을 꺼내 망신을 당하거나 손해를 보는 일이 없도록 노력하면 누이 좋고 매부 좋은 모양이다.

둘째 따스하고 유순한 말을 사용해라.

나는 남자답게 말한다고 좀 과격하게 말을 하는 버릇이 있어 처음 만나는 사람에게 열정적으로 대화를 하면 마치 싸우는 것과 같은 반응을 보인다.

> "유순한 대답은 분노를 쉬게 하여도 과격한 말은 노를 격동하느니라(잠15:1)"

얼마나 멋진 말인가? 혹시 상대가 과격하게 말을 했다 하더라도 나는 유순하게 대답을 하면 곧 사이가 좋아지고 다툴 일이 없어진다. 특히 엄마들이 자녀들에게 좋은 말을 써야 한다. 자녀가 좀 밉다고 '나가 죽어라.' 하면 진짜 나가 죽게 된다. 오늘부터 아름다운 말만 쓰도록 마음을 먹고 실천해 보면 좋을 것이다. 아름다운 말은 우선 내가 좋고 다음은 듣는 사람이 좋다.

우리 Patuju 교회에서도 좋은 말을 쓰기 위해 목사부터 아름다운 말만 골라 쓰도록 하려한다. 그래서 MBC에서 했던 실험을 우리 Patuju 에서도 해 보려 한다. 직접 따스한 말이 얼마나 위력이 있는지 확인해 보고 행동을 고치려 한다. 말의 위력은 사람뿐 아니라 자연과 동식물에게도 영향을 미치는 것을 볼 때 중요한 문제이다. 이웃이나 자연에게 나쁜 말을 하는 것은 그 사람을 죽이거나 자연을 파괴하는 결과를 가져온다. 따뜻한 말 한마디가 누군가를 살릴 수 있고 막말이 누군가를 죽일 수 있다는 사실을 명심해야 한다.

누구를 용서한다는 것은
내가 용서를 받는 것이다

「죄는 미워하되 죄 지은 사람은 사랑하라.」는 말이 요즈음에는 「죄의 질보다는 그 죄를 범한 자에게 분노하는 세상」에 와 있다. 죄를 지은 자를 검사와 판사가 시비를 가려 헌법이 정하는 범위 내에서 처벌을 하는 것이 국가를 구성하고 있는 법치국가의 기본이다. 그런데 사이버가 판을 치는 세상은 법원의 판결 이전에 댓글이라는 심판의 방망이로 죄를 범한 사람을 사살해 만신창이를 만들어 버리고 난 뒤이다.

인간은 불완전한 존재이므로 누구나 잘못을 저지르기 마련이다. 반성하며 용서를 구하고 이해하며 용서를 건네는 과정은 불완전한 인간이 서로를 보듬고 살아가는 아름다운 방식이다.

그러나 현대 사회는 자신이 저지른 잘못을 뉘우치고 더 나은 삶을 위해 상대와 화해하는 과정보다 자신과 상대의 책임을 따져 보상을 하고 또 보상을 받는 「용서와 화해」가 아닌 「책임을 따져 법적 조치와 배상으로 문제를 해결」하는 세태에 와 있다.

프랑스의 철학자는 「만약 용서할 만한 것만 용서하겠다고 한다면 용서라는 그 개념 자체가 사라지게 될 것이라고 하면서 용서는 오직 용서할 수 없는 것을 용서하는 것이다.」라고 말했다.

> "베드로가 나아와 가로되 주여 형제가 내게 죄를 범하면 몇 번이나 용서하여 줄까요? 일곱 번까지 하오리까? 예수께서 가라사대 네게 이르노니 일곱 번뿐 아니라 일곱 번을 일흔 번까지라도 하라. (마 18:21)"

물론 예수님의 사랑을 따라 한다는 것이 몸소 체득해 보지 않고 함부로 말하는 것은 교만 중에 교만임을 깨우치고 있다. 선교사로 현장에 와 있으면서도 혈기만 방장한 자신을 볼 때 스스로 한심한 생각에 씁쓸하다. 사실 용서라는 단어 자체와 예수님께서 일흔 번을 일곱 번까지라도 하라는 용서는 감히 범접할 수조차 없는 양의 사랑이다. 나는 나에게 치명적인 손해나 모욕을 주지 않았고 그냥 가벼운 실수도 용납하지 못하고 펄펄 뛰는 못난 자인데 어찌 490번이나 용서를 할 수 있는가? 그 단 한 번도 용서가 되지 않아 나에게 못되게 굴었던 사람 이름만 떠 올려도 열불이 나고 혈압이 수직 상승을 멈추지 않는데 그를 사랑하고 용서한다는 것은 아직도 요원하기만 하다.

우리 Patuju를 거점으로 선한 일을 도모하는 것이 소문이 나자 이번 주에는 무려 5명이나 목사를 찾아와 도움을 달라고 애절한 표정으로 사정을 한다. 그런 모습이 귀찮다거나 싫은 것이 아니라 무척 고무적인 현상으로 이방 목사가 사랑을 많이 펼치고 있다는 방증이 되기도 하는 것으로 지속적으로 도모해야 할 사역임에는 분명하다.

그러나 그들의 요구사항을 다 들어주고 싶은 마음이 솔직한 심정이다. 그러나 「가난은 임금님도 구하지 못한다.」는 말이 있는데 이 뜻은 가난한 사람의 살림을 도와주는 것은 밑 빠진 독에 물 붓는 모양새로 도저히 도와서는 될 일이 아니라는 뜻이다. 그런데 지금까지 계속 도움을 요청해 많은 사랑을 받은 자가 도움을 받지 못하자 샐쭉해 교회를 떠나버리는 사건을 만날 때마다 아주 잠시이지만 힘이 빠지고 의욕이 떨어지며 무한 사랑을 베풀었던 것이 잠깐 후회로 다가오기도 한다. 그러나 이네 성령께서 「너는 칭송을 받기 원하고 상을 받으려 사랑을 베풀었니?」 준엄한 꾸지람이 울리면 정신을 차리고 그러할지라도 그들의 소행을 이해하고 다시 사랑을 베풀 것을 다짐한다.

첫째 용서는 예수님을 본받겠다고 말로 하는 것이 아니라 행동으로 옮겨야 한다.

"예물을 제단에 드리다가 거기서 네 형제에게 원망 들을 만한 일이 있는 줄 생각나거든 예물을 제단 앞에 두고 먼저 가서 형제와 화목하고 그 후에 와서 예물을 드리라. (마5:23)"

용서는 전혀 모르는 타인이나 대중에게는 그래도 쉬운 문제라고 할 수 있으나 가까운 혈연이나 친분이 두터울수록 용서는 기나긴 여정이 된다. 교회 조직체에 있어서도 「내가 너희를 사랑한 것 같이 너희도 서로 사랑하라」는 말씀을 따라 정 주고 마음 주고 최선을 다해 섬겼는데 그가 배신을 하거나 신뢰를 원수로 갚아 버리면 그를 용서하는 것은 쉽지 않은 문제이다.

어느 목사이던 매우 신뢰했던 자가 교회를 떠나면 며칠을 뒤척이게 된다. 지난 2020년 Patuju에서는 알곡과 쭉정이를 골라내는 기회를 만난 해가 되었다. 특별히 교사로 섬겼던 자들의 믿음이 코로나 바이러스 상태에서 백일하에 드러나 버렸다. 청년교사를 맞고 있던 Yenny는 의사인데 코로나 이후 6개월을 아예 교회에 나타나지 않았다. 특히 목사가 머리를 10바늘 꿰매야 할 부상을 입었는데도 평상시 '아빠 아빠' 하더니 막상 위급 상황에는 나타나지도 않다가 드디어 교회를 떠나가고 말았다.

그동안 믿음이 있는 척, 사랑을 하는 척했던 신앙이 백주에 드러나 버려 창피해 교회를 떠나야 했다. 물론 그런 그들을 품고 잘못은 미워하되 사람을 미워하지 않았어야 하는데 그들의 잘못을 지적하고 야단을 치자 황망히 교회를 박차고 떠났는데 꽤 긴 시간 그들을 용서하지 못하고 담고 있었다. 그런데 이번에 주님은 마음을 고쳐먹을 것을 일러주셔서 다 잊고 그들의 미래를 응원하는 기도를 해 주기로 마음을 바꿨다.

둘째 관용은 머리로 하지 말고 가슴으로 해야 하는데
쉽지 않지만 노력해야 한다.

관용의 기준치가 있다면 돈은 얼마? 육신의 상해는 전치 몇 개월? 로 환산할 수 있을까? 그러나 그럴 수는 없다. 관용의 가치는 돈의 가치나 사랑의 크기에 있지 않기에 수치로 따질 수 없다.

그러나 열정을 다해 성도들을 사랑하고 주머니의 여유가 생기면 그것까지 모두 털어 섬기고 돌봐 주었는데 돌아오는 것은 교회 문을 박차고 나가는 상황을 만나면 시쳇말로 '뚜껑이 열린다'는 말이 제격이다. 어제 교회를 잘 출석하다 좀 쉬고 있는 성도에게서 돈을 빌려 달라는 연락을 받았다. 그래 정중하게 거절을 했더니 배은망덕하게 나오기에 기분이 몹시 언짢았다.

물론 그에게는 급히 필요한 돈이고 또 만만하게 부탁할 사람이 없어서 목사에게 어렵게 전화를 했을 것이나 작지 않은 액수이기에 난색을 표하자 그동안 받은 사랑은 쓰레기 취급을 하고는 돌아서는 모습을 보이기에 아무 말도 해 줄 수가 없었다. 그래 그를 향한 미움을 지우고 그가 돈이 융통되도록 잠시 기도로 나의 마음도 다스렸다. 용서만이 화평을 누릴 수 있다. 옛말에 「맞은 자는 대자로 자고 때린 자는 웅크리고 잔다.」 는 뜻은 때린 자는 용서를 받아야 하는 과제가 하나 추가되었기 때문이다.

"화평케 하는 자는 복이 있나니 저희가 하나님의 아들이라 칭함을 받을 것이다. (마5:9)"

나 또한 과거라는 거울을 보니 화평보다는 분쟁을 더 많이 운전했다. 내 옆 가까이 있는 가족과 함께 했던 동료들의 고통이 컸으리라 생각하니 참 부끄럽다. 이제 다시 깨우치는 큰 배움은 바로 용서만이 평화를 가져온다는 사실이다. 오늘 미워하는 자가 있거나 내가 미움을 받는 경우가 있다면 만사를 제쳐 놓고 먼저 용서할 것이다. 용서를 하고 용서를 빌어 묶여진 갈등이라는 매듭을 풀어내면 좋은 날이 될 것이다.

F.

리더는 경계에 선 자이다

F-1.

리더는 경계에 선 자이다

유튜브에서 인문학 강연하는 것을 우연히 보았다. 방송사에서 대대적인 기획을 세워 인문학을 국민에게 강의하는 의도를 정확하게는 알 수 없으나 나와 같은 우매한 자들에게 인문학이 무엇인가를 알게 해 주는 유익한 프로그램 같았다. 그의 강의 내용이 우리 믿음의 가족들이 듣기에는 배치되는 내용이 많이 있어 잘 새겨들을 필요가 있다고 생각되었다. 그의 강의 중에 와 닿는 한마디가 있었다. '리더는 항상 경계에 서 있어야 한다.' 어느 한쪽으로 안주해 버리면 더 이상의 도전은 없다는 내용을 피력하고 있었다.

우리는 성경을 통해 끊임없이 하나님 품에 안겨 있기를 가르치고 있다. 그가 말하는 리더의 경계를 나의 선교에 대입해 보면서 깨우치는 것이 많았다. 목자가 양을 인도하기 위해서 깨끗한 선 안에만 서 있어서는 죄로 더럽혀진 양을 인도할 수 없고 교회에서 말 잘 듣고 예배에 열심인 성도만 사랑하면 모두를 인도할 수 없는 것과 같이 죄로 얼룩진 자까지도 품고 가기 위해서는 경계선에서 시종 위험한 줄타기를 해야 하는 것과 같다.

예수께서 세리 마태의 집에 앉아 "음식을 잡수실 때에 많은 세리와 죄인들이 와서 예수와 그 제자들과 함께 앉아 먹었다." 그러자 바리세인들은 어떻게 세리와 죄인들과 함께 먹느냐고 질타를 했다.

회자되는 우리말에 범을 잡으려면 호랑이 굴로 가야 된다는 말이 있다. 진흙탕에 빠진 자를 꺼내려면 내 손과 발에 진흙을 하나도 묻지 않게 하는 것은 불가능한 것이 아니라 성의가 없는 것이다. 양을 구원의 길로 인도하기 위해 리더는 자신의 안녕만 추구하고 위험을 감수하지 않으면 사실 불가능한 것이다. 내가 사선에 서서 사단의 공격과 유혹을 물리치고 양을 보호해야만 한 영혼이라도 주님 품으로 이끌 수 있다. 그런 자를 향해 "내 양은 내 음성을 들으며 나는 저희를 알며 저희는 나를 따른다. (요10:27)"고 했다.

나는 전반전 35년을 대한민국 국방을 위해 헌신한다고 열심을 다했지만 대단한 성과를 거둔 것도 없이 퇴역을 해야 했다. 흔한 전투도 한번 해 보지 못했다. 그리고 후반전 삶은 하나님의 군사로 격전지 Bolivia에 와서 영적 전투중이다. 아직 전과를 올려 주님을 기쁘게 해 드리지도 못했고 예수님께 커다란 훈장이나 면류관을 받을 만한 업적을 올리지 못했다. 전반전의 삶과 비교해 행복이 높은 수치를 보이고 있는 것이 내게 주어진 상급이다. 거창하게 훈장이나 면류관을 바라는 것도 아니다. 다만 내 육신이 다하는 그날까지 이 생명을 기꺼이 주님께 드리고 싶은 것이 작은 소망이고 바램이다.

첫째 목자는 수범을 보여야 한다.
Bolivia에서 배낭을 메고 저금통 자루를 들고 오토바이 택시를 타고 시골 마을을 찾아 전도를 나가는 것은 예수를 전하는 근본적인 목적이 있지만 그와 더불어 전도를 이곳 대학생들과 Patuju 성도들에게 가르치기 위한 것도 포함하고 있다. 복음이 한 인간의 삶 중에서 가장 우선이라는 본을 보이기 위해서 유난을 떠는 것이다. 목사는 사무실에 앉아 성도들 보고 전도 다녀와 명령만 한다면 그들이 따라 하기는 하겠지만 목사가 솔선해 수범을 보이는 것에는 미치지 못한다.

바울은 장장 5만 km를 걸었다고 성경은 증거하고 있다. 그것도 걸어 전도여행을 다닌 것이다. 그 길이는 지구를 한 바퀴 도는 것보다 더 길다. 그러나 현대의 우리는 문명의 이기를 이용하면서도 게으르다. 나도 처음에는 하루 12km를 걸어 시골을 다녔다. 그 거리를 바울이 걸은 거리와 비교해 보니 영일이 없이 4200일을 다녀야 가능한 거리이다.

바울은 "내가 복음을 전할지라도 자랑할 것이 없음은 내가 부득불할 일이라 만일 복음을 전하지 아니하면 내게 화가 있을 것임이라. (고전9:16)"고 했다.

이 얼마나 엄청난 말인가? 바울을 거울삼아 리더는 수범을 앞세워야 한다.

둘째 목자는 양을 위해 생명도 기꺼이 버릴 각오가 되어야 한다.

군대에서는 죽음을 초월하는 것을 가르친다. 함께 전장에 나서는 전우는 태어난 곳은 다르지만 죽는 곳은 같다고 한다. 바로 내가 서서 전투를 하는 자리가 내가 묻혀야 할 무덤인 것이다. 생명이 아까워 벌벌 떠는 자는 사단의 대규모 공세가 취해지면 리더

자리를 버리고 줄행랑을 칠 것이다. 여인의 몸이었지만 "죽으면 죽으리라"는 각오로 민족을 구한 에스더와 같은 자세가 필요하다.

> "나는 선한 목자라 선한 목자는 양들을 위하여 목숨을 버리거니와.
> (요10:11)"

그렇다. 일신의 영달만 위해 돈과 명예나 탐하는 자는 진정한 리더가 아니다. 어제는 예배를 마치고 trufi (낡은 승합버스)를 대절해 Patuju 교회 청소년과 선생님들을 모시고 Santa Cruz로 여행을 다녀왔다. 사실은 격려를 위해 지난 연말에 행사를 하려 마음을 먹었는데 시간을 내기 어려워 어제 다녀왔다. 이곳 Montero는 극장이 없기에 영화 한 편 보여주고 맛난 저녁을 사주고 도시를 잠시 구경하고 돌아오는 것이 전부이다. 모처럼 도시를 구경하며 들떠 하는 아이들을 보며 흐뭇하기도 했지만 한편에서는 씁쓸함이 묻어나기도 했다. 영화를 본 뒤에 저녁을 먹는데 한 아이는 음식을 가져와 먹지를 않는다. 그래 '왜 안 먹니?' 그러자 아이는 '배가 불러' 음식은 싸가지고 가 엄마를 드리려 한다고 대답을 한다. 한편으로 보면 지극한 효자이지만 한편으로는 내가 아직도 잘못 가르쳤다는 자책을 했다. 나는 그들에게 밥을 살 의무는 없다. 배가 부르면 가벼운 것을 주문해 함께 먹으면 좋은데 큰 것을 시켜 하나도 먹지 않는 모습이 보기 좋지 않았다. 그러며 바울과 같으면 그런 상황에서 어떤 마음이었을까? 생각하며 나는 참 부족한 목자임을 다시 알았다. 돌아오는 차 앞자리에 앉아 캄캄한 창밖을 바라보며 그 어둠에 나를 비춰 보기를 수없이 반복했다. 나는 어떤 목자일까?

F-2.

리더의 생각과 추진력

전 세계를 묶어 둔 '코로나 19' 바이러스 때문에 많은 것들이 생동감을 잃고 두려움에 떨고 있다. 흔한 말로 '살다 보니 이런 일도 있구나.' 하는 생각을 지울 수가 없다. 그러나 현 상황을 다른 관점에서 볼 필요도 있다. 그것은 우리 인간이 얼마나 우매한지 깨우치는 계기가 된다는 것이다.

아담을 빚고 불과 얼마되지 않아 세상은 죄로 얼룩지자 하나님은 "땅 위에 사람 지으심을 한탄하셨다." 홍수로 코로 숨 쉬는 것은 다 죽었다. 그런 와중에 살아난 노아의 후손이 바벨에서 탑을 쌓아 또 실수를 저질렀다. 그 결과는 언어가 혼잡 해져 지금 나도 선교지에서 언어 때문에 곤욕을 치르고 있는 것이다. 우리 Patuju 형제들은 어제 교회 인근의 주민들을 위해 바이러스 대처방법을 담은 유인물을 만들어 비누, 알콜, 휴지, 소금, 설탕 등 예방에 필요한 물품을 구매해 4개조로 나뉘어 100 가구를 방문해 계도를 했다.

'자리가 사람을 만든다.' 는 말이 있다. 좀 리더 역량이 부족한 사람도 책임 있는 자리에 올라서게 되면 그만큼의 책임감과 중압

감으로 인해 사람이 성장하고 결국엔 그 자리에 부합되는 인물로 거듭나게 된다는 의미이다. 엄마그룹과 청년그룹의 리더들이 전문가 못지않게 예방교육을 잘 시켰다. 나 또한 목사로서 한참이나 함량이 부족한 사람이다. 그러나 Patuju 교회를 누구보다 사랑하기에 성도들에게 권위가 서고 존경을 받고 있는 것이다. 왜냐하면 목사로서 자질은 부족해도 열성을 다하기 때문이다. 교회 구석구석 먼지 하나까지 어디에 있는지 알고 있다. 대청소를 시키면 '목사님 빗자루!' '목사님 삽!' '목사님 낙엽은 어디에 버려요!' 숱한 질문을 받는다. 그러면 좀 짜증이 날 때도 없지 않지만 친절하게 찾아준다.

군대에서는 지휘관(중대장 이상)에 보직 되면 대략 2년 정도 그 부대의 승패에 대한 책임을 오로지 지휘관이 진다. 부대 지휘에 따른 영광스러운 훈장도 받지만 가차 없는 처벌도 감수해야 한다. 그래 지휘관은 24시간 부대만 생각한다. 숙소에서 잠을 자면서도 전화기 소리에 신경을 고추 세우고 잔다. 왜냐면 심야에 울리는 전화는 적의 기습도발에 따른 비상상황도 있지만 대부분은 '무장탈영' '화재' '인명사고' 등이기에 안 울리는 것이 평강이다. 리더의 생각이 조직원의 생명을 책임져야 하기에 어떤 자리이건 리더는 생각이 깨어 있어야 한다.

"소망 중에 즐거워하며 환난 중에 참으며 기도에 항상 힘쓰며 성도
들의 쓸 것을 공급하며 손 대접하기를 힘쓰라. (롬12:12)"

시종일관 성도들이 불편한 것은 없는가? 또 무엇을 해 주면 믿음 생활에 도움이 될까? 하는 생각을 지워 본적이 없다. 그런데도 성도들은 불편해 하고 하나님 마음을 기쁘게 해 드리지 못하는 것만 같아 송구한 마음뿐이다. 자리가 사람을 만든다고 목회를 한다고 애를

쓰다 보니 아주 조금이지만 목사에게서 예수의 향이 나기 시작했다. 특히 '코로나 19' 비상시국에서 우리만 살길을 찾지 않고 성도들이 앞장서서 주민을 위해 바이러스를 이길 수 있는 방법을 홍보하고 작지만 예방에 사용될 물건을 나눠 주어 모두가 행복해 했다.

첫째 리더는 자기 생명보다 양들의 생명을 먼저 살펴야 한다.

포탄이 빗발치는 전장에서 리더가 자기만 살기 위해 참호에 코를 박고 숨어 부하들을 향해 '앞으로'를 외쳐봐야 부하들은 움찔도 하지 않고 제 몸 하나 숨기기에 바빠 할 것이다.

> "나의 달려 갈 길과 주 예수께 받은 사명 곧 하나님의 은혜의 복음 증거하는 일을 마치려 함에는 나의 생명을 조금도 귀한 것으로 여기지 아니하노라. (행20:24)"

누구나 자신에게 주어진 생명은 귀한 것이다. 하나뿐인 생명은 예행연습이 없는 것이기에 잘 살아 내기란 만만한 것이 아니다. 그러나 예수님은 내 죄를 씻어 주시기 위해 십자가를 기꺼이 짊어지셨다. 그런 소중한 생명을 이웃과 하나님을 위해 드리는 것이 리더가 갖춰야할 덕목이다. "한번 죽는 것이 사람에게는 정하신 것이라" 영생을 신실하게 믿는 자라면 이 땅의 목숨에 조금은 덜 연연할 것이다. 죽어야 부활도 구원도 완성할 수 있다. 리더가 생명을 아까워하지 않고 길을 안내할 때 따르는 자들도 그 모습을 닮는다. 생명의 위협을 알고도 앞장서는 것이 바로 리더이다.

둘째 주님만 보고 달려야 한다.

가정에서 가장이 엉뚱한 생각을 하면 자녀들 또한 엉뚱한 길로 나가는 사례가 많다. 가령 교회는 목사가 성령에 힘입어 목회에만 관심을 기울여야 한다. 목사가 세상 명예가 탐나 밖으로 나돌거나 돈이 탐이나 돈벌이 되는 것을 찾기 시작하면 이미 목회는 물 건 너 간 뒤가 된다.

아람군대가 쳐들어오는데 방어할 능력이 없는 유다는 "우리가 대적할 능력이 없고 어떻게 할 줄도 알지 못하옵고 오직 주만 바라보나이다. (대하20:12)" 모든 유다 사람이 여호와 앞에 서서 간청을 했다. 딴전만 피우던 그들이 누란의 순간 여호와를 찾았지만 주님은 쾌히 "이 전쟁에는 너희가 싸울 것이 없나니" 말씀해 주시며 직접 아람군대를 물리쳐 주셨다.

우리가 죄를 지었거나 좀 태만했다 해도 즉시 그 자리를 털고 주님께 돌아오면 주님은 언제나 받아주고 사랑을 베풀어 주신다. 리더가 행하는 일거수일투족은 절대적으로 승패를 가르는 것이다.

'생각을 많이 하면 세상이 보이고 기도를 많이 하면 하나님을 볼 수 있다.' 고 했다. 누란의 위기가 찾아올수록 리더의 판단과 행동은 조직에 지대한 영향을 미친다. Patuju는 심각한 사태에 처한 모습을 보이기보다는 오히려 천국의 한 단면을 보는 듯하다. 축구장에는 남자아이들이 땀을 흘리며 뛰어다니고 교회 앞마당에는 소녀들이 배구를 하며 깔깔거린다. 농구장에는 식당 지붕을 만들기 위해 인부들이 용접을 하며 바빠한다. 목사와 교사들은 바이러스 예방 교육을 시키고 손 씻기와 알콜로 소독하는지를 감독하며 간식과 음료수를 챙겨주며 코로나 예방을 위해 최선을 다하기 위해 열심이다. 또 목사 사무실에서는 엄마들이 수제 마스크를 만드는 손길이 바쁘다. 기회가 위기라는 말처럼 이번 기회에 위생을 생활화하는 마을이 되도록 교육과 계도에 최선을 다하리라 다짐하며 단 한 명도 바이러스에 지지 않도록 할 것이다.

하나님 나라의 초석이 되자

　60년대 시골에서 초등학교를 다닐 때 강을 4개를 건너야 학교에 도착할 수 있었다. 초겨울이 되면 조금 빨리 가기 위해 살얼음이 얼어 있는 강을 건너기 위해 발을 딛으면 찌-찌직~~ 얼음이 갈라지는 신음소리를 토해낸다. 그러면 우리 꼬마들은 강 밖으로 줄행랑을 치는데 가끔은 얼음이 갈라져 물에 빠지기도 했다. 역사가 주는 교훈 중에 「엘리트는 자신이 성공하는데 주력하고 리더는 남을 성공하도록 돕는데 헌신한다.」는 말이 있다.

　그 행위는 자녀를 사랑하는 어머니의 마음이자 그 본을 예수님이 보여주신 것이다. 예수님은 인류를 위해 당신의 영달이나 명예가 아닌 죽음으로 우리를 구원해 주신 것이다. 영적 리더나 복음을 전하는 사명자를 포함해 우리 모두는 자신이 얼마나 위대한 공적을 세우느냐에 앞서 예수를 전해 그것을 받은 사람들이 위대한 일을 행하도록 도와야 한다. 목자가 호사스러운 집에 살며 고급차를 타고 호의호식하면서 금고에 돈다발이 가득하면 그가 거느린 양들은 배고프고 힘들 수밖에 없다. 어떤 분야에서든 자신이 열매가 되어 업적을 포장해 선전하기 바쁜 리더는 경계해야 한다. 당장 이룬 업적이 미미할지라도 훗날 움틀 새싹들을 위해 기꺼이 거름이 되어 주는 것이 진정한 리더가 갖추어야할 자세이다.

> "너희는 먼저 그의 나라와 그의 의를 구하라 그리하면 이 모든 것
> 을 너희에게 더하시리라. (마6:33)"

작금 지구는 코로나19 바이러스 때문에 홍역을 치르고 있다. 일부 국가에서는 마지막 예우를 해 주어야 하는 사자의 시체를 마치 쓰레기처럼 버리는 모습이 뉴스를 타고 있어 보는 이의 마음을 아프게 하고 있다. 또 대한민국에서는 온통 좌파들이 김정은에게 나라를 통째로 뇌물로 가져다 바칠 기세다. 그러나 다윗이 말한 것처럼 "대저 의인의 길은 여호와께서 인정하시나 악인의 길은 망하리라"는 말이 우리를 지켜 주실 것이기에 당장의 영광은 덮어두고 고난의 길을 걸어도 좋다.

그렇다고 당대에 화려한 꽃을 피우고 열매를 맺는 성공을 하지 말라는 것은 아니나 결과에 집착해 그 본질이 퇴색해 예수가 있어야 할 곳에 자기가 앉아 선전하기에 바빠 손가락질 받는 교만한 자가 되기보다는 겸손한 거름이 되라는 뜻이다.

우리는 역사를 통해 그런 인물들을 많이 보았다. 미국 노예해방을 이끈 링컨 대통령, 백년전쟁에서 프랑스를 이끈 잔 다르크, 대한민국 경제를 부흥시킨 박정희 대통령 등이 자신의 영달보다는 국가와 민족을 위해 자신을 헌신했다. 혹자들이 '내가 뭘 하겠어. 나는 능력도 배경도 없는데' 하고 물러선다. 그러나 신념만 가진다면 다음은 성령께서 찾아와 도와주실 것이기에 염려는 필요 없다. 하나님 나라의 의를 구하는 첫 단초가 바로 초석(밑거름)이 되는

것이다. 대한민국에서 가장 높은 롯데월드도 하나의 벽돌이 기꺼이 기초가 되어 주었기에 높이 올라갈 수 있었던 것이다.

첫째 씨가 되는 것도 좋지만 거름이 되어주면 더 좋다.

어제부터 이곳 Santa Cruz는 공식적으로 예배를 드려도 좋다고 시청에서 허락을 했다. Patuju 교회도 기쁜 마음으로 주님을 찬양하며 모두가 행복에 푹 빠지는 멋진 날이었다. 우리는 어려서부터 '용의 꼬리보다는 뱀의 머리가 되라'고 배웠다. 물론 좋은 말이다. 리더가 되도록 꿈을 크게 가지라는 뜻으로 받아들였다. 그러나 그 폐해는 정당한 명령에 순복 하지 않고 자기 의견이 최고인 줄 아는 안하무인으로 협력은 뒷전이고 자기가 대장이 아니면 자리를 박차고 일어나는 무뢰한을 키워냈다. 우리 주변에서도 정당이 갈라지고 개신교회가 수백 개의 총회로 나뉜 것이 대표적 사례이다. Bolivia도 예외는 아니다. 초대 엄마 회장을 지낸 자는 투표로 리더에서 떨어지자 자존심이 구겨졌다고 교회를 나가 버렸다. 헌신과 희생이 받침이 되지 못하는 자는 진정한 리더로서 자격이 없다. 나보다는 이웃을 먼저 생각하고 손을 펴는 자가 이 시대에 필요한 초석이자 거름이다.

> "비가 내리고 창수가 나고 바람이 불어 그 집에 부딪히되 무너지지
> 아니하나니 이는 주초를 반석위에 놓은 연고요. (마7:25)"

내가 그 주초가 되기를 자청한다면 주님은 큰 그릇으로 보답해 주실 것이다.

둘째 상을 구하지 말고 자신의 의를 나타내지도 말라.

이 땅에 하나님의 나라를 세우는 것은 조급하게 생각해서는 이룰 수가 없다. 한 해 농사도 씨를 뿌리는 때와 거두는 때가 있다. 씨를 뿌렸다면 물과 비료를 주고 한여름 태양과 폭풍도 막아주고 꽃이 피고 열매가 맺어 익을 때까지 기다려야 한다. 복음의 씨앗도 단시일 내에 풍성한 열매를 맺기는 쉽지 않다. 그러나 열심을 다하고 난 뒤 세상을 바라보면 '섭섭이'란 질병에 걸리고 만다.

특히 죽기를 각오하고 열심히 한 사람일수록 허망함이 더 크다. 삯바느질을 해 외아들을 키워 판사를 만든 엄마의 심정이다. 출세시켜 놓으니 엄마는 찬밥이고 제 마누라만 끼고 돌아 엄마 억장이 무너지는 꼴이다. 사랑은 주는 것으로 끝내야 하는데 필부의 마음이 그것을 용납하지 못한다. 돌려받으려 할 때 화가 발한다.

"하나님이 세상을 이처럼 사랑하사 독생자를 주셨으니" 저를 믿는 자마다 영생을 얻는 것처럼 주님이 피조물에게 원하는 보상은 우리가 영생을 얻는 것이다. 목회와 선교는 예수님께서 우리 죄를 위해 육신을 주신 것과 같다. 우리도 고난 속에서 뿌린 복음의 보상을 이 땅에서 돌려받으려는 우매함을 버려야 한다. 큰 업적을 이뤘을 경우 이 땅에서 상을 받고 존중을 받은 만큼 주님나라에서는 경감된다는 것을 알아야 한다.

> "나의 달려갈 길을 마치고 믿음을 지켰으니 이제 후로는 나를 위하여 의의 면류관이 예비 되었으므로 (딤후4:7)"

바울의 고백처럼 최선을 다했다면 자신의 공적이나 의를 접어두고 주님께 맡기면 된다. 주일예배에 참여하는 활짝 웃는 성도들을 영접하며 강건하게 살아 있음에 감사를 드렸다. 그동안 멈추었던 2부 수업을 다시 시작하면서 그룹별로 재잘거림이 멈추지 않는 모습을 보는 목사의 마음은 '행복해' 그 자체였다.

어제 주일은 무척 많은 일들로 피곤했지만 그 일들이 모두 기쁨으로 결실을 맺어주었다. 한 아이가 아파 병원에 입원했는데 병원비가 없어 십시일반 모아 퇴원을 도와준 일, 환자가 밀려 오후 내내 치료를 해 주어야 했던 일, 12명의 자녀를 둔 가정에 문제가 생겨 그 가족을 주일 밤 교회로 불러 어눌한 Espanol 로 설득을 시켜 가족 모두가 화해하고 웃으며 돌아가게 한 일 등이다. 늦은 시간까지 목사를 곤비케 했지만 그 하나하나가 보람이요 기쁨이기에 알찬 주일로 마무리를 할 수 있었다. 어제 하루를 마무리하는 목사에게 예수님은 "네가 초석이 되면 내가 멋진 건물을 세워줄게, 네가 낮아지고 겸손해 할 때 나는 기분이 좋단다." 하시며 속삭여 주신다.

무엇이 리더를 만드는가?

　군인이 되고 많은 병서를 읽어야 했지만 사실 손자나 오자 병법보다는 서양 전쟁사를 더 많이 읽게 되었다. 동양 고대 병서는 작금의 현실과는 많이 동 떨어져 있는 부분이 없지 않기에 실제로 적용하기는 무리가 많이 있다. 우리가 말하는 전략전술은 주후 3세기 삼국지 시대 제갈량에 의해 진법이 세상에 그 모습을 드러냈다. 그 이전까지는 장수의 무공이 곧 전투의 승패를 가르는 것이 보편적인 전술이었다.

　그 병서 중에 오자 병법을 공부하면서 오기 장군이 자신의 아버지와 형을 죽인 자신의 모국인 초나라에 복수를 하기 위해 일생을 다 투자했으며 종래에는 초나라를 정벌해 평왕의 시신을 꺼내 300대나 매질을 한 것 등에 대해 인간미가 폄하되는 것은 사실이지만 그가 대원수이면서도 숙영지에 도착하면 가장 늦게 천막을 치게 했고 말단 병사의 등창에 들어 있는 고름을 입으로 빨아 치료해 준 일은 대단한 리더십이 없으면 쇼를 하는 것도 불가능한 일이다.

　나도 중대장 시절 오기 장군을 따라 해보겠다고 마음을 먹고 중대원을 인솔하여 3일 동안 잠을 자지 않으며 100km 행군을 하는데 매번 쉴 때마다 절대 앉지 않고 병사들을 독려하고 군장 무게도 병사들과 똑같이 무겁게 하며 솔선을 했던 적이 있다.

우리 인류는 21세기라는 신세대에 살면서 '리더의 홍수시대' 또는 '리더의 부재시대'에 와 있는지도 모른다. 왜냐하면 리더가 자기 출세를 위해서는 최선을 다하지만 자기가 섬겨야 할 조직원들에 대해서는 출세를 위한 디딤돌 정도로 생각하기에 화합이 어렵고 모두의 만족과 즐거움을 빼앗아 버린 것을 볼 수 있다. 특별히 한국과 미국의 한 자리한다는 자들의 추태는 고금에도 없는 무지의 소치인데도 대중은 쉽게 잊고 따라가기를 반복하고 있다.

> "너는 온 백성 가운데서 재덕이 겸전한 자 곧 하나님을 두려워하며 진실하며 불의한 이익을 미워하는 자를 살펴서 백성 위에 세워 천부장과 백부장과 오십부장과 십부장을 삼아 그들로 때를 따라 백성을 재판하게 하라. (출18:21)"

군대에서 사단장 한 명을 양성했다고 바로 사단이 생기는 것은 아니다. 그러나 리더를 육성해 놓고 미래를 준비하면 사단이 창설될 수 있고 그런 능력을 발휘할 기회가 올 때 요긴하게 사용할 수 있는 것이다. 그래서 어떤 이가 멋진 말을 했다.

「1년을 두고 보려거든 꽃을 심고 10년을 두고 보려거든 나무를 심고 100년을 두고 보려거든 사람을 심어라.」

하나님 나라의 지도자와 군사도 마찬가지이다. 리더를 잘 육성하는 것은 곧 이 땅이 주님의 사랑 안에 거할 수 있는 토양이 된다는 것이다. 그러한 리더는 하나님이 만들어 주시지만 우리가 리더를 세워야 하고 스스로 리더가 되기 위해 뼈를 깎는 노력을 경주

해야 한다. 가장 훌륭한 리더는 모세처럼 성령으로 빚어져야 되고 출세와 성공적인 리더이기에 앞서 성령의 사람이 되도록 노력해야 한다. 리더는 조직원의 가려운 곳은 어딘가? 그들의 고민은 무엇인가? 그들이 꿈을 상실하지는 않는가? 수시로 점검하고 인도해 내야 한다.

첫째 리더는 스스로 서는 것이 아니고 세우는 것이다.

군대는 제복을 입고 계급에 의해 움직이지만 전장에선 계급보다 직책이 우선한다. 노르망디 상륙작전에서 수많은 국가와 군인이 참여했지만 한 사람 지휘관 아이젠하워가 임명되어 국가와 계급에 상관없이 일사불란하게 각급 부대를 이끌어 독일에 승리하여 연합군이 승기를 잡기 시작하는 계기를 만들었다.

리더가 되기 위해 부단한 노력과 열정, 그리고 도전을 통해 유능한 지도자가 될 수 있다. 그러나 자신의 노력만으로 지도자가 될 수는 없다. 시쳇말로 하면 운이 따라주어야 하지만 실제는 하나님의 결정이 있어야 작든 크든 조직의 리더가 될 수 있다.

> "그 날에 여호와께서 모든 이스라엘의 목전에서 여호수아를 크게
> 하시매 그의 생존한 날 동안에 백성이 두려워하기를 모세를 두려
> 워하던 것 같이 하였더라. (수4:14)"

이스라엘을 애굽에서 인도해 낸 모세는 40대 혈기방장 한 나이에 스스로 리더가 되려 했지만 주님은 광야로 보내 다시 40년이나 훈련을 시키고 난 뒤에야 리더로 세워주셨다. 그런 모세를 지근거리에서 보필하던 부관이 바로 여호수아였다. 주님은 졸지에 모압에서 모세를 죽이고 여호수아를 지도자로 세웠다. 가정이나 교회,

국가 등 어떤 경우이든 리더가 세워지면 주변 사람들은 능력을 떠나 잘 섬겨야 힘을 발휘할 수 있다. 세워놓고 흔들기만 하면 목표를 향해 갈 수가 없다. 그렇기에 주님은 여호수아를 세워놓고 백성들 앞에서 힘을 실어주었다.

둘째 누구나 리더가 될 수 있다.

12세기 고려에서는 무신 시대와 민란의 시대가 있었다. 세상이 너무나 어지러워 백년 사이 무려 75회나 민란이 일어났다. 그 중에 1198년 사노비 만적을 중심으로 일어난 노비들이 천민 해방을 외치며 주장한 구호가 「왕후장상에 어찌 씨가 따로 있겠는가.」 였다. 만적의 말처럼 왕의 씨는 따로 없다. 주 안에서는 누구나 동등하며 같은 사랑을 받고 있다. 싹을 보고 「너는 되고 너는 안 돼」 하는 것은 좋지 못하다. 집을 하나 지을 재목도 기둥이 있고 서까래가 있듯이 하늘로 치솟지 못하고 등이 굽고 약해 빠진 나무도 다 용처가 있는 것이다.

> "진흙 한 덩이로 하나는 귀히 쓸 그릇을 하나는 천히 쓸 그릇을 만
> 드는 권이 없느냐 (롬9:21)"

큰 뜻을 품고 주님께 그 꿈이 실현되도록 기도로 청하면 불가능한 일은 없다. 또한 주님이 계획하고 주신 달란트를 '나는 왜 이것뿐이죠?' 항거하는 것도 좋은 모습이 아니다. 주님은 적재적소에 필요를 채우시기에 역할이 크고 작은 것이 문제가 아니고 어떻게 충성하느냐가 관건이다. 천한 그릇으로 빚어졌다 해도 늘 깨끗하게 닦아 두고 음식을 담을 준비가 되어 있으면 언젠가는 쓰임을 받게 된다.

좋은 재목을 만들기 위해서는 부모가 일찍 믿음의 길을 잡아 주어야 한다. 모태신앙을 가진 사람을 '못해'로 농을 해도 부모의 기도와 훈육이 뼛속 깊이 박혀 있어 결정적 순간에 빛을 낸다.

태속에서부터 엄마의 기도 소리를 듣고 태어나고 자라면서 아빠의 성경 읽는 모습을 보았고 엄마 아빠 손잡고 예배를 드린 기억은 무척 소중하다. 빠르면 빠를수록 주 안에서 커가는 것이 좋다. 그렇게 인도하는 것이 먼저 된 자의 책무이다.

중국을 처음 통일한 진시황은 조나라 대상 여불위 (여씨춘추 저자)의 농간에 세워진 왕정이 낳은 아들이다. 여불위가 그런 힘을 배경으로 국정을 농단하다 비참한 최후를 맞이한 이야기가 현대에 주는 교훈이 크다. 리더를 세웠으면 세우는데 공을 세운 자는 권력에서 손을 놓아야 하는데 끝까지 '콩 놔라 배 놔라' 하는 것 때문에 나라도 망하고 개인도 처참해진다. 나 또한 이국 오지 시골 작은 교회 리더이지만 우리 성도들을 살갑게 챙기고 인도하지 못해 늘 마음 한구석이 아려 온다. 평생을 노력해도 부족한 리더이기 때문이다. 그러나 타고난 능력은 없지만 우리 양들을 많이 사랑하려 애를 쓰고 있다.

F-5.

누가 고양이 목에 방울을 달 것인가?

어떠한 조직이나 단체이든 대표자가 되는 것은 영광스러운 일이기도 하지만 반면 막중한 책임을 가져야 하는 것이다. 그러나 작금 많은 리더들 심지어는 가정이라는 울타리를 통솔하는 가장까지도 책임을 통감하고 모두를 위한 일을 추진하기보다는 자기 일신의 영달이나 단물에만 정신이 팔려 조직의 안위 따위는 안중에도 없는 모습을 보이는 것이 너무나 많아 누구를 탓하기도 우습다.

지인이 보내 주신 글에서 그분은 군목시절을 회상한다. DMZ(비무장지대) 안에서 수색작전을 하던 소대장이 자신의 부하 병사가 지뢰를 밟아 발목이 끊어졌다. 주위가 온통 지뢰밭이니 죽어가는 부하를 보면서도 단 한 발자국도 부하 곁으로 갈 수가 없어 고통스러워하는 순간 연대 군목(연대 군종장교)이 그 곳으로 순찰을 왔다가 그 모습을 보고 성큼성큼 지뢰밭으로 들어가 발목이 끊어진 병사를 구출해 타고 온 지프차에 태우고 의무대로 달려간 이야기를 적었다.

그 군목의 행동을 유추하면 두 가지를 볼 수 있다. 먼저 군목은

행정 요원이므로 지뢰밭이라는 심각성을 모르기에 무단히 지뢰밭을 들어갔다고 가정할 수도 있다. 또 하나는 자신의 생명은 예수님께 맡기고 죽어가는 병사를 구한 것이라고 볼 수 있다. 어떻든 그 군종장교의 담대함이 바로 어려운 상황에서 모두가 몸을 사릴 때 '고양이 목에 방울을 단 사람'이라고 볼 수 있다. 평상시는 죽음도 불사하겠다고 호언장담 하다가도 막상 사지를 눈앞에 두고는 모두가 몸을 사리게 되는 것을 나무랄 수 없는 것이 그만큼 자신의 생명이 소중하기에 그렇다.

1974년으로 기억한다. 그해 8월 15일에는 육영수 영부인이 괴뢰에 의해 저격을 당해 운명을 달리 하셨다. 나는 신임 소대장으로 3번(초산-남해) 축선에서 그날 밤 현장 매복을 명령받고 적이 올 만한 통로에 매복을 나갔다. 당시 26사단 수색중대 병사들은 월남에서 철수한 병사들로 재편성한 상태였다. 소대원들의 나이가 소대장 보다 평균 3살은 많았고 중대에서 함께 생활을 하면서 자신들은 사지를 넘나드는 전장을 다녀왔다고 가끔은 소대장도 무시하고는 했다.

그런데 그날 밤 결정적인 사건이 일어나고 말았다. 대통령 영부인이 저격을 당했으니 전군은 비상을 선포하고 북괴의 침략에 대비해 야밤에 매복을 나갔던 것인데 나는 풋내기 소위로 실전 경험은커녕 훈련도 많이 해보지 않은 상태였다. 그런데 밤새 뜬 눈으로 매복을 마치려 할 즈음 여명이 밝아오는 새벽이 되어 좌우를 돌아보니 어느 틈에 왔는지 소대장을 중앙에 두고 바싹 붙어 겁을 먹고 있는 소대원을 보고 위급한 상황에서는 리더가 얼마나 중요한지 새삼 깨우쳤다. 그 사건 이후로 소대장은 다시 왕이 되고 병사들은 철저하게 소대장에게 복종하는 계기가 되어 부하를 통솔하기가 아주 쉬워졌던 적이 있다.

"나와 같이 모든 일에 모든 사람을 기쁘게 하여 나의 유익을 구치 아니하고 많은 사람의 유익을 구하여 저희로 구원을 얻게 하라. (고전10:33)"

선교 현장에서 복음을 들고 동분서주 하면서 과연 나는 내 생명을 모두 투자해 양들의 생명을 지키기 위해 사선을 두려워하지 않고 고양이 목에 방울을 다는 신실한 종인가? 되뇌어 본다. 말만 앞서고 내심은 비겁한 겁쟁이가 아니었는지 곰곰 생각해 볼 때 부끄러움이 더 앞선다. 그렇지만 우리가 그렇게 용감하지 못했다 해도 이제 예수를 닮아간다면 바른 길로 가는 것이다. 두려워하거나 조급해하지 말고 그 험지에 내가 가겠다는 의지를 충전해 두면 된다.

첫째 살신성인은 그리스도인의 표어이다.

강원도 홍천에 가면 강재구 소령 공원이 있다. 아주 작지만 그 공원에는 아름다운 살신성인의 피가 담겨 있다. 당시 월남파병 병사들을 위해 중대장으로 수류탄 투척 훈련을 하다 한 병사가 수류탄을 뒤로 흘렸다. 그 순간 강재구 대위는 자신의 몸을 날려 그 수류탄을 덮쳐 중대원의 목숨을 구하고 그는 산화했다.

우리가 많이 쓰는 말로 무엇을 '준다'는 것은 물질, 사랑 등 수많은 종류가 있을 것인데 그 중에서 가장 힘겨운 것이 단 하나뿐인 나의 생명을 모두 타인을 위해 준다는 것이다. 흔히 동전 몇 푼도 주기가 아까워하는 사람이 많은데 그것도 자신의 생명을 내어준다는 것은 생각만 해도 힘겨워 보이는 문제이다. 그러나 예수님은 제자들을 향해 그렇게 하라고 말씀을 하셨고 당신께서 나처럼 못나고 죄 많은 자를 위해 십자가에서 소중한 생명을 주셨다.

"사람이 친구를 위하여 자기 목숨을 버리면 이에서 더 큰 사랑이
없나니 너희가 나의 명하는 대로 행하면 곧 나의 친구라.
(요15:13)"

목사이자 전도자로 선교를 한다고 현장에 나와 있는 나에게 섬
기는 지체를 위하여 생명을 주어야 한다면 솔직하게 자신이 없다.
물론 지금 이 글을 쓰면서 그렇게 하는 것이 예수님의 뜻이라고
말은 잘하면서도 막상 내게 그 주사위가 다가오면 아마도 외면하
지 않을까? 그래도 마음을 부여잡고 주님께 그런 용기와 담대함을
주시라고 청을 넣고 있다.

둘째 성령의 도움을 구하라.
삼백용사로 잘 알려진 기드온은 12지파 중에서 가장 세력이 약
한 므낫세 지파이며 그 아비 요아스는 그 집안 중에서도 미미한
존재로 소위 가문에 이름도 없는 자가 바로 기드온이었다. 심지어
그는 소심하기가 비길 곳이 없어 미디안 사람이 무서워 숨어 포도
주 틀에다 밀을 타작하는 겁쟁이다. 그런 그가 성령에 붙잡히자 미
디안을 쳐부수는 담대함을 보일 수 있었다.

"여호와께서 그에게 이르시되 내가 반드시 너와 함께 하리니 네가
미디안 사람 치기를 한 사람 치듯 하리라. (삿6:16)"

Bolivia에서 주로 노동에 종사하는 사람들은 입에 무엇을 넣고
볼이 툭 튀어나오도록 하고 시종 씹고 있어 처음에는 너무나 신기
했다. 그것이 무엇인가 하면 우리가 많이 알고 있는 마약 코카인을
제조하는 나무의 잎사귀를 말려 씹는 것이다. 그러면 육체노동을

해도 힘겹지 않다고 한다. 물론 그것을 상용하는 사람은 이빨이 검게 물들어 보기에도 흉측하다. 또 우리 조상들은 논이나 밭일을 할 때면 힘을 덜기 위해 막걸리를 자주 마시기도 했다. 그렇다 사람의 능력으로 5를 발휘한다면 아마도 코카잎이나 막걸리로는 6-7정도 더 힘을 쓸 수도 있을 것이다. 그러나 기드온처럼 성령이 돕기를 시작하면 10 아니라 100의 힘을 발휘할 수 있음을 알아야 한다. 우리가 진정 하나님의 일을 도모하고 싶다면 자신의 능력으로 할 수 있다는 교만을 버리고 겸손하게 성령님께 도움을 청하면 크고 놀라운 역사를 이룰 수 있다.

1948년 이스라엘이 독립을 선언하자 세계 모든 나라와 지도자 모두가 침묵했다. 그러나 미국 트루먼 대통령은 11분 만에 이스라엘을 국가로 인정하고 축하하는 메시지를 세계만방에 공포했다.

> "내가 긍휼히 여기므로 예루살렘에 돌아왔은즉 내 집이 그 가운데 건축되리니. (슥1:16)"

예루살렘은 성경에서 이스라엘의 수도로 분명하게 적고 있다. 그런데 세계 모든 국가가 감히 수도로 인정하지 못하던 것을 트럼프 대통령이 선언했다. 미국 두 분의 대통령은 모두가 주저하고 있을 때 과감하게 고양이 목에 방울을 단 리더이다. 성령께서 함께 해주시면 생명을 내어주든 고양이 목에 방울을 다는 힘겨운 일이든 「할 수 있도록」 가능케 해 주신다. 주변에 방울을 달아야 할 일이 있거든 당신이 앞장서서 해결하라.

신뢰받는 리더, 존경받는 리더

리더십의 궁극적 목적은 존경받는 리더가 되는 것이다. 그러나 존경보다 더 중요한 것은 조직원이 신뢰하는 리더가 되어야 하는 것이다. 존경은 인정에 치우칠 수 있고 신뢰는 조직의 목적을 원만하게 달성하는 지혜가 동반되어야 가능하다. 존경은 리더가 쏟는 사랑이라는 자양분을 먹고 자라고 신뢰는 리더의 성과에 따라 결정되지만 리더의 정직과 약속을 먹고 자란다.

한 국가의 통치자도 국민의 사랑을 듬뿍 받는 존경받는 리더가 있는가 하면 지탄만 받는 경우도 있다. 그 이유의 첫째는 정직하지 않기 때문이다. 그 범주를 축소해보면 한 가정의 가장도 식구들에게 존경을 받기도 원망을 받기도 한다. 예수님은 이천 년 역사 속에서 가장 사랑이 많은 리더였다.

"사랑하지 아니하는 자는 하나님을 알지 못하나니 이는 하나님은 사랑이심이라 (요일4:8)"

그러나 예수님도 이 땅에 계실 당시에는 존경받는 리더로 추앙

받지는 못했다. 나는 Patuju 교회를 인도하면서 존경받는 리더도, 신뢰받는 리더도 못됨을 알았다. 어제 주일은 Encuentro de Grasias (전도주일)로 정하고 한 성도가 전도 대상 한 명을 정하고 그 이름을 예쁘게 적어 성전에 부쳐 놓고 6개월을 기도하며 어제를 기다렸다. 역시나 성과는 없는 것을 보며 만감이 교차했다. 그러며 중국 내지에서 선교활동을 했던 허드슨 테일러 선교사가 떠올랐다. 그는 아무리 애를 써도 되는 것이 없어 극도로 피곤하고 번민하여 좌절에 빠질 때가 많았다. 거룩해지려고 노력할수록 그 반대의 행동이 나오고, 온유해지려 해도 화가 나고, 믿어야 될 줄 알면서도 자꾸 의심이 생기고, 열매를 맺으려고 해도 열매가 보이지 않았다. 그런 그 때에 그의 누이로부터 편지가 왔다.

'오빠는 포도나무 가지에 불과하니까 그분에게 맡기고 의지하면서 쉬세요.' 라는 내용이었다.

포도나무 가지는 영양분을 끌어 올리려고 애쓸 필요도 없고, 꽃을 피우려고, 열매를 맺으려고 힘쓸 필요도 없다. 오직 원줄기에서 떨어지지 않고 있으면 저절로 열매가 맺히게 되는 것이라는 말씀을 깨우쳤다. 그래서 테일러는 자신의 인간적인 노력을 포기하고 완전히 주님께 맡기고 쉴 수가 있었다.

> "내 안에 거하라 나도 너희 안에 거하리라 가지가 포도나무에 붙어
> 있지 아니하면 절로 과실을 맺을 수 없음 같이 너희도 내 안에 있
> 지 아니하면 그러하리라 (요15:4)"

나 또한 짧지만 지난 4년여의 선교활동 시간을 돌아보자 크게 한 일도 없지만 나 자신에게도 쉼을 줄 필요가 있음을 알았다.

첫째 나는 어떤 리더인가?

억지로 존경받기 위해 거룩한 척 허풍을 떤다고 존경받을 수는 없다. 나는 젊어 쌓아온 가치관이 존경받는 리더가 아니라 승리하는 리더가 되도록 훈련되어졌다. 군인으로 전장에서 승리하기 위해서는 정공법만 쓰는 것이 아니고 적을 야비하게 속이더라도 이겨야 한다고 배웠다. 중국 병법의 대가 오자는 '사전에 충분한 준비를 갖추어서 질적으로 우수한 군대를 양성할 것을 권했다.' 정공법이다. 반면 손자는 '스파이를 보내거나 함정을 파서 적을 격파해 아군의 피해를 최소화한다.' 즉 속임수 쓰기를 권했다. 손자의 말처럼 전쟁에서는 그렇다 하더라도 복음을 전하는 현장에서는 거짓과 술수는 통할 수가 없다.

> 바울은 "네가 진리의 말씀을 옳게 분변하며 부끄러울 것이 없는 일 군으로 인정된 자로 자신을 하나님 앞에 드리기를 힘쓰라 (딤후 2:15)"고 했다.

아무리 애를 써도 부흥의 기미가 보이지 않아 술수와 편법을 동원해 부흥이 되었다 해도 정직한 방법이 아니면 주님은 기뻐하지 않으실 것이다. 그래 열매를 보지 말고 다시 주님을 바라보기로 했다. 세상사 또한 마찬가지이다. 최선을 다했는데 결과가 만족스럽지 못하면 낙망하고 좌절하는 것이 어쩌면 보편 타당할 수도 있다. 주님은 정직하게 최선을 다 하는 자에게는 언젠가 열매를 맺게 해 주실 것이다. 그래서 예수님의 줄기에 꼭 붙어 있어야 한다.

둘째 때를 기다려라.

중국 주나라 문왕과 강태공이 만난 유명한 일화가 있다. 낚시를

강에 던져 놓고 고기는 낚지 않는 태공을 보고 재상으로 모신 일화이다. '어떤 일을 할 때 군자는 그 뜻이 이루어지는 것을 기다리면서 즐기지만 소인배는 일의 결과에 어떤 이익이 생기는 것만을 좋아한다.'

> "그 날과 그 때는 아무도 모르나니 하늘의 천사들도 아들도 모르고 오직 아버지만 아시느니라. (마24:36)"

나 또한 우물가에서 숭늉을 찾는 격으로 씨를 뿌린지 얼마나 되었다고 열매타령을 했으니 주님이 보시기에 불편하셨을 것을 생각하니 심히 부끄럽다. 그래 다시 결단을 하고 느긋하게 거름과 물을 주며 기다리려 한다. 당장 복음의 꽃을 피우고 열매를 맺지 못한다 해도 "나는 심었고 아볼로는 물을 주었으되 오직 하나님이 자라게 하신다." 는 말씀을 새기며 열매 없음에 낙망하지 않고 다시 복음의 현장으로 달려가려 운동화 끈을 묶는다.

나는 세상으로부터 존경과 신뢰를 받지 못해도 아무 상관이 없다. 나를 온전하게 아시는 한 분 주님만 인정해 주시면 되기 때문에 변장을 하거나 과시를 하거나 허풍을 떨 필요가 없음을 잘 안다. 그러나 그렇게 마음을 다지면서도 성도들로부터 존경받고 사랑받고 싶은 필부의 간사한 마음은 어쩔 수 없다.

F-7.

노블레스 오블리주(Nobility Obiliges)

노블레스는 닭의 벼슬 오블리주는 계란의 노른자를 의미한다. 이 두 단어를 합성해 만든 이 말은 '닭의 사명이 자기 벼슬을 자랑함에 있지 않고 알을 낳는데 있다는 뜻이다.' 힘 있는 자들이 자신이 누리는 명예만큼 의무를 다해야 한다는 것이다.

1952년 12월 2차 대전의 영웅이자 미국 대통령 당선자인 아이젠하워가 한국 전선을 시찰하기 위해 내한했다. 미국 역사상 대통령이나 당선자가 타국의 전선을 방문한 역사상 처음 사건이다. 그가 미 8군 사령관 벤프리트 장군의 보고를 받고 난 후 첫 말이 '장군 내 아들 존이 어디 있습니까?'

'네, 존 소령은 3사단 대대장으로 최전선에 있습니다.'

'장군, 그를 즉각 후방으로 전보해 주시오' 브리핑에 참석했던 모두는 아연했다. 전쟁 영웅이 자신의 아들 하나만 귀히 여기는지 궁금해했다. 그러나 역사상 가장 유례없는 전쟁 영웅이자 세계 최고의 권력자 외아들이 전쟁에 참여하고 있다는 것을 우리 한국 지도자는 기억해야 한다.

또 하나 귀감이 되는 사건이 있다. 1950년 10월 20일 낙동강 방어선을 진두지휘하던 워커장군이 전사했다. 이를 매우 안타깝게 여긴 맥아더는 전선에 있는 그의 아들을 불러 아버지의 시신을 본국으로 운구하도록 지시했다. 그런데 최고 사령관으로부터 직접 명령을 받은 샘 워커 대위는 '각하! 저는 일선의 보병 중대장이고 지금 저희 부대는 후퇴 중입니다. 후퇴 작전이 얼마나 어려운지는 각하가 더 잘 아시리라 생각합니다. 이런 시점에 단지 부친의 유해를 운구해야 한다는 이유로 중대장을 교체한다는 것은 있을 수 없는 일입니다. 저는 전선으로 돌아가서 부대를 지휘하겠습니다.'

보통 사람 같으면 'Thank'하며 전장에서 빠져나올 것이다. 중요한 것은 4성 장군과 그의 아들이 이름도 모르는 나라의 전선에서 자유를 위해 싸웠다는 것이다. 그의 아버지는 타국에서 전사한 것이다. 얼마나 값진 피 값인가?

> "우리가 그리스도의 도의 초보를 버리고 죽은 행실을 회개함과 하나님께 대한 신앙과 세례들과 안수와 죽은 자의 부활과 영원한 심판에 관한 교훈의 터를 다시 닦지 말고 완전한 데 나아갈지니라. (히6:1)"

믿음에 있어서도 하나님의 은총을 입은 만큼 그에 합당한 헌신을 해야 한다.

수신제가치국평천하(修身齊家治國平天下) 란 말이 있다. 즉 자신의 몸과 마음을 바르게 해야 가정과 나라를 다스릴 수 있다는 뜻이다. Bolivia도 많은 변화의 물결이 풍랑을 피워내고 있다.

남미 특유의 성비분포는 대략 남자 40% 여자 60% 정도의 비율이다. 이런 현상은 결국 남자들의 책임을 가볍게 하는 결과를 초래해 왔다. 그래 남자는 아이를 낳게 하고는 무책임하게 떠나는 사례가 많아 가정을 방문해 보면 할머니와 엄마 자녀(여자아이) 등 여자 3대가 살고 있는 집을 종종 볼 수 있다. 그러나 요즘은 가장들도 책임을 가지고 가정을 돌보고 교회에도 출석하는 모범을 보이고 있어 고무적이다.

Patuju 교회도 이전에는 아빠들이 아예 예배에 출석하지 않았다. 물론 아직도 모든 가정의 가장이 예배에 오지는 않지만 그래도 몇 명이 참석해 열심을 다하고 있어 보기가 좋다. 지난 6개월 한 성도가 한 명을 전도해 초청하기로 하고 준비를 많이 했는데 많은 성도들이 그 책무를 수행하지 않아 목사를 실망시켰다. 물론 예견은 했지만 그렇게나 피동적일 줄 몰랐다.

> "내 눈이 이 땅의 충성된 자를 살펴 나와 함께 거하게 하리니 완전
> 한 길에 행하는 자가 나를 수종하리로다. (시101:6)"

그래 예배를 마치며 '목사가 너무 능력이 없어 죄송하다고 새로 좋은 목사를 청빙하겠다.'고 파격적인 발언을 했다. 그리고 이번 주는 모든 사역을 현지 목사에게 부탁하고 쉼을 가지며 나를 돌아보고 있다. 나는 최선을 다했지만 그 노력이 하나님 보시기에 아름답지 못하다는 것을 깨우쳤다. 땀을 쏟고 솔선 복음을 전하고 예배당을 가꾸는 등 수범을 보였지만 그 모든 저변에는 나의 의를 앞세웠고 늘 숫자 타령을 했다. 한 발 물러서 나의 모든 행위를 보자 허물 덩어리이며 모순으로 가득했다. 고쳐야 할 점들이 한두 가지가 아니다. 그런 내게 주님은 새로 가야할 길을 보여주시며 상처받은 가슴을 따스하게 씻어 주시고 위로해 주셔서 새 힘으로 충전하고 있는 중이다.

"모든 것이 가하나 모든 것이 유익한 것이 아니요 모든 것이 가하
나 모든 것이 덕을 세우는 것이 아니다 (고전10:23)"

잠시 여유를 가지고 이 말씀을 묵상하며 나를 목사로 부를 때
주님께서 주신 "누구든지 자기 유익을 구치 말고 남의 유익을 구
하라"는 말씀을 마음 판에 다시 새기며 또 분발할 것을 각오한다.
내 한 생명을 이곳에 기꺼이 묻기 위해 전장으로 향하는 장수처럼
복음을 나르려 나를 성령의 용광로에 넣고 주님이 쓰시기에 편한
무기로 담금질하고 있다. 내가 가진 닭의 벼슬을 가지고 폼을 잡을
것이 아니라 내 명예를 이 곳 영혼들을 위해 기꺼이 드리는 오블
리주를 실천하려 한다.

G.

나의 사랑 볼리비아

Bolivia가 받을 복

　늦깎이 목사가 되면서 품었던 막연한 꿈이 아프리카로 선교를 한번 가 보는 것이었다. 나라는 에티오피아로 정하고 기도하며 암락어를 배우고 준비를 위해 노력하기도 했다. 그러나 하나님은 다른 계획을 가지고 계셨다. 아프리카 문을 닫고 볼리비아 길을 열어 주셨다. 그래 2016년 2월 목사가 되자마자 복음을 전할 일념으로 고향 친척 아비 집을 떠나왔다.

　Bolivia는 대한민국보다 60년 앞서 개신교가 전해졌다. 물론 가톨릭은 벌써 전도 500년이 되어가고 있다. 처음 이 땅을 밟고 전도를 하면서 두 가지에 놀랐다. 하나는 만나는 사람마다 모두가 성경을 기초한 이름이었기 때문이고 또 하나는 천성이 순박하고 'No'를 모르는 사람처럼 쉽게 'Si (Yes)' 하는데 있었다. 그런데 그 이유를 얼마 지나지 않아 알게 되었다. 시간개념과 약속이라는 관념은 이들에게는 아예 없었다. 약속을 하면 지키지 않을 것이면서도 'Si' 라고 하지 'No'라는 말은 절대 하지 않는다. 그런 것을 모르고 'Si'가 대답인 줄 알고 약속 장소에서 기다리다 인내가 방전되어 돌아온 경험이 참으로 많았다.

또 함께 버스를 타고가는 대학생이 차창을 열고 쓰레기를 획~ 버리는 모습 또한 놀라기에 충분했다. 개들이 도로를 점령하고 어슬렁거리는 모습 또한 어색했다. 그러나 불과 4년 만에 Bolivia는 장족의 발전을 거듭하고 있고 국민 의식수준도 상당히 높아지고 있다. 이번 tres dias에 참여하고 있는 찬양그룹 청년들이 보여준 투혼은 볼리비아 미래가 얼마나 밝은지 보여주는 거울이 되고 있다.

"외치의 자의 소리여 가로되 너희는 광야에서 여호와의 길을 예비 하라 사막에서 우리 하나님의 대로를 평탄케 하라. (사40:3)"

그 청년들이 품고 있는 꿈과 웅지는 이 나라가 얼마나 밝게 그 빛을 발할지 충분히 가늠하고도 남는다. Bolivia는 약속의 땅이 될 것이고 이 곳에서 사도행전 29장이 새롭게 쓰여 질 것을 생각하면 미력한 힘이나마 보태고 있는 선교사로 가슴이 뿌듯하다.

첫째 사람이 자라고 있다.

Bolivia는 매우 어수선한 상황에 처해 있다. 지난 20일 대통령 선거가 끝나고 꼭 열흘을 혼미한 가운데 데모가 과열되고 있다. 특히 길을 막고 이동을 통제하는 이들의 애교스런 항의 표시가 조금씩 도를 넘고 있다. 취미로 또는 술과 마약에 취해 자기가 무슨 일을 하는지도 모르고 경거망동 하는 자들도 있다. 때문에 경제는 곤두박질을 치고 하루 벌어 하루 먹고 사는 가난한 자들은 벌써 식량이 동이나 아우성이다. 그렇게 폭력이 난무해도 제재하는 경찰은 한 명도 볼 수가 없다. 물론 폭력을 행하는 저들의 저간에는 정의로운 Boliva를 건설하려는 귀한 뜻이 숨겨 있으리라 믿는다.

Santa Cruz에 사는 청년 3명이 지난주 tres dias를 수료했다. 물론 그들은 찬양 그룹 일원이기도 했다. 그들이 두 번째와 세 번째 tres dias를 돕기로 약속을 했는데 도로 상황은 더 악화되어 Santa와 Montero를 잇는 도로는 수십 곳에 폭도들이 타이어에 불을 붙여 태우며 철조망으로 도로를 가로막고 있다. 세 청년은 그 험로를 뚫고 한 청년은 13시간을 걸었고 두 청년은 무려 17시간을 걸어 Patuju 교회에 도착했다. 두 번째 행사에는 도로 상황이 더 악화되어 20명이 참여했다. 첫날 오후 거의 아사상태가 되어 도착한 청년 세 명을 보고 모두 환호성을 지르며 꼭 안아 주었다.

> "나 여호와가 의로 너를 불렀은즉 내가 네 손을 잡아 너를 보호하며 너를 세워 백성의 언약과 이방의 빛이 되게 하리니 (사42:6)"

주님은 저 청년 셋을 사용해 흑암에 처한 자를 나오게 하리라고 약속하고 계시다. 인류의 죄를 예수 한 분이 씻어 주셨던 것처럼 Bolivia 도 리더 한명이면 충분하다. 고난의 길을 통과해 온 청년들이 인도하는 찬양은 단순한 노래가 아니라 볼리비아의 미래를 약속하고 있었기에 주님도 그들의 장한 행동에 박수를 보내주시며 '내가 도우리라' 약조해 주신다. 이곳이 머지않아 남미의 새 예루살렘이 되리라 기대하는 이유이다.

둘째 Bolivia가 예수 그리스도를 향한 믿음이 왕성해지고 있다.
우리 행사에 참여를 약속했던 지체들이 오고 싶어도 Bolivia가 처한 환경 때문에 올 수가 없어 모두가 안타까웠다. 그러나 그 악조건을 뒤로하고 참여한 20명의 성도들은 참으로 장한 결단을 한 것이다. 계획된 인원의 삼분의 일 정도가 참여하자 섬김을 받는 것과 은혜를 체험하는 것은 세 배나 많이 받을 수 있어 이번 행사에 참여한 자들은 그야말로 복받은 자들이다. 시종 뜨겁게 달구어지는 성전의 열기는 참여 인원의 숫자는 아예 관심도 없다. 행사를 위해 멀리 지구 반대편에서 온 30여 명의 한국 사역자는 물론 이곳의 수련생과 섬김을 자청한 지체들 모두가 불과 이틀이지만 믿음이 한 뼘은 더 자랐다.

그 아름다운 축제를 보는 목사 또한 은혜를 가득 선물 받고 있어 감사가 절로 나온다. 마치 다니엘의 세 친구가 외친 "그리 아니 하실지라도 왕이여 우리가 왕의 신들을 섬기지도 아니하고 왕의 세우신 금 신상에도 절하지도 아니하실 줄을 아옵소서. (단3:18)" 어떤 외풍이 불어도 이들이 붙잡은 믿음을 소멸시키지 못하리라는 것을 보았다.

만약 tres dias에 참가하는 것이 구원의 길이라면 그 험로쯤은 17시간이 아니라 더 걸려도 뚫고 왔을 것이다. 참여를 못한 사람들을 책망하거나 서운한 것이 아니라 마음을 바꿔 먹고 '한번 해 보자'는 결단이 있다면 다니엘 세 친구가 뜨거운 풀무 불에 던져지면서도 믿음을 지켜 낸 것처럼 도로가 수백 곳이 막혀 폭력이 난무한다 해도 참여하지 않았을까? 나에게 스스로 질문을 던져본다. 오늘은 2기가 졸업하고 곧바로 참여자 모두가 Montero 중앙 공원에서 전도 축제를 베풀기로 했다. Panchito(소시지를 넣은 빵) 200개와 저금통 100여 개를 가지고 "주 예수를 믿으라 그리하면 너와 네 가족이 구원을 얻으리라"는 구호를 외치면서 예수님과 천국을 판매해 볼 계획이다. 내일부터는 청년을 대상으로 그 세 번째 축제를 배설하려 한다. 또 내일은 어떤 선물로 이 목사를 안내해 주실지 주님의 계획이 궁금하다.

Bolivia와 체 게바라

어제는 선교지 Bolivia가 스페인으로부터 독립을 쟁취한지 195년이 되는 날이었다. 대한민국은 1945년 일본으로부터 독립을 이뤄냈지만 사실 우리의 힘이 아닌 열강의 정치 계략에 의해 얻은 것으로 그때 입은 상처는 75년이 지난 지금도 지구촌에서 유일의 동족이 분단된 국가로 남아 있다.

Bolivia는 남미 중심부에 위치한 내륙 국가이다. 아이마라 족이 중심이 된 티와나쿠 문명에서 시작하여 15세기(1438-1527) 잉카 제국이 되었다가 1530년 스페인 식민지가 되었다. 이들 역사는 아직 연구가 활발하지 못해 근세사만 알려지고 고대사는 희미하게 전해지나 대략 주후 600년경에 도시를 형성했던 것으로 추측하고 있다. 유럽에서 1807년 나폴레옹이 이베리아 반도 침공 후 스페인은 힘을 잃어 가기 시작했고 20여 년의 투쟁을 거쳐 1825년 시몬 볼리바르 장군에 의해 Bolivia는 독립국가로 출범한다.

특이점은 시몬 볼리바르는 스페인 사람이고 이들은 자신의 힘으로 독립을 쟁취해 냈다. 그러나 독립을 쟁취한 후에 부침이 심했다. 태평양 전쟁(1883)에서는 태평양 해안과 평야를 칠레에게 빼앗겨 지금은 내륙국가로 전락해 무역과 산업에 막대한 지장을 받고 있다.

또 차코전쟁(1935)에서는 파라과이에 한반도 정도의 땅을 빼앗겼다. 20세기는 바람 잘 날이 없이 혁명으로 매일 날을 새고 밤을 맞이했다. 여기서 언급하고 싶은 것은 쿠바 혁명을 성공적으로 이끈 아르헨티나 출신의 게릴라 전문가 체 게바라가 Bolivia를 혁명시키려고 잠입해 활동했다는 것이다. 그는 1966년 쿠바에서 카스트로와 결별한 뒤 Bolivia를 먹기 위해 왔다가 1967년 Bolivia 정부군에 체포되어 사살되었다. 그가 죽음으로 농민의 게릴라 전쟁에 의한 아메리카 무력혁명은 자취를 감춰 버렸다.

20세기 게릴라에 의한 무력 혁명을 일으킨 러시아의 스탈린, 중공의 모택동, 베트남의 호치민, 쿠바의 카스트로, 북한의 김일성 등은 인류의 적이자 하나님을 대적한 사단의 자식들이다. 만약이지만 체 게바라가 Bolivia에서 혁명이 성공했다면 오늘 나는 이곳에서 복음을 전하지 못할 것이다. 그가 실패하고 죽은 것이 Bolivia는 축복이자 감사할 제목이다.

그런데 처음 이곳에 도착해 보니 현지 목사는 물론 많은 사람들이 체 게바라를 영웅시하고 그를 추종하고 있어 놀랐다. 물론 역사를 직관할 줄 모르는 무지의 소치이지만 그들에게 어설픈 스페인어를 가지고 관점을 바꿔주느라 무척 애를 쓴 바 있다.

"너희는 먼저 그의 나라와 그의 의를 구하라 그리하면 이 모든 것을 너희에게 더하시리라. (마6:33)"

역사에는 만약이 없다. 그렇지만 20세기에 '종교는 아편이다.'고 주장하는 공산주의자들이 지구를 반분해 통치하지 않았다면 기독교가 지금보다 왕성했을까? 질문을 던져보면 그렇지도 않을 것으로 사려 된다. 1970년을 넘으면서 공산주의는 몇 나라를 제외하고는 퇴색하고 꼬리를 내렸으나 그들이 떠난 자리에는 무슬림이라는 자들이 세력을 확장해 오면서 기독교를 위협하고 있다. 어제 Bolivia 독립기념일에 흥겨워하는 청년들의 악대와 행진을 보면서 선교를 나온 목사로 많은 숙제를 맡은 느낌을 지울 수가 없었다. 저들은 역사의 부침을 알고 있을까?

첫째 나라가 바로 서야 한다.

내가 미국에서 신학대학원 공부를 할 때 저택을 제공해 주신 캄보디아 선교사님이 계시다. 물론 무료로 준 것은 아니지만 절반의 월세를 드리고 2층 큰 집에서 3년을 살았다. 그분이 가끔 당신 집을 방문하시면 아내는 솜씨를 발휘해 맛난 음식을 대접해 드리며 노고를 위로해 드리고는 했다. 그 때 그 선교사님의 말씀이 지금도 나의 뇌를 자극하고 있다.

그분은 나에게 '나는 동족이 없습니다. 캄보디아 사람이든 한국 사람이든 모두가 내 형제요 자매입니다.' 는 말씀을 듣고 초보 전도사는 깜짝 놀라고 말았다. 나도 지금 이곳 Bolivia에서 섬기는 이들을 내 동족과 똑같이 사랑하려 노력하고 있다. 그런데 그 사랑과 내 나라가 건재한 것은 별개의 문제라는 것을 말하고 싶은 것이다.

> "청컨대 종의 집에 복을 주사 주 앞에 영원히 있게 하옵소서. (삼하 7:19)"

다윗은 나라가 세워지자 여호와께 이스라엘의 영원을 기도했으나 그렇게 소원대로 되지는 못하고 나라가 나눠지고 종국에는 멸망해 버렸다. 나는 군대에서 전략전술을 연구한 사람으로 손자와 오자병법도 두루 섭렵한 바 있다. 우리가 전장에서 선두에 선 전투부대가 아무리 강하다 할지라도 후방에서 지원하는 병참선이 무너지면 바로 오합지졸이 된다.

마찬가지로 우리 선교사들 후방인 모국 대한민국이 강해야 복음을 마음껏 전할 수 있고 또 우리가 전하는 복음을 듣는 사람들도 '아, 한국 사람이네 한국이 좋은 나라이지.' 그럴 때 우리가 전하는 복음도 귀담아 듣는다. 그런데 대한민국이 지금처럼 매일 쌈질이나 하고 경제가 곤두박질치고 대통령은 헛소리나 픽픽하고 있으면 복음을 듣는 사람이 '웃기네, 네 나라나 좀 잘해라.' 하고 비웃을 것이다.

먼저 내 가정 내 교회 내 나라를 바로 세워야 한다. 만약 이혼한 가정에 자식들은 뿔뿔이 흩어졌는데 그 엄마나 아빠가 부부애를 훈도하면 귀담아 듣겠는가? 내 가정이 있고 내가 있는 것이고 내 교회가 바로 서야 성도들이 존재하는 것이다. 마찬가지 내 나라가 화평해야 국민들도 어깨를 펴고 활개를 칠 수 있는 것이다.

둘째 나는 모국과 하나님 나라를 위해 무엇을 선물할 것인가?

모국도 그렇고 하나님 나라도 우리 필부들이 전하는 선물을 받고 싶어 안달을 하지는 않는다. 그러기에 우리가 내 나라 대한민국과 하나님 나라를 위해 할 수 있는 선물은 단 하나 내가 온전하게 삶을 살아 내는 것이다.

> "너희 온 영과 혼과 몸이 우리 주 예수 그리스도 강림하실 때에 흠 없게 보전되기를 원하노라. (살전5:23)"

바울의 말씀처럼 흠 없게 살아 주님 나라로 입성하는 것보다 충성스러운 행위는 없다. 그러기 위해서는 각자가 자기 위치에서 하나님의 가르침대로 온전하게 자기의 직분을 다해야 한다. 문제는 하나님을 부정하는 세력인데 우리는 그들을 바라보고 사단이라고 탄식만 할 것이 아니라 그들도 품고 기도해야 한다. 물론 쉬운 문제는 아니다. 나같이 영적으로 부족한 목사는 턱도 없는 이야기지만 그래도 그런 뜻을 품고 노력하다 보면 성령께서 힘을 주실 것이다. 나의 능력 범위 내에서 나는 하나님 나라와 나를 낳아준 모국을 위해 무엇을 할 수 있는가?

우리도 며칠 후면 광복절을 맞이한다. 카톡을 통해 전해오는 소식들을 보면 그날 모여서 대규모 행사를 벌인다고 광고를 하고 있다. 가고 싶어도 지구 반대편 타국 오지에 있으니 언감생심이다. 그러나 기도로 응원하고 나의 모국 대한민국이 더 좋은 나라가 되어 우리 후손에게 아름다운 나라를 물려주었으면 하는 소원은 변함이 없다. 다시는 체 게바라 같은 악한 자가 이 땅에 발을 붙이지 못하게 해야 한다. 그들이 주장하는 모두가 잘사는 나라가 지금 북한이고 쿠바이다. 좌편향에 서 있는 자들은 무조건 박수를 칠 것이 아니고 정신을 똑바로 차려야 한다. 나와 당신의 책임이 막중하다.

Patuju가 꿈꾸는 선교

19세기 후반 구한말 조선은 백안의 선교사로부터 선교를 받았다. 돌이켜 보면 그 때 언더우드와 아펜젤러가 조선을 찾은 것은 진정한 하나님의 뜻이었다. 흔히 회자되는 말 중에 그 선교를 받은 것은 '신의 한 수' 이었다고 표현해도 과하지 않을 것이다.

당시 19세기 말을 직접 살아보지 않아 소상하게 상황을 다 알수는 없지만 역사 사실로 전해지는 것을 보면 참으로 참혹하고 인간이 사는 세상이라고 볼 수 없을 만큼 잔혹한 시절이었다. 먹을 것이 없는 가운데서도 술과 아편 도박과 폭력이 가정을 송두리째 날려버려 소망은 눈을 씻고 찾아보아도 발견할 수 없는 말 그대로 지옥이 조선 땅이었다. 그런 한반도에 언더우드 선교사는 예수라는 꿈의 씨앗을 뿌려주어 그 동인으로 대한 민족을 일으키고 방종과 타락에서 진실과 정직한 국민이 되기 시작했다.

불과 한 세기가 다 가기도 전에 그 미욱하고 못났던 조선이 대한민국이라는 이름을 걸고 전 세계 오지를 향해 선교사를 수출하기 시작해 지금은 지구촌 어디를 가던 '한국 선교사' 라고 하면 엄지를 척~ 뽑아 들고 머리를 숙여 감사를 표한다. 정말로 '상전벽해'라고 밖에 더 표현할 좋은 단어가 없을 정도이다. 그 선교사 속에 엄벙덤벙 따라온 나도 지금 예수를 판매하는 외판원으로 Bolivia에서 신명을 내고 있으니 이것이 바로 기적이 아니고 무엇이 기적인가?

> "오직 성령이 너희에게 임하시면 너희가 권능을 받고 예루살렘과
> 온 유대와 사마리아와 땅 끝까지 이르러 내 증인이 되리라.
> (행1:8)"

그러나 늦깎이 지각을 한 부족한 선교사로 행동은 따라주지 못하는데 마음은 급한 것이 작금 내가 처한 상황이다. 따라서 현재 Patuju를 거점으로 세 가지 복음 전략을 펼치고 있다. 가장 우선하는 것이 가가호호 방문을 통하여 예수를 증거하는 것이다. 그때마다 어린이들에게 가난을 떨쳐버리도록 저금통을 함께 나눠주고 있다. 올해는 코로나 바이러스 여파로 전도 방문을 많이 하지 못했으나 새해에는 역동적으로 움직이려 만반의 준비를 하고 있다.

그 다음 전략은 Patuju 청년들을 복음의 전사로 양성하는 전도자 훈련소의 역할을 Patuju가 감당하는 것이다. 비록 지금은 이들이 1세기 전 조선처럼 한국 선교사들에게 복음을 받고 있지만 언젠가 청년들이 지금의 대한민국처럼 또 다른 오지를 찾아 복음을 나르도록 가르치고 있다. 그 한 예로 올해 신학대학교에 4명이 입학하여 비록 3명이 휴학 중에 있지만 아직 대학에 입학할 나이가 되지 않았지만 목사를 희망하는 청소년이 6명이나 더 있기에 Patuju 전략은 힘을 잃지 않을 것이다.

그리고 역점을 두는 마지막 전략은 이곳 연약한 교회를 돕기 위

해 현지 교회와 미국과 한국의 후원자를 연결하여 매달 100-200 달러를 지원하는 것이다. 이곳 Bolivia는 아직 경제적으로 결핍하기에 목사들이 사역과 생업을 병행해야 한다. 그래 그 생업에 쓰는 시간을 조금 줄여 복음에 힘쓰라는 뜻으로 현지 교회를 돕는 사역을 진행 중이다. 현재 21개 교회를 돕고 있는데 뜻이 있는 분이 동참한다면 더 많이 도움을 줄 수 있을 것이다. Patuju가 꿈꾸는 선교는 소박하다. 예수를 듣지 못한 곳을 향해 '주 예수를 믿으라, 그리하면 네 가족과 네가 구원을 얻으리라.' 는 단 한마디의 외침을 줄기차게 하고 있는 것이다.

첫째 예수 이름을 듣지 못한 곳을 찾아 모든 족속을 제자로 삼아야 한다.

복음을 전하는 것은 교회와 성도가 해야 할 첫 과제이나 그 이전에 하나님의 피조물로 선택받은 자는 누구나 다 해야 하는 것이 예수를 증거하는 것이다. 물론 내 동족 내 고향에서 복음을 전하는 것도 칭찬받아 마땅한 일이나 조금만 시각과 마음을 넓혀 보면 좋을 것이다. 어떤 이는 태어나 죽을 때까지 예수의 이름을 들어보지도 못하는 사람들이 무려 25%, 20억 명 가량이라고 하니 놀라운 일이 아닐 수 없다. 그래서 내 동족도 챙겨야 하지만 복음이라는 것 자체가 있는 줄도 모르는 지체들을 향해 예수를 증거해 주어야 한다.

> "너희는 가서 모든 족속을 제자로 삼아 아버지와 아들과 성령의 이름으로 세례를 주고 내가 너희에게 분부한 모든 것을 가르쳐 지키게 하라. (마28:19)"

Bolivia의 지체들은 아직 많이 연약하고 능력도 부족하지만 이곳 청년들에게 심어지는 복음의 열정이 열매를 맺는 날이 오면 Bolivia도 세계만방을 향해 예수를 증거하는 멋진 이들이 많이 탄생하리라 믿고 맹훈련 중에 있다.

둘째 복음과 함께 구제에도 앞장서야 한다.

중국에서 중국 전통 옷을 입고 변발을 하고 중국 내지선교를 무려 51년이나 감행한 허드슨 테일러는 두 딸과 아들 그리고 아내까지 잃으면서도 선교를 포기하지 않고 중국 복음화를 위해 자신의 전 생애를 바쳤다. 테일러는 열악한 중국 내지 사람들을 위해 다양한 방법으로 구제와 사랑을 전달했다. 이곳 Bolivia에서도 우리 성도는 물론 모든 가정들이 너무나 가난하기에 내 입으로 맛난 음식을 넘기려면 마음에 움찔 찔림이 다가온다. 그래서 여러 가지 구상을 해 이들의 경제 질을 높여 줄 방안이 없는가? 고민을 많이 했지만 별 뾰족한 수를 찾지 못했다. 그래 잘 살게 하기 위해 하는 유일한 방법이 저금통을 나눠주고 저축을 하라고 이르는 것뿐이어 스스로도 부족함을 느끼고 있다.

> "너희 중에 누구든지 그에게 이르되 평안히 가라 더웁게 하라 배부르게 하라 하며 그 몸에 쓸 것을 주지 아니하면 무슨 이익이 있으리요. (약2:16)"

교회가 생명력을 가지는 것은 예수님이 함께 해 주셔야 하고 다음은 연약한 지체를 향하여 구제와 사랑을 실천해야 하는 것이나 어떤 이는 예수만 전해주면 내 임무는 완수하는 것이라고 항변하기도 한다. 틀리지 않는 말이나 복음에 얹어 생활 방편도 돌보아 주면 더 멋진 일이다.

Patuju 교회 변화의 바람은 성도 1천 명 달성도 있지만 우리보다 더 연약한 곳을 향해 복음의 시선을 돌리려 한다. 이번 성탄절에 Patuju에서는 예수를 믿지 않는 가정을 위주로 교회로 초청해 예배를 함께 드리고 성도들이 준비한 공연도 보고 맛난 점심도 대접하고 교회가 준비한 선물을 전해 예수님 생일잔치를 맛나게 치러보려 한다. 이제 새해부터는 Patuju 지체들도 도움만 받던 위치에서 아주 작은 정성이지만 우리보다 더 연약한 지체를 찾아 돕도록 행동에 옮길 것이다. 구제와 선교는 능력이 부족하다고 '나중에' 하는 것이 아니다. 지금 가진 것 중에 일부를 떼어 행하는 것이 예수님이 바라는 뜻이다. 그 옛날 배고픈 시절 식구들 밥을 해야 하는 쌀 중에서 한 숟가락 씩 모아 주일 교회에 드렸던 정성이 한국 교회의 아름다운 전통이다.

Patuju도 성미를 모으는 정성으로 사랑의 손길을 모아보려 한다. 올 한 해 난 하나님과 이웃을 향해 얼마나 사랑을 베풀었는지 곰곰 생각해 보자. 그리고 올해 주님이 채워 주신 내 잔이 넘치지 않을지라도 감사하자. 왜냐하면 또 2021년이라는 선물을 주실 것을 믿기 때문이다.

G-4.

인류 역사를 바꾼 사건

　성경의 연대를 따져보면 재미난 사건을 발견할 수 있다. 학자별로 성경의 연대가 조금씩 다르나 최근에 연구 발표한 학자의 논리에 의하면 아담은 주전 4173년에 태어난 것으로 추정되고 있다.

　그렇다면 오늘은 아담이 태어난 후 6193년이 되는 해이다. 구구절절 연대를 서술한 이유는 아담 이후 인류에게 일어난 놀라운 사건과 변화에 대해서 말하려 한다. 물론 아담 이후 1656년 만에 발생한 노아의 홍수는 천지가 개벽한 사건이 아닐 수 없다.

　그렇다 할지라도 가장 큰 사건은 예수의 성육신 사건이다. 왜냐하면 노아 때는 관영한 죄 때문에 모든 피조물을 죽여 심판을 했다. 그러나 주님은 다시 모든 피조물을 죽이는 대신 당신이 사람의 몸을 입고 이 땅에 오셔서 죄를 사해 주시는 큰 사랑을 베풀어 주셨기에 오늘 우리가 존재할 수 있는 것이다.

　예수 초림은 무엇과도 비교가 불가능한 인류 최대의 사건이다. 그렇다면 그 사건 이후 인류 대변혁은 무엇일까? 학자들은 21세기 이후 100년이 과거 6천년 동안 변한 것보다 더 큰 변화를 가져왔다고 말하고 있다. 그 중에는 영국의 세균학자 플레밍이 1928년 발견한 항생제 '페니실린'이 인류의 질병을 치료하는데 획기적 기여를 했던 점을 높이 평가하고 있다.

그러나 현대 삶을 뿌리까지 흔들고 있는 것이 인터넷(핸드폰도 범주에 넣었다.) 이다. 21세기 이전에는 살인을 하거나 도적질을 하려면 직접 대상을 찾아가야만 가능했다. 그러나 인터넷이 많아진 지금은 컴퓨터 한 대로 자기 사무실에서 범죄도 마음대로 할 수 있다. 또 노소를 불문하고 눈만 뜨면 손에 든 기계에 함몰되어 있다. 핸드폰 하나면 은행 송금, 쇼핑, 길 안내를 포함해 못하는 것이 없다.

그런데 우리 Patuju 성도들은 아직도 컴맹이다. 주 2-3회 청년과 엄마들을 대상으로 컴퓨터 강좌를 개설하려 한다. 전도사 시절 신학교에 다닐 때 California Irvine이라는 도시 시청에서 한인 어르신을 대상으로 2년여 컴퓨터를 가르쳐 드린 적이 있다. 그 자료를 정비해 Espanol로 번역해 수업을 하려 준비하고 있다. 예수 초림 사건 이후 가장 큰 변화는 단연 인터넷 보급으로 꼽고 있다. 그러나 아무리 기기와 정보통신이 발전한다 해도 언젠가는 또 변할 것이다.

"천지가 없어지겠으나 내 말은 없어지지 아니하리라. (마24:35)"고 예수님은 말씀이 영원함을 가르쳐 주셨다. 컴퓨터가 날마다 변화를 추구한다 해도 영구히 자리를 지킬 것은 하나님의 말씀 뿐이다. 인류가 다시 경천동지하는 사건은 인터넷 혁명이 아니라 바로 예수님 재림 사건이다.

"주께서 호령과 천사장의 소리와 하나님의 나팔로 친히 하늘로 좇아 강림하시면 (살전4:16)" 인류의 역사는 주님나라 박물관에서 그 자취를 볼 수 있으리라. 따라서 말씀에 순종하는 삶을 살도록 노력해야 한다.

첫째 하나님의 사람들이 변혁의 중심을 잡아 주어야 한다.

주후 4세기 성경이 정경으로 엮어졌다. 그리고 다시 천년이 흐른 뒤에야 세상 사람들이 성경을 자유롭게 읽기 시작했다. 16세기 이후 인류가 가장 많이 읽은 책이 바로 성경이다. 예수 그리스도를 믿지 않는 자들도 성경에서 진리를 찾아 바르게 살기를 도모했다. 인도의 국부 간디는 힌두교 신자이면서도 산상수훈에서 교훈을 찾고는 했다. 컴퓨터가 모든 것을 해결해 주는 시대에 와 있다. 과학자들에 의하면 곧 로봇이 사람을 대신할 것으로 내다보고 있다.

과학은 인류의 생활을 편안하게 도와준 것은 사실이나 언젠가는 그 과학의 종속물이 될지도 모른다. 따라서 변화의 중심 속에서 믿는 자들이 말씀으로 중심을 잡아 인간으로서의 본성이 훼손되지 않도록 도와야 한다.

> 성경만이 "하나님의 사람으로 온전케 하며 모든 선한 일을 행하기
> 에 온전케 하려 함이니라. (딤후3:17)"

둘째 변화를 피하는 것이 아니라 정면으로 부딪쳐야 한다.

자신만 거룩하다고 세상을 피해 은둔한다면 어찌 영혼을 구원할 수 있겠는가? '구더기 무서워 장 못 담근다.' 는 격언처럼 영혼을 구하기 위해서는 죄인을 찾아 험지로 가야 한다. 요즈음은 사이버(cyber) 라고 '가상 또는 공상을 의미' 하는 또 하나의 세상이 생겼다. 이는 캐나다의 소설가 윌리엄 깁슨이 그의 공상 소설 '뉴로맨서'에서 처음 사용했는데 컴퓨터 안이나 컴퓨터를 연결하는

네트워크를 망라해 사이버로 부른다. 사이버는 보이지 않는 또 하나의 세상을 형성해 가고 있다. 우리가 컴퓨터를 배워야 하는 이유는 '지피지기는 백전불패'라는 손자의 말처럼 그가 주는 유익은 취하고 폐해는 과감하게 도려내기 위함이다.

> "너희는 세상의 소금이니 소금이 만일 그 맛을 잃으면 무엇으로 짜
> 게 하리요 후에는 아무 쓸데없어 버리어 사람에게 밟힐 뿐이니라.
> (마5:13)"

믿는 우리가 세상의 소금이 되지 않는다면 우리는 진정한 주님의 자녀가 아니고 주님이 주신 사명에 대한 직무를 유기하는 것이 된다. 그래서 변화의 바람을 무작정 피할 것이 아니라 지혜를 가지고 부딪쳐 진리를 지켜내야 한다.

오늘부터 Patuju 성도들에게 컴퓨터를 가르치려 한다. 문제는 전문적 용어가 많아 언어가 장벽이 될 수 있으나 그것도 주님이 해결해 주실 것이므로 용기 있게 도전하려 한다. 대한민국에 1981년 컴퓨터가 보급될 때 많은 사람들이 '이 나이에 컴퓨터는 배워서 뭐해' 물러섰다. 그런데 그때 그 말을 한 사람들이 아직도 살아 있으며 컴퓨터 때문에 불편해 한다.

이제라도 컴맹 탈출을 위해 시도한다면 또 다른 세상을 만날 수 있다. 그래야 사이버에 함몰되는 세상을 구하는 용사가 될 수 있다. 배움은 결코 남에게 도난당하지 않는다. 지금 시작하는 것이 가장 빠른 순간이다.

G-5.

나이 듦, 그리고 믿음

　　인천상륙작전을 지휘했던 2차 세계대전의 영웅 맥아더 장군은 믿음이 출중하기로도 유명하다. 그는 퇴임을 명 받고 미 의회에 출석해 '노병은 죽지 않고 사라질 뿐이다.' 는 유명한 말을 남겼다.

　　그의 논리 중심에는 단순히 오래 산다고 늙는 것이 아니라는 심오한 뜻을 내포하고 있다.

　　『사람들이 늙어가는 이유는 목적과 이상을 잃어버리기 때문이다. 세월은 피부를 주름지게 할 뿐이나 무관심은 영혼까지 주름지게 한다. 머리를 숙여 성장하는 영혼을 흙으로 되돌리는 것은 긴 세월이 아니라 근심, 의심, 자신감의 결여, 두려움, 절망과 같은 것들이다. 당신은 믿는 만큼 젊어지고 의심하는 만큼 늙는다. 자신감을 갖는 만큼 젊고, 두려워하는 만큼 늙으며, 희망하는 만큼 젊고, 절망하는 만큼 늙는다. 늙지 말라. 늙는 것은 전적으로 당신의 태도에 달렸다. 늙지 않기로 작정했다는 것은 더 이상 성장할 수 있다는 표시다.』고 했다.

　　Bolivia에 와 있으면서 한민족의 우수성에 대해 다방면에서 느끼지만 특히 음식에서 우리 선조의 지혜 때문에 감사가 절로 나온다. 이곳 음식은 단순하게 빵 종류와 닭고기 소고기를 섞은 음식이 대부분이다. 그러나 한식은 철학이 배어 있다. 물론 한국은 기후적으로 장장 4-5개월의 겨울을 나기 위해서는 삭풍 한설 가운데 연명해야 하기에 한 겨울에 음식을 먹는 것은 난제 중에 난제였다.

그 어려운 조건 속에서 살아 내야 했기에 음식 하나하나에 사연이 서려 있다. 그러나 이곳 남미도 겨울은 있지만 혹독한 추위가 없기에 사시사철 먹을거리가 지천에 널려 있기에 음식을 연구해야 할 노력을 기울이지 않은 점도 있다. 특히 한식 중에 간장과 된장을 살펴보면 흥미진진한 연결고리를 발견할 수 있다. 콩을 농사지어 그것을 탈곡해 메주를 쑤어 천정에 메달아 곰팡이를 만개하게 하여 겨울이 끝나면 장을 담궈 여름이 오면 간장을 뽑아낸다. 그리고 남은 누룩덩이는 한참을 더 인내해야 된장이 되어 세상으로 나온다. 간장은 청년기에 깨끗하게 발탁되지만 된장은 간장을 위해 자신을 희생한 뒤에 많은 시간을 참고 기다려야 사람들이 알아주는 맛을 내게 된다. 마치 된장은 풍상을 겪으며 인생을 살아 낸 우리의 모습과 같다.

"백발은 영화의 면류관이라 의로운 길에서 얻으리라 (잠16:31)"

하나님을 믿는 믿음 또한 나이가 들면서 된장처럼 묵은 맛을 낼 수 있도록 삭혀져 가야 한다. 청년시기에 믿음이 출중한 자는 자칫 교만이라는 덫에 걸려 실족할 수 있으나 비록 날렵하지는 못해 출발이 늦었어도 우직하게 믿음을 지킨 자는 예수의 향기가 더 깊게 배어 난다. 예수님도 포도원 농부들을 향해 "먼저 된 자가 나중 되고 나중 된 자가 먼저 된다."고 말씀해 주셨다. 당신이 늙어 간다는 것은 슬프거나 비관할 문제가 아니다. 맛을 지키는 된장처럼 믿음을 지켜 내면 곧 주님의 환대를 받게 된다. 나이 듦과 함께 믿음도 된장처럼 완숙해져야 한다.

첫째 간장 같이 일찍 걸러지는 것도 바람직하다.

소위 엄마 태에서부터 예수를 믿었다는 사람을 모태신앙이라고 한다. "네가 태에서 나오기 전에 너를 구별하였다."는 말씀이 적용되는 자라고 볼 수도 있다. 그들은 어쩌면 간장과 같은 신분일 수도 있다. 그들이 간장으로 선발되어 떠날 때 된장이 될 자를 향해 쓰레기처럼 취급하고 하대했을지도 모른다. 술이 그와 비슷한 경우이다. 함께 단지에서 고초를 겪고 신분이 변하면 술은 선택 받아 세상으로 나오지만 술찌끼는 바로 버려진다.

> "무익한 종을 바깥 어두운 데로 내어 쫓으라 거기서 슬피 울며 이를 갊이 있으리라 (마25:30)"

우리 말 중에 초년 성공을 경계하라는 말이 있다. 빨리 출세를 맛보면 많은 이들이 그 자리를 지켜 내지 못하고 변질되기 때문이다. 간장처럼 일찍 택함을 받는 것도 매우 바람직하다. 그러나 그런 자는 겸손을 늘 곁에 두고 믿음을 지켜 내야 한다.

둘째 된장 같이 우직하게 맛을 내도 좋다.

대기만성이라는 말처럼 초년에는 실패와 실패를 거듭하다 얻은 성공은 귀한 대접을 받는다. 다시는 실패의 풍랑에 휩싸이지 않기 위해 조심하고 자신의 행실을 겸손으로 무장하기 때문이다.

"사람의 걸음은 여호와께로 말미암나니 사람이 어찌 자기 길을 알
수 있으랴?
젊은 자의 영화는 그 힘이요 늙은 자의 아름다운 것은 백발(지혜)
이니라 (잠20:24, 29)"

나이 듦이 서럽지 않고 늦게 선택받음이 귀한 것은 쓴맛 단맛을
겪은 뒤에 얻은 것이기에 귀한 것을 자신이 알기 때문이다. 우리는
간장처럼 촐랑거리기보다는 된장처럼 우직한 맛을 내는 믿음의 할
아버지가 되어야 한다. 맥아더의 말처럼 '믿는 만큼 젊어지고 의심
하는 만큼 늙는다.'

"너희는 센 머리 앞에 일어서고 노인의 얼굴을 공경하며 네 하나님
을 경외하라 (레19:32)"

우리 한민족은 어려서부터 예의범절에 대해 철저하게 훈도를 받
았다. 물론 유교적 전통에 기인하지만 최소한 인간이 갖추어야할
예의는 분명 동물과 달라야 한다. 그런데 서구식 전통이 몸에 밴 이
곳 사람들은 우리 눈으로 볼 때 예의라고는 눈곱만큼도 없어 보인
다. 처음 만나면 인사를 잘 하지 않고 어른 앞에서 다리를 꼬고 앉
는 것도 예사이다. 그래 Patuju 어린이들에게 한국식으로 배꼽 인사
를 가르치고 어른 앞에서 두 무릎을 부치고 손을 무릎 위에 다소곳
이 놓고 어른을 공경하는 훈련을 시키고 있다. 또 이들은 늙은 부모
를 공양하지 않는다. 그래서 한국 가정처럼 늙은 부모를 공경하도
록 강조하고 있다. 나이가 들어 머리가 백발이 되는 것은 결코 창피
하거나 낙망할 일이 아니다. 늙어 갈수록 된장처럼 깊은 맛을 내는
믿음을 가지면 주님은 당신을 향해 엄지를 치켜세워 주실 것이다.

G-6.

나도 누군가의 그늘이 되고
위로를 보내주자

사막에 살아 보지 않으면 사막이 가지는 황량함과 두려움 그리고 견디기 어려운 상황을 소상하게 알 수는 없다. 다만 글과 말로 듣고 그 어려움을 이해하는 사람이 더 많다. 모세가 이스라엘 백성을 인도하여 미디안 광야로 길을 잡고 이동을 하여 사흘을 걷고 물을 얻지 못하자 백성들은 난리를 부리고 있다.

사막이 낮에는 그늘 하나 없는 가운데 내리 쬐는 태양의 열기가 무지무지할 것이며 밤에는 추위가 몸을 오그라들게 한다고 한다. 지구 남반부는 지금 완숙의 여름에 와 있다. 한낮의 태양은 바위까지 녹일 기세로 열기를 뿜어 낸다. 대한민국은 눈이 소복하게 쌓여 통행이 마비되었다는 소식이 부럽기만 하다. 좀 추워 봤으면 생각할 때도 있다. 그 열기 속에서 복음을 나르다 보면 주변에서 원주민 같다고 놀림을 받기도 하지만 그 놀림이 바로 훈장이라는 자랑이기도 하다. 그러나 복음을 전하며 해가 비추면 내가 그늘로 가 말씀을 전할 수는 없다.

말씀을 듣는 어린이를 그늘 쪽으로 인도하면 자동으로 태양과 대면하게 된다. 그래도 말씀을 열심히 듣고 '아멘' 하면 땀으로 범벅이 되었어도 기쁘기는 한량없다.

> "여호와께서 그들 앞에서 행하사 낮에는 구름 기둥으로 그들의 길을 인도하시고 밤에는 불기둥으로 그들에게 비추사 주야로 진행하게 하시니 낮에는 구름기둥 밤에는 불기둥이 백성 앞에서 떠나지 아니하니라. (출13:21-22)"

끝이 난 줄 알았던 코로나 바이러스가 다시 기승을 부리기 시작해 인류는 당혹감을 감추기가 어려운 상황에 직면하고 있다. 어느 분의 말씀처럼 하나님께서 쓸모없는 노인들을 처분하려고 하시는지 청년들은 걸렸는지도 모르게 지나가지만 연로한 사람은 걸렸다 하면 생사를 장담할 수 없다고 하니 참 난감하기가 이를데 없다. Patuju 목사 숙소 공사 마지막 손질을 하고 있다. 믿었던 인부가 화장실을 엉망으로 공사를 해 놓아 다시 다 뜯고 공사를 해야 하는 난감한 상황에 빠져 있지만 감사하기로 마음을 바꿔 먹었다.

이스라엘 백성이 광야에서 살아야 할 처지에서 태양을 피할 그늘 하나 나무 한 그루, 우물 하나 없는 말 그대로 사막에서 낮에는 구름으로 그늘을 만들어 주시고 밤에는 추위가 살을 떨리게 하지만 잠을 청할 집이 있는 것도 아니고 매트리스나 이불을 가진 것도 아니기에 한기를 이기기는 쉽지가 않다. 그 순간 주님은 하늘 높이 대형난로를 설치해 추위를 견디게 해 주셨다.

어제는 사무실과 숙소 방충망을 설치하느라 몰골이 말이 아닌 가운데 혼자 작업을 하고 있는데 교회 장로님이 방문을 하셨다. 목사가 직접 하지 않고 인부를 시킬 수도 있지만 성도들에게 수범을 보이기 위해 허름하게 입고 못을 치고 청소를 하면서 앞장서고 있다. 그 이유는 목사가 호의호식하지 않고 똑같이 살아내는 모습을 통해 이들에게 그늘을 만들어 주고 위로를 전하고 싶어서이다. 장로님도 목사가 걱정이 되어 찾아오셔서 몸 좀 챙기면서 쉬엄쉬엄 하세요. 안타까워하셨다. 바로 그런 마음이 상대에게 그늘이 되고 위로가 되는 사랑을 전하는 것이다.

우리가 만나지는 못하지만 미국과 한국에 계시며 어려운 상황을 만나고 있는 하나님의 자녀 여러분에게 작은 쉼을 드리고 싶은 것이 오지에 있는 부족한 목사의 마음이다.

첫째 힘겹고 고단하다면 주님의 품으로 파고들자.

「당신은 목숨이 위태로울 절대 절명의 상황을 맞이하면 누구를 찾습니까?」질문을 받을 경우 누구라고 대답할 수 있는가? 엄마 아빠 남편/아내 선생님 주님 등 다양할 것이나 「법보다 주먹이 가깝다」는 말처럼 하나님보다는 옆에 있는 사람이 가까우니 사람을 부르지는 않는지? 나도 목사랍시고 말은 그렇게 잘 하는데 어려운 일이 급하게 다가오면 주님을 찾기보다는 옆에 누가 없나 보는 부족한 존재이지만 그런 나를 하대하지 않고 끝까지 챙겨 주시는 분은 오직 한 분 하나님이시다.

> "내가 주는 물을 먹는 자는 영원히 목마르지 아니하리니 나의 주는
> 물은 그 속에서 영생하도록 솟아나는 샘물이 되리라 (요4:14)"

예수님 품으로 들어가면 만사가 형통할 수 있음에도 불구하고 자기가 힘 좀 있다고 안하무인처럼 하는 존재들을 보면 가관도 아니다. 세상에서 부를 이뤘다고 아방궁을 짓고 담을 높이 쌓아 경계를 튼튼하게 하여도 주님의 그늘이 아니면 작은 바람에도 날아가

는 먼지에 불과하다. 지금 모든 것이 엉망이고 힘겹다면 다 멈추고 주님 품을 찾아 위안을 청구하면 주님은 만사를 제쳐 놓고 당신을 맞이하러 버선발로 나오실 것이다. 아무것도 염려하지 말고 기도와 간구로 구할 것을 주님께 아뢰면 문제는 끝이다.

둘째 나도 누군가 힘겨운 자의 그늘이 되기 위해 노력하라.

Patuju에서 어렵게 야외에 다목적 수영장 공사를 마쳤다. 물론 이곳은 침례를 선호하기에 매번 성전에 수조를 만들어 베풀었는데 이참에 야외에 10평 규모의 수영장을 만들었다. 제법 모양도 예쁘고 공사도 잘 해 보는 이마다 군침을 흘린다. 그런데 완성을 하고 보니 그늘에 만든다고 큰 고목나무 아래에 만들었다. 그런데 그 나무의 열매가 너무나 많이 떨어져 수영장 바닥이 그 작고 까만 열매로 가득 채워져 바보목사는 또 고민에 빠졌다. 그래 결단을 하고 다시 거금을 투여해 함석으로 지붕을 만들기로 작정하고 어제부터 공사를 시작했다. 이왕 다목적으로 평시에는 어린이들의 놀이터로 쓸 계획이었으니 어린이들이 맘껏 놀 수 있도록 열매가 떨어지지 않게 지붕을 만들어 주기로 결단을 하고 어제 자제를 구매해 왔다. 이곳 어린이들은 자라면서 남다른 추억거리가 없기에 수영장은 좋은 놀이터가 될 것이다. 어린이들에게 후일 추억할 좋은 기억을 하나 만들어 준다고 생각하니 감사하다.

> "그리스도 안에 무슨 권면이나 사랑의 무슨 위로나 성령의 무슨 교제나 긍휼이나 자비가 있거든 마음을 같이하여 같은 사랑을 가지고 뜻을 합하며 한 마음을 품으라. (빌2:1-2)"

"가시나무가 나무들에게 이르되 너희가 참으로 내게 기름을 부어
너희 왕을 삼겠거든 와서 내 그늘에 피하라 (삿9:15)"

리더를 뽑는 자리에서 능력이 되고 평판이 좋은 사람이 다 고사를 하고 나자 마지막 남은 자가 가시나무와 같이 못된 자인데 그를 추천하자마자 정견 발표를 하며 거드름을 핀다. 누군가를 위해 그늘이 되어주고 위로를 보내 주는 것도 자신이 올바로 서 있어야 보기가 좋다. 즉 격에 맞는 자리가 필요하고 격에 맞는 배풂이 필요한 것이다. 국가 지도자는 나라를 다스릴 수 있는 능력을 갖춰야 하고 목사는 성경도 읽고 기도를 해서 그늘을 만들 능력을 닦아야 하는데 무늬만 지도자이고 목사인 자가 '혹세무민' 하는 것은 천벌을 자초하는 것이다.

만약 그늘이 못된다면 그늘까지 안내하는 자라도 되어야 한다. 극에서 조연이 주연보다 더 빛나는 것은 작가나 감독의 영향도 있겠지만 그보다는 그가 진심으로 이웃을 위해 헌신하는가에 따라 그늘을 만들어 줄 수도 있고 그렇지 못할 수도 있다.

리더나 하나님의 사람으로 세상을 향해 선한 영향을 끼치고 그늘을 만들어 주기 위해서 원석으로 두어서는 안 되고 용처에 맞게 다듬어야 한다. 쉼을 얻으려고 찾아왔는데 가시에 찔리고 아픔을 주는 안식처가 된다면 아니함이 더 낫다.

H.

뜨레스 디아스 사역

H-1.

진정한 사랑은 통한다
아름다운 연합으로

　어제는 7월 tres dias 정례 예배와 병행해 미자립교회 목사님들과 그 가족을 초청해 맛있는 저녁을 대접하고 예배를 드리고 세계 도처에서 보내 주신 후원금을 전달하는 아름다운 행사를 한 밤이었다. 올 10월 감람산 기도원 이옥란 원장님과 섬김이 30여 분이 이곳 Bolivia를 방문해 3회에 걸쳐 집회를 섬겨 주실 것이기에 봄부터 살갑게 준비에 준비를 하고 있다. 지난해 1회 집회를 했는데 올해는 3회가 계획되어 300명을 참여케 하는 것이기에 관심을 기울이고 있다.

　10월 행사를 할 때와 똑같이 시설을 준비해 놓고 섬기는 예행연습을 했다. 식당과 숙소로 사용할 대형천막을 치고 최고 호텔 수준의 저녁을 대접해 올렸다. 음식은 처음 한식을 계획했는데 너무나 단가가 비싸 볼리비아 음식으로 준비했다. 그래도 통닭 숯불구이에 치즈 밥을 곁들여 멋진 저녁을 대접해 올렸다. 참가하는 모든 사람들 복장도 정장차림을 권했다. 처음 우리 단체가 매달 200불을 지원해 준다고 하니 믿지를 않고 참여를 머뭇거렸다. 그러나 우리가 예수님을 섬기는 것과 같은 낮은 자세로 섬김을 하자 그들도 자세가 조금씩 달라졌다.

어제 목사의 마음을 졸이게 한 것은 이곳이 한 겨울에 속해 며칠째 한파(?)가 밀려와 걱정을 했다. 그런데 예수님도 관심을 표명해 주시어 날씨를 화창하게 바꾸어 주시어 야외 활동에 적합했다.

"하나님을 사랑하는 자 곧 그 뜻대로 부르심을 입은 자들에게는 모든 것이 협력하여 선을 이루느니라. (롬8:28)"

우리는 하나님을 사랑하고 또 주님의 뜻대로 부르심을 입은 자들이다. 진심으로 섬기고 섬김을 받는 연합하는 아름다운 모습에 예수님도 흐뭇해 하셨다.

첫째 사랑하고 섬긴다면 진심을 다하라.

엄마 사랑이 위대한 것은 자신이 가진 것을 모두 주면서도 아까워하지 않는 마음이다. 그래 엄마의 권위에 자녀가 복종하는 것이다. 이방 목사가 자신들의 언어도 서툰 가운데 진심을 다해 섬기는 자세를 보고 마음이 동했기 때문에 그들도 예의를 갖추려 애를 쓴다.

"선한 일을 행하고 선한 사업에 부하고 나눠 주기를 좋아하며 동정하는 자가 되게 하라. (딤전6:18)"

그들을 섬기기 위해 음지에서 애쓰는 Patuju 교회의 많은 손들이 있다. 천막을 치고 잔치를 배설하고 음식을 조리하는 엄마들의 노고가 참으로 귀하다. 먹는 사람이야 '맛있다' 하고 단순한 마음으로 고맙게 생각할 수 있지만 열악한 환경에서 백여 명의 음식을 조리하고 섬기고 뒷감당을 하는 일이 결코 쉬운 일이 아니다. 그러나 엄마들이 기쁜 마음으로 섬겨주어 참여한 사람 모두가 행복해했다. 또 통역과 찬양을 도와주기 위해 멀리까지 달려와 목사를 돕는 한국 자매들이 있다. 그들의 열의도 대단하지만 심성이 너무나 고와 힘겹고 어려워도 그들이 매달 함께 해 주어 기쁘게 사역을 감당할 수 있다. 우리 한국 목회자들이 베푸는 사랑이 이들에게 용기와 힘을 주어 이들 목회에 작은 보탬이 되기를 소망하기에 힘들어도 전심을 다하고 있다.

둘째 도움받는 자의 명예를 높여 주라.

예수님의 칭찬에 손사래를 치며 "어느 때에 나그네 되신 것을 보고 영접하였으며 벗으신 것을 보고 옷 입혔나이까." '저는 아닙니다.'

겸손해 하는 그들을 향해 "내가 진실로 너희에게 이르노니 너희가 여기 형제 중에 지극히 작은 자 하나에게 한 것이 곧 내게 한 것이니라. (마25:40)"고 했다. 도움을 준다고 기고만장해 자신을 높이고 상대를 낮추거나 비하하면 그 가치는 퇴색되고 만다.

예수님은 목숨까지 주시면서 "네 구제함이 은밀하게 하라"고 하셨다. 그래서 tres dias 예배와 행사의 주인은 연약한 교회의 목사와 그 가족이다. 그들은 아직 자립은 꿈도 꾸지 못하기에 목사 자신이 한 주 내내 일을 해야 하는 열악한 구조를 가지고 있다. 그래 우리의 작은 베풂이 그들을 위로하고 힘이 되어 교회가 부흥하기를 바라는 것이다.

그렇게나 바람이 불고 춥던 날씨가 어제 예배 시간에 맞추어 쾌청하게 되었다. 겨울 옷을 껴입고 머플러로 목을 동이고 왔던 참여자들이 겉옷을 벗어 던지고 박수를 치며 열창하는 찬양 소리에 성전 지붕이 날아갈 것만 같았다. 세상에서는 아무도 자신들의 노고를 알아주지 않고 또 힘겨워도 하소연할 곳도 없었는데 이렇게 모여 맛난 음식을 대접받고 함께 예배를 드리는 것에 감격해 했다. 목사의 마음도 그들과 다를 바 없었다.

후원자를 모시려 애쓰고 예배를 준비하는 과정에 힘들고 지치는 일들이 한두 가지가 아니지만 그들이 기뻐하는 모습을 보는 것만으로도 위로가 되었다. 예배를 마치고 후원자 분들이 보내 주신 격려금을 손에 쥐어주며 다음 달에 또 만날 것을 약속하며 헤어졌다.

어느 길을 갈 것인가?

미국의 시인 프로스트의 '가지 않은 길' 이란 시는 '단풍 든 숲 속에 두 갈래 길이 있다. 나는 두 길을 다 가지 못하는 것을 안타깝게 생각하며 오랫동안 서서 한 길이 굽어 꺾어 내려간데까지 바라다볼 수 있는데까지 멀리 보았다.' 고 시작하고 있다. 인생이란 것이 두 길을 다 가지 못하고 한 길만 선택해야 하는 것이다. 물론 갔다가 되돌아올 수도 있기는 하다. 그러나 미래를 향한 길을 선택하는 것은 참으로 중차대한 문제이다.

오늘 Patuju 교회에서는 2019년 tres dias를 시작한다. 우리가 후원하고 있는 20여 개 교회를 대상으로 지원자를 모집했다. 물론 일생일대의 경험이 될 것이라는 광고도 많이 했다. 이를 위해 지구 반대편 한국에서 사역자 30명이 어제 도착하기로 했는데 사단의 농간으로 아직 도착하지 못했다. 그들이 이국의 공항에서 겪을 일이 매우 걱정이다. 그들은 만년에 와 있지만 예수께 자신을 헌신한 삶으로 길을 닦고 있다. 지구 반대편 오지로 이틀에 걸쳐 비행기를 타고 온 하나만으로도 주님은 '장하다' 칭찬하실 것이다. 지금까지 어떤 길을 걸었던 상관없다. 이제 바른 길을 잡았기 때문이다.

"생명으로 인도하는 문은 좁고 길이 협착하여 찾는 이가 적음이라
(마7:14)"

나 또한 선교사로 헌신하고 이곳에 와 영혼들을 바른 길로 인도하기 위해 땀을 흘리고 있는 것이다. 그래서 과다한 비용을 들여가면서 tres dias 란 잔치를 배설했다. 예수께서 "그 청한 사람들을 혼인 잔치에 오라 하였더니 오기 싫어 하거늘 하나는 자기 밭으로 하나는 자기 장사를 하러 갔다."는 말씀이 살갑게 와 닿는다. 핑계를 대고 오지 않은 자들이 참으로 불쌍하다.

어쩌면 이런 잔치를 영원히 맛보지 못할 것이기 때문이다. 길을 잘 선택하는 것은 인생은 물론 하루의 시작도 중요하다.

첫째 바른 길을 가도록 권면할 책임을 느껴야 한다.

만약 이슬람 국가에서 태어났다면 '오, 알라' 하면서 하루에 다섯 번씩 사원을 향하여 머리를 조아리며 그가 구원주인 줄 알고 평생을 믿고 살다 죽음을 맞이할 것이다. 죽어 천국에 입성하지 못하는 상황에 처해서야 그가 가짜라는 것을 알고는 비통해 할 모습을 그려보면 아찔하다. 우리 한민족은 토속신앙과 유교를 숭상했으나 백안의 선교사들의 희생으로 말미암아 구원의 방주에 탈 수 있었다. 예수를 믿는 것은 단순한 구원의 문제가 아니었다. 19세기 말 대한제국은 참으로 처참 그 자체였다. 사내라는 자들은 꼴에 양반이라고 갓 하나를 삐딱하게 쓰고는 계집질, 투전, 아편으로 삶을 갉아먹고 있어 비참하기가 비길 곳이 없었다. 그렇게 참혹한 상황에서 예수를 영접하고 불과 한 세기가 바뀌기 전에 대한민국은 모든 나라들이 부러워하는 선망의 대상이 되었다. 마냥 구호만 받던 나라에서 도와주는 나라로 바뀌었다. 이 얼마나 엄청난 축복인가?

"내가 너희에게 명하는 말을 너희는 가감하지 말고 내가 너희에게
명하는 너희 하나님 여호와의 명령을 지키라. (신4:2)"

자신이 먼저 바른 길을 가야 하며 다음으로 주변을 권면해 예수
님 곁으로 인도해야 한다. 한국에서 이곳 남미까지 와서 tres dias
를 하는 것 또한 바른 길을 인도하기 위함이다.

둘째 인식하고 공부해야 한다.

지금 내가 가고 있는 길이 진리의 길인지 인식하고 부족하면 공
부해야 한다. 세상에서도 길을 찾기 위해 대학까지 장장 12년을
공부하지 않는가? 진리의 길을 찾기 위해 시간을 아끼지 말고 노
력해야 한다. 아마도 이 글을 읽는 분들은 예수님께 선택되었기에
행복한 분들이다. 그렇기에 우리에게는 더 소중한 책임이 있다.

"네 자녀에게 부지런히 가르치며 집에 앉았을 때에든지 길에 행할
때에든지 일어날 때에든지 이 말씀을 강론하라. (신6:7)"

예수를 내가 아는 지식으로 끝내서는 곤란하다. 터득한 하나님
의 놀라운 경륜을 자녀와 이웃에게 알려 믿고 따르게 해야 한다.
그래서 모든 지체가 함께 하나님 나라를 맛볼 수 있도록 돕는 것
이 앞선 자의 책무이다. 어젯밤 Patuju 성도들 30여 명과 버스 3대
를 인솔하여 Viru Viru 공항으로 한국 사역자 분들을 환영하러 갔
다. 그러나 칠레를 경유하는 비행기가 인접국가 칠레의 비상사태
선포에 따라 정상으로 운행되지 못하여 도착을 못하였다. 비행기
는 브라질로 향했다가 볼리비아로 오는 표가 준비되었다고 한다.
다시 이틀을 공항에서 계획에 없는 고생을 하게 되었다.

이번 tres dias 가 대단한 축제이기에 사단은 죽기 살기로 방해하고 있다. 비행기 운행을 막는 일 외에도 얼마나 많이 장벽을 만들고 발목을 붙잡는지 모른다. 그러나 우리가 누구인가 예수님의 군사이다. 아무리 훼방을 놓아도 기쁜 마음으로 천국잔치를 배설할 것이다.

이 글을 읽는 모든 믿음의 형제들이 합력하여 기도해 줄 것을 청해 올린다. 한국 사역자 없이 첫날 tres dias를 진행할 두려움을 보이는 내게 예수님은 '넌 할 수 있어 내가 도와줄게' 어깨를 쓰다듬으며 격려를 보내 주신다. 칠레는 지하철 요금으로 비상사태가, 볼리비아는 대통령선거로 데모가 난리를 부린다. 이 글을 적고 있는 이 새벽에도 광기어린 데모대가 총을 쏘아 그 굉음에 깜짝 놀라고 있다. 그러나 오늘 만나게 될 수련생들을 생각하면 가슴이 설렌다. 부푼 소망을 부여잡고 첫날을 멋지게 출발하려 한다.

제자의 발을 씻기며

사상 최악의 상황이라면 조금 과장된 표현 같지만 당하는 심정에서는 내 고난이 가장 큰 것처럼 느껴지기에 실은 호박만 한데도 이웃의 바위보다 더 심하다 생각한다. Bolivia 정국이 어수선한 와중에 tres dias를 은혜 가운데 마쳤다. 데모대가 길을 막고 사태가 점점 더 악화되어 계획 인원의 절반이 참석하지 못해 걱정이 있기도 했지만 그러나 아무리 상황이 나쁘다 하더라도 초대교회의 고난에는 비할 바도 아니다. 우리가 모든 흉악한 사단의 궤계를 풀고 우리만의 조촐한 잔치를 배설하자 직접 예수님이 손님을 맞아 주셨다. 그러자 Patuju 교회 위에는 은혜의 폭풍이 불기 시작해 참가자들은 눈물과 콧물이 고갈되리 만큼 쏟아내고 또 쏟아냈다.

순서를 조금 바꿔 3일차 마지막 순서로 진행한 수련생들의 발을 씻겨주는 세족식에서는 수련생과 섬김을 맡은 한국 선교사들이 부여안고 희열의 눈물을 퍼올리며 짧았던 시간이지만 가득 익은 사랑이 성전을 향기로 장식해 주었다.

"예수께서 겉옷을 벗고 수건을 가져다가 허리에 두르시고 대야에

물을 담아 제자들의 발을 씻기시고 그 두르신 수건으로 씻기기를
시작하여. (요13:5)"

형식이 아닌 진심으로 섬김의 본을 보이는 한국에서 온 나이 많은 사역자들의 헌신에 그동안 내면에 단단하게 담을 치고 곱지 않은 시선으로 바라보던 이곳의 일부 지체들이 마치 홍수에 둑이 터진 것처럼 마음을 열자 쏟아내는 진심이 목사를 울먹이게 했다. 졸업식에 이어 선물 증정이 있었다. 첫 수련은 목사와 사모들이었기에 설교할 때 입도록 한국에서 특별하게 정장을 가져오셨다.

다행히 공항에서 빼앗기지 않아 목사들에게 정장을 선물할 수 있었다. 큰 선물을 받아 든 목사들은 마지막 간증시간에 그들의 애틋한 심정을 솔직하게 고했다. 그럴 때마다 성전은 숙연해지며 감사가 메아리 치고는 했다. 나 또한 한 목사의 발을 씻겼다. 이곳 사람들은 양말을 신지 않는다. 그래 여자들까지도 발에 굳은살이 가득하고 항상 흙이 발바닥에 묻어 있다. 그런 발을 사랑의 마음을 담아 구석구석을 닦아주기 시작하자 목사는 오열을 시작했다. 나 또한 형식이 아닌 진심으로 예수님의 마음이 되어 보기로 단단히 마음먹었다.

첫째 진심인가 가식인가?

30명의 한국 사역자 분들은 이들에게는 엄마 아빠 심지어는 할머니 할아버지뻘이지만 상전을 섬기는 자세로 최선을 다해 섬겨주는 모습에 마치 한국의 DMZ에 쳐 놓은 철조망 같았던 마음의 무장을 해제해 버렸다. 사람들은 거짓을 말할 때는 눈동자가 흔들린다. 아무리 연기를 잘 한다 해도 거짓을 진실로 포장하기는 쉽지 않다.

"이와 같이 너희도 명령받은 것을 다 행한 후에 이르기를 우리는 무익한 종이라 우리의 해야 할 일을 한 것뿐이라. (눅17:10)"

그러나 그 섬김은 Patuju 교회 지체들도 마찬가지였다. 아마도 사상 처음으로 화장실에는 휴지가 비치되고 샤워장에는 샴푸와 비누가 넉넉하게 준비되어 있고 시간별로 쓸고 닦는 봉사자의 얼굴에는 기쁨이 가득해 보였다. 또한 주방에서는 엄마들이 열기와 극한 싸움을 하고 있었다. 새로 지은 주방은 아름답지만 100명의 식사를 매끼 요리하기에는 턱없이 좁다. 그러나 옷이 흥건히 젖도록 더위가 공격해 와도 아랑곳하지 않고 조리에 몰두하는 모습은 보는 이를 감동시키기에 충분했다. 그들이 만든 음식은 참으로 맛이 있어 수련생들은 먹고 또 먹으며 행복해 했다. 식사시간에는 수련생만 참여하는 것이 아니라 교회에서 놀고 있는 어린이들도 한 테이블을 내주고 상전을 섬기듯 음식을 나누고 배부르게 먹게 해 주었다. 섬기는 모습 하나하나에 가식이나 교만은 어디에도 없고 겸손과 사랑만이 그들에게서 뿜어 나왔다. 비록 언어는 통하지 않았지만 사랑이라는 언어가 두 영혼의 교량이 되어 주었다.

둘째 사랑만이 하나가 될 수 있다.

사실 밝히기 어려운 문제이지만 이곳을 섬기러 와 주신 한국의 사역자 분들이 경제적으로 넉넉한 부자들만 계신 것이 아니고 일부는 여유가 없으신 분도 계시다. 그런데 한 달여 직장과 가정을 떠나 이국에서 봉사를 한다는 것이 쉬운 문제가 아니다. 그러나 그들의 얼굴에는 '나는 행복해요' 하고 쓰여 있는 듯했다.

"선한 일을 행하고 선한 사업에 부하고 나눠 주기를 좋아하며 동정
하는 자가 되게 하라. (딤전6:18)"

흔히 하는 말 중에 '수의에는 주머니가 없다.'고 한다. 이 땅에
서 모았던 재물을 주님 곁으로 갈 때는 동전 하나 가져갈 수 없다
는 뜻이다. 일 년을 꼬박 적금을 부어 비용을 마련해 이곳에 오셨
다는 육순의 권사님 간증을 듣고 나는 흐느낄 수밖에 없었다. 나도
넉넉하지는 않지만 그 권사님보다는 형편이 좋은데 그분보다 뭐
하나 헌신한 것이 있나 생각하게 되었다. 오직 예수를 닮은 사랑만
이 우리를 하나가 되게 해 준다. 이 땅에서 증오와 미움, 다툼과 갈
등, 탐욕과 거짓이 사라질 수 있는 것은 예수를 닮는 사랑 뿐이다.
서로 사랑하기 시작하면 모든 담이 무너지고 이웃이 된다. 빨리 이
곳 Bolivia가 안정되기를 기도한다.

어제 졸업식이 끝나고 뒷정리를 하고나자 어둠이 깊어졌다. 교
회에는 청년들이 자면서 지키겠다고 해 대충 치우고 돌아와 우유
니 여행을 출발시켜 드리고 바로 쓰러졌다. 참으로 행복했지만 육
신이 곤고한 날이었다. 지금 사역자 28분은 Bolivia를 상징하는 우
유니(소금) 사막으로 가고 있다. 내일은 여행 소식을 전해 올리려
한다.

H-4.

예수 그리스도 앞에서
무릎 꿇은 폭도들

토요일 우유니 여행을 마치고 돌아오는 사역자 28분을 모시러 Montero에서 공항으로 향했다. 연일 데모가 가열되어 모든 도로를 봉쇄하고 있어 40분 거리를 4시간 작정하고 나섰다. 교회에서 대략 2km를 지나 도시를 막 빠져나가는 목에 2백여 폭도들이 각목과 주먹 크기의 돌을 들고 술과 마약에 취해 비틀거리며 차를 가로막았다. 아무도 지나갈 수 없다고 막무가내 험악한 몸짓을 한다. 상황을 미리 예측하고 버스 운전사에게 Patuju 티를 입혀 나와 같은 복장으로 차에서 내려 그들에게 다가가 '나 목사인데 공항에 한국에서 오는 선교사를 모시러 간다.' 그러자 교회가 어디 있느냐 묻는다.

몽둥이를 고쳐 매며 나의 아래 위를 죽 훑어보더니 악수를 청하며 자기 수하에게 'Pase' 하며 통과를 명했다. 그러자 폭도 20여 명이 자기들을 다음 장소까지 태워 달라고 한다. 그들의 횡포를 보며 불쌍하기도 하고 과거 현역시절 적진으로 작전을 나갈 때의 흥

분이 전해지는 것 같아 묘한 맛을 느끼며 실소가 멈추지 않았다. 우리가 이동하는 도로는 Bolivia의 동맥이다. Santa Cruz에서 수도 La Paz를 연결하는 큰 도로에 차량이 단 한 대도 없이 우리 버스만 질주를 하는 기분이 삼삼하기도 했다. 운전자의 지혜가 돋보여 계획은 4시간을 했는데 한 시간 반 만에 공항에 도착했다.

> "당신이 무슨 권세로 이런 일을 하는지 이 권세를 준 이가 누구인지 우리에게 말하라 (눅20:2)"

물론 정치 지도자가 부정하게 선거를 했는지에 대해서는 잘 모르지만 데모에 참여한 자들은 자신이 무엇을 하는지도 모르고 술과 마약에 취해 그간 억눌린 감정을 불특정 다수에게 쏟아붓고 있는 행동들을 보면서 Bolivia에 짙게 드리운 먹구름을 보는 것 같아 이곳의 선교사로 안타까움을 금할 수가 없다.

첫째 예수님께 모든 것을 맡기면 형통하는데 믿음이 부족해 근심과 걱정을 한다.

새해 들어 tres dias 일정을 잡으며 이 나라의 대통령선거를 예측하지 못했다. 마침 선거 다음날 Boliva에 입국을 하기로 되어 있어 주변 사람들로부터 '행사가 잘 될까요?' 걱정스러운 말씀을 많이 들었다. 지난주 22일부터 24일까지 실시한 첫 회는 인원은 조금 적게 참여했지만 은혜가 넘쳐났다.

그리고 감행한 우유니 여행이 압권이었다. 모두가 불가능하다고 했지만 예수님만 믿고 여행길에 올랐다. 결코 쉽게 아무데나 예수를 끌어다 붙이는 것은 아니다. 그러나 그 악조건 속에서 우리 일행의 일거수일투족은 예수님 손바닥 안에 있었다. 하나의 예로 토요일 공항에서 교회로 돌아오면서 수도 La Paz와 연결하는 도로에는 수십 곳에서 차를 가로막고 위협을 가해 왔다. 지난밤에 타이어를 태워 도로는 흉측한 몰골로 누워 아픈 상처를 보이며 하소연하고 있었다. 타이어의 시체가 널부러져 있는 모습은 전쟁터에서 포화가 떨어져 아수라장이 된 전장과 다를 바가 없었다.

그런데 두 번째 우리 버스가 세움을 받았을 때 데모를 하던 청년 한 명이 우리 차에 동승해 안내를 자청해 수십 곳을 통과할 때마다 내려 길을 열어 비교적 쉽게 교회로 올 수 있었다. 그가 통과 협상을 마치고 바리케이드가 열릴 때마다 버스에서는 박수와 환호가 울려 퍼졌다.

"믿음이 연약한 자를 너희가 받되 그의 의심하는 바를 비판하지 말라 (롬14:1)"

이번 Bolivia 정국의 혼란 속에서 우리를 인도하시는 주님의 손길을 보면서 믿고 행하면 다소의 차이는 있지만 신실하게 주님은 당신의 일을 성취해 주심을 또 체험하는 놀라운 기회를 만났다.

"두려워 말고 믿기만 하라"는 예수님의 말씀이 선명하게 들려온다.

둘째 나의 연약함을 고백하고 주님의 팔을 의지하면
그 다음은 주님이 하신다.

어제 주일은 성전을 가득 매운 어린이와 성도들이 각종 순서를 통해 마음껏 주님께 재롱을 부리는 예배를 드렸다. 한국 사역자 30분도 특별 순서로 율동을 곁들인 찬양을 두 곡이나 불러 Patuju 성도들로부터 우레와 같은 박수를 받았다. 평소보다 두 배 넘게 참여한 성도들에게 한국 사역자 분들이 따스한 점심을 대접해 올리고 어린이 백여 명에게는 작은 선물을 주면서 격려해주었다. 많은 교회들이 주일 예배를 못 드렸다고 하는데 우리 Patuju 교회는 평소보다 더 아름답고 행복한 주일이 되었다.

> "상한 갈대를 꺾지 아니하며 꺼져가는 심지를 끄지 아니하기를 심판하여 이길 때까지 하리니 (마12:20)"

우리는 힘도 능력도 없는 부족한 지체가 모였지만 주님이 함께 하실 때마다 힘 있는 역사를 쓰고 있다. 주일 예배를 마치고는 모두가 파김치가 되어 비몽사몽 힘들어 했다. 그래도 목사로서 저녁을 한 끼 대접하기로 마음먹고 이곳에 있는 중국 식당에서 7시 반에 식사를 하기로 했다. 그런데 버스가 시내로 들어갈 수가 없다. 이유는 데모에 참여하는 가정들이 시내 곳곳을 거미줄처럼 차량과 집기로 막아 놓아 할 수 없이 걸어서 식당을 갔다. 물론 피곤이 가중한 열 분은 호텔에서 쉬고 20명만 걸어서 갔다. 그 중에는 92세가 된 장로님도 씩씩하게 걸어서 식당에 도착했다. 음식이 꼭 우리 입맛에 맞지는 않아도 고향 생각을 하기에는 충분했다.

우리는 정말 최악의 환경 속에서 음식을 나누며 행복한 시간을 가졌다. 그러며 식당을 열어준 것이 감사했다. 오늘 데모 상황은 더 악화되었다고 전해 들었다. 그러나 오늘부터 30일까지 엄마 아빠들을 대상으로 진행하는 tres dias 두 번째 행사를 온전히 주님께 맡기고 11시에 그 아름다운 여정을 출발하려 한다. 이 글을 읽는 모든 동역자님들께 기도를 청해 올린다.

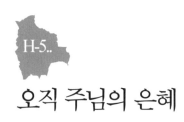

오직 주님의 은혜

어제 이곳에서 두 번째 tres dias 마지막 시간은 회복의 시간이었다. 이혼을 결심한 극한 상황에 처한 부부가 참여했는데 증오와 갈등이 화해와 용서로 바뀌어 수련을 마치는 순간 부부가 예수의 마음으로 서로를 포용하는 놀라운 일이 일어났다. 그러자 Patuju 교회에는 평강이 이슬처럼 소복하게 쌓이고 참았던 눈물의 둑이 터져 버리자 성전은 노아의 대홍수 마냥 물에 잠기고 말았다.

교회 밖의 상황은 매우 나쁘게 진행되고 있다. 온통 길은 막아져 있고 데모를 하는 무리들은 술과 마약에 취해 이성을 잃고 시도 때도 없이 비싼 폭죽을 터트려 깜짝 놀라게 하고 있다. Patuju 모든 가족이 참여해 음식을 만들고 청소를 하고 세례용 수영장에서는 개구쟁이들이 발가벗고 물놀이에 빠져 작은 천국을 보는 것과 같다. 그 모습을 바라보는 목사의 마음에는 '이것이 천국의 모형이 아닐까?' 자문을 해 본다. 그렇게 두 번째 행사의 졸업식을 마치고 Montero 중앙 공원에서 전도를 하려 출발하면서 문제가 발생했다.

우리는 Panchito(소시지를 넣은 빵) 200개와 저금통 60개를 준비해 버스로 Patuju 성도가 먼저 출발하고 2차로 한국 사역자들이 이동하도록 계획을 하고 우리 성도들을 인솔하여 공원으로 가 전도를 시작했는데 버스 운전자가 폭도들이 무섭다고 도망을 가버려 한국 사역자들은 공원에 오지 못했다. 결국 한국 사역자들은 전도에 합류하지 못하고 택시와 오토바이를 이용해 호텔로 이동할 수밖에 없었다. 마찬가지 과거 이스라엘이 애굽을 탈출해 가나안으로 입성하려 할 때 모압 땅에서 졸지에 지휘관을 잃고 부관에서 대장이 된 여호수아는 이백만 백성을 데리고 어떻게 요단강을 건널까? 두려워 떨고 있었다.

> "마음을 강하게 하라 담대히 하라 너는 이 백성으로 내가 그 조상
> 에게 맹세하여 주리라 한 땅을 얻게 하리라. (수1:6)"

　주님은 힘을 북돋아 주시며 용기를 갖도록 격려하고 있다. 우리 인간의 힘은 한없이 나약할 수 있다. 주님과 함께라면 못 할 것이 없다. 그러나 주님은 당장 보이지 않고 폭도들은 눈앞에서 각목과 칼을 들고 위협하니 믿음이 약한 자는 떨 수밖에 없다. 명심해야 할 것은 그런 극한 상황일수록 주님은 당신의 자녀를 위해 함께 해 주신다는 것이다. 바울은 "주께서 네 심령과 함께 계시기를 바라노니 은혜가 너희와 함께 있을지어다. (딤후4:9)"고 권면하고 있다.

첫째 주님만을 신뢰하면 세상 걱정과 두려움은 소멸된다.

　미국의 한 학자가 연구한 결과를 보면 사람은 하루에 5만 번 정도 생각을 바꿔간다고 한다. 그 중 96%는 전혀 일어나지도 않을

망상을 한다는 것이다. 물론 한국에서 오신 선교사 분들은 어제 폭도들이 휘두르는 각목과 벌목도, 그리고 새총에 얹은 돌멩이를 보고 많이 놀랐을 것이다. 사실 이런 상황은 환난이라고 볼 수도 없지만 그래도 바울은 그런 상황에 빠질 때 "우리가 환난 중에도 즐거워하나니 이는 환난은 인내를 인내는 연단을 연단은 소망을 이루는 줄 앎이로다. (롬5:3)"고 마음을 단단하게 먹고 환난 중에도 즐거워하는 여유를 연습해 보라는 것이다.

그렇다. 주님이 계시다는 믿음 하나만 확고하면 만사는 형통하지 않아도 우거지상이 아닌 환한 미소를 머금을 수 있다. 전도를 마친 성도들에게 택시를 타고 가라고 돈을 주었는데 한참 후에 걸어서 교회까지 갔다고 전화가 왔다. 교회로 향하는 길을 끊어 걸어갈 수밖에 없었다고 한다.

그래 즉시 옷을 갈아입고 교회로 향했다. 과연 교회로 가는 길을 막고 폭도들이 피우는 타이어 연기가 하늘 높이 치솟고 있고 백여 명의 주민들이 각목을 들고 지키고 있었다. 그들 앞으로 나서며 '나는 Patuju 교회 목사이다.' 하자 그들이 순순히 길을 열어준다. 그래서 쉽지는 않았지만 교회에 당도했다. 목사가 갑자기 나타나자 교회에 모여 걱정스러운 탄식을 쏟아내던 성도들이 일제히 목사 주변으로 몰려든다. 그래 '두려워 말아라.' 권면하고 기도를 해 주었다. 그러며 30불 정도의 돈을 건네고 맛난 저녁을 해 함께 먹으라고 격려하고 한국 사역자를 위로하러 호텔로 향했다.

둘째 주님은 항상 나를 살피고 계심을 알아야 한다.
한국 사역자 분 중에서 한 목사님이 저녁을 섬겨 주기로 했는데 우리가 대절한 버스도 도망가고 상황은 매우 좋지 않았지만 이미 예약도 했고 배도 고프기에 택시 8대를 불러 식당으로 이동 했다.

식당도 폭도들 때문에 우리만 예약을 받고 저녁을 준비해 주었다. 찬양으로 섬기는 청년들과 섬김이로 합류한 현지 목사 두 명을 포함해 사십여 명은 생선을 굽는 식당에서 맛난 저녁을 먹었다. 큰 식당에 우리뿐이니 마음껏 찬양도 불러가며 긴장도 내려놓고 허기진 배도 채우며 이국에서의 정취를 조금은 맛보는 시간이 되었다. 다시 택시를 불러 호텔로 돌아오며 긴 하루를 마감했다. 나 또한 수련을 하는 동안 교회에서 자며 피곤이 겹쳐 숙소에 오자마자 떨어져 푹 잤다. 새벽에 이 글을 적는 고요한 시간 창밖으로는 쉼 없이 폭죽을 터트리는 소리가 들려온다.

> "너는 두려워 말라 내가 너를 구속하였고 내가 너를 지명하여 불렀
> 나니 너는 내 것이라. (사43:1)"

그렇다 주님은 내가 당신 것이라고 말씀해 주신다.

오늘은 tres dias 세 번째 행사로 청소년을 대상으로 진행될 것이다. 리더인 이옥란 원장님은 한 명이 와도 진행하시겠다는 결연한 의지를 보여주셨다. 비록 도로는 막혀 있고 상황은 매우 어렵지만 우리는 주님의 자녀이다. 힘들어 하는 목사를 향해 주님은 "나 여호와 너의 하나님이 네 오른손을 붙들고 네게 이르기를 두려워 말라 내가 너를 도우리라." 격려해 주신다. 나는 오직 하나 소망이 있다면 주님의 일을 하다 마지막을 맞이하는 것이다. 오늘 진행될 일정에 주님은 또 어떤 깜짝 쇼를 준비하고 계실지 기대가 크다. 많은 분들에게 이 땅 Bolivia를 위해 기도해 주실 것을 청해 올린다.

H-6..

헤어짐은 언제나 슬프다

「오백 년 도읍지를 필마로 돌아보니 산천은 의구한데 인걸은 간데 없구나. 태평 연월이 꿈이런가 하노라」 고려 말 야은 길제의 시조가 마음을 울린다. 한국 사역자 서른 분이 북적거리며 함께 했던 아름다운 시간도 때가 차자 세월이라는 순리는 거스를 수가 없었다. 따라서 역사의 페이지 속으로 자취를 감추고 말았다.

Bolivia 전체가 냉동된 모습인데 우리만 두 주간 잔치를 배설하고 하나님의 사랑을 나누며 행복한 시간을 가졌다. 저간에 펼쳐진 상황들은 우리를 힘들게 하기도 했지만 하나님의 은혜와 전능함을 배우는 축복의 시간이었다. 세 번의 tres dias는 계획된 인원이 참여하지 못했지만 그 악조건을 뚫고 참여한 자들은 주님이 특별히 초청한 자들이다. 참석한 그들을 향해 주님은 "내가 너를 지명하여 불렀나니 너는 내 것이라"고 말씀해 주셨다. 사실 참석도 인간의 눈으로는 어렵고 힘들지만 주님의 손길을 의지하여 17시간을 걸어 참석하는 것도 감사 그 자체이다.

우리를 돕던 버스기사가 수요일 전도를 가려다 폭도들에게 위협을 받고는 줄행랑을 쳐 버려 그날부터 버스가 없어 교회와 호텔을 택시를 이용해 이동을 했다. 마치 군대의 수송 작전을 보는 것처럼 아침 저녁으로 10대의 택시가 줄을 지어 행군하는 모습이 장관을 이루고는 했다. 내심 주일 오후 공항으로 이동할 차편 때문에 생각이 깊었다. 그런데 우리의 이동을 위해 주님은 천사를 미리 준비해 두셨다. 'Jaime' 라는 청년은 데모 그룹의 일원인데 지난 우유니 여행에서 돌아올 때 공항에서 교회까지 솔선 인솔해 주었다.

이번에도 그가 택시 한 대와 버스 두 대를 동원해 우리 일행을 공항까지 모셔다 주었다. 공항을 가는 도로는 12군데나 폭도들이 바리케이드를 치고 복면을 하고 각목과 돌을 들고 험악한 모습으로 위협을 했으나 그 청년의 인도로 무사히 공항에 도착할 수 있었다.

> "무릎을 꿇고 저희 모든 사람과 함께 기도하니 다 크게 울며 바울의 목을 안고 입을 맞추고 다시 그 얼굴을 보지 못하리라 한 말을 인하여 더욱 근심하고 배에까지 그를 전송하니라. (행20:36-38)"

바울이 에베소 장로들과는 배에서 이별을 했지만 우리는 비행기에서 이별을 했다. 이옥란 원장님 일행이 비행기에 오르는 모습도 보지 못하고 눈물을 참으며 다시 교회로 와야만 했다. 버스를 타고 공항을 막 빠져나오자 주님이 내 마음을 아셨는지 앞을 분간할 수 없는 소낙비로 내 눈물을 대신해 주셨다. 헤어짐은 언제나 슬프다.

첫째 이별은 삶의 한 부분이다.
인생은 만남과 헤어짐을 반복하는 연습의 장이다. 첫 번째는 엄마와의 만남이다. 내가 의도하지 않았지만 하나님이 예비하신 육신의 부모와의 첫 대면이다. 주님을 대신한 부모는 가정이라는 사랑의 공동체를 통해 인생이라는 열차에 동승해 삶의 여행을 함께하는 것이다. 그러나 그 부모와도 어김없이 이별을 해야 하는 것이 하나님의 섭리이다. 그러나 매일 매시간 작고 큰 이별을 수도 없이 하는 것이 우리의 삶이다. 만남과 헤어짐은 삶의 한 부분이다.

> "그런즉 우리는 거하든지 떠나든지 주를 기쁘시게 하는 자가 되기
> 를 힘쓰노라. (고후5:9)"

만남과 헤어짐에도 법도와 하나님의 뜻이 숨겨져 있다. 함께할 때도 헤어질 때도 우리 믿는 주님의 자녀는 하나님이 기뻐하도록 행동해야 한다. 자기 마음에 들지 않는다고 부모를 박절하게 대하고 떠났던 자녀가 부모가 이 땅을 떠났다는 소식을 듣고 오열하는 경우를 많이 본다. 언제나 이별은 다시 만날 기약이 없는 것과 같이 깔끔하게 해야 한다. "하늘에 있는 영원한 집이 우리에게 있는 줄 알고" 헤어질 때는 그곳 주님의 집에서 만날 약속을 해야 한다.

이별이 슬퍼도 행복한 것은 주님을 잘 믿고 따르면 저 천국에서 다시 만날 수 있기 때문이다.

둘째 있을 때 최선을 다해 섬기고 베푸는 것이 주님의 뜻이다.

공항에 모셔다 드리고 교회에 도착하니 이미 어둠이 짙게 깔리고 북적대던 교회 마당에는 동네 개 한 마리가 한가롭게 누워 목사를 맞이하고 있다. 순간 울컥 눈물이 쏟아지며 그리움이 엄습해 왔다. 그러며 함께 할 때 더 잘 섬겨 드리지 못한 아쉬움이 진하게 마음을 아리게 했다.

"잘 하였도다 착하고 충성된 종아 네가 작은 일에 충성하였으매 내
가 많은 것을 네게 맡기리니. (마25:21)"

소소한 부분까지 배려하고 섬겨야 하는데 그리 해 드리지 못한
것 같아 송구한 마음이 무겁게 했다. 더 많이 침도 놓아 드리고 뜸
도 떠 드리지 못한 아쉬움이 진하게 남는다. 그러나 최선을 다하여
섬기려 한 Patuju 성도들이 보여준 사랑은 간직하시리라 믿기에
위안을 삼고 무사히 페루에 도착하기를 기도한다.

밤새 카톡을 시도했지만 연결되지 않아 통화를 못한 채로 잠이
들었다. 새벽 5시에 일어나 보니 무사히 비행기에 오르신다는 소
식을 듣고 안도했다. 또 교회 장로님 부부가 김밥을 싸가지고 공항
을 찾아 위로 했다는 글을 전해 듣고 마음이 기뻤다. 한국 사역자
스물아홉 분이 페루에 무사히 도착하시어 하나님의 은혜를 듬뿍
선물해 주실 것을 기대하며 기도로 페루의 집회를 응원한다. 이별
은 언제나 슬프지만 저 천국이 있기에 위로를 받고 또 만날 날을
기약해 본다.

또 일상으로 돌아가서

지난 1년을 준비한 tres dias 행사가 종료되고 마무리를 하고 있다. 아직도 교회 마당에 들어서면 살가운 인사말로 '목사님' 소리가 들리며 반가운 얼굴이 맞아줄 것만 같은데 아무도 없다. 운동장 옆에 불안한 모습으로 앉아 있는 대형 천막은 자신이 미아가 된 것은 아랑곳없이 목사가 걱정되는지 애잔한 모습으로 바라본다. 아마도 얼굴에 슬픔이 묻어 있는 것을 그들이 본 모양이다. 애써 태연한 척하지만 함께 했던 그 시간이 너무나 그립고 애틋하게 마음을 시리게 한다. 마치 유행가 '너무 아픈 사랑은 사랑이 아니었음을' 듣는 마음이다. 그러나 지나온 과거는 아름다운 추억의 서고에 보관하고 오늘 새 길을 나서야 하는 것이 살아 있는 자의 몫이다. 그러나 일상으로 돌아가는 것이 마음처럼 쉽지는 않다.

"너는 말씀을 전파하라 때를 얻든지 못 얻든지 항상 힘쓰라 범사에
오래 참음과 가르침으로 경책하며 경계하며 권하라 (딤후4:2)"

어제는 이웃 도시로 전도를 나가는 날이지만 Bolivia 사태가 심각해 오고 가지도 못하므로 교회 사무실에서 조용하게 하루를 보냈다. 교회 운동장에는 동네 조무래기들이 옹기종기 모여 소꿉놀이에 여념이 없다. 저녁에는 화요 예배로 모였는데 2주를 건너뛰어서인지 어색했다. 목표를 이룬 자가 더 나아갈 방향을 분실해 허탈감이 찾아오는 것처럼 Patuju 교회 또한 주저앉아 '왕년타령'을 하지 않기 위해 11월 17일 찾아오는 교회 생일을 위해 계획을 짜고 꿈의 풍선에 바람을 채웠다. 특히 이번 생일에는 인근 주민 100여 명을 초청해 음식을 대접하고 생필품을 선물하고 그룹별로 장기자랑을 하도록 엄마그룹과 머리를 맞대고 묘안을 짰다.

첫째 나에게 주어진 소명을 다시 새겨야 한다.

젊어서 국가를 위하여 목숨을 바쳐 헌신한 시간은 나의 청년기를 모두 바친 소중한 시간이었다. 20여 회가 넘는 이사를 하며 대한민국 방방곡곡을 다녔지만 회한이나 후회는 없다. 그렇게 은퇴를 하고 나서야 주님은 나를 따로 부르셨다.

손녀를 돌보며 골프나 즐겨야 할 나이에 주님은 '너 내 일을 좀 해야겠다'고 청을 하신다. 주님은 고국을 떠나 아무 연고가 없는 타국에서 공부를 시키려고 단단히 준비를 해 놓으셨다. 돈 한 푼 없이 달랑 비행기표 하나만 가지고 고국을 떠나는 심정은 무척이나 무거웠지만 주님을 믿어 보기로 했다. 그렇게 6년을 주님은 오직 공부에만 집중하게 해 주셨다. 그 결과 54명이 졸업하는 M. div 과정에서 젊은이들과 겨뤄 당당히 수석 졸업을 하는 영예를 얻었다. 내 힘이 아닌 주님의 권능임은 두 말할 필요가 없다.

"이 복음을 위하여 그의 능력이 역사하시는 대로 내게 주신 하나님의 은혜의 선물을 따라 내가 일군이 되었노라. (엡3:7)"

예수님 회사에 늦은 취업이지만 젊은 동료에게 뒤지지 않기 위해 발로 뛰며 땀을 쏟고 있는 초로의 전도자가 주님 보시기에도 안쓰러울 때가 많았으리라 생각된다. 그래도 영일이 없이 복음을 팔러 다닌 시간들이 내게는 그 어느 때보다도 행복하고 소중하다. 올해 목표는 3회의 tres dias를 주도 면밀하게 준비해 마치는 것이었다. 연초부터 하나씩 체크를 해 가며 준비에 소홀함이 없이 추진을 했다. 가장 역점을 둔 것이 Kendidate (후보자) 모집이었다.

그런데 주님이 누구이신가? 지혜를 주시어 올해부터 미자립교회를 돕는 사역을 추가하게 하셨다. 10월까지 20개 교회를 돕고 있다. 그 교회 지체들을 모으자 300명이 넘어 한 기에 100명으로 추리는데 애를 먹을 정도로 행복한 고민을 하기도 했다. 그런데 결과는 Bolivia 정국으로 인해 주님이 참석자를 추려 한 기에 30명 정도가 참여해 은혜가 넘치는 행사가 되었다. 이제 하나의 고개를 넘었다. 자만하거나 곤비해하지 않고 또 언덕을 넘으려 준비를 하고 있다.

둘째 다시 전도의 길을 나선다.

우리말 중에 '초심을 잃지 마라'는 좋은 말이 있다. 처음 각오는 대단한데 조금 지나면 언제 그랬냐는 식으로 첫 결단이 용두사미가 되는 경우가 많이 있다. 나도 그 범주에서 자유롭지 못하다. 처음에는 매일 30리 길을 걸으며 산골 동네를 찾아 발품을 팔았다. 그런데 발바닥 '근저막염'으로 걷지를 못하는 사태를 만난 이후에는 조금씩 그 횟수가 줄어들기 시작했다. 처음에는 한 달에 저금통

천 개씩을 나눠주었는데 요즈음은 그렇지 못하다. 물론 교회가 바쁜 것도 사실이지만 나도 초심을 많이 분실했기 때문이다. 그래 다시 결단을 하고 초심으로 돌아가려 한다. 예수님은 하늘로 올라가시기 전에 제자들을 향해 "땅 끝까지 이르러 내 증인이 되라 (행 1:8)" 하셨다. 이는 단순한 권면이나 부탁이 아니다. 주님의 명령이다. 주님의 명령을 이행하는 본분을 다 하려 한다.

이옥란 원장님이 떠나시기 전날 손을 꼭 잡으시며 봉투를 하나 건네 주셨다. '목사님을 위해 필요한 곳에 쓰세요.' 진심으로 받지 않으려 했다. 원장님의 주머니 사정을 익히 잘 알고 있었기 때문이다. 그런데 막무가내 주셔서 받지 않을 수가 없었다. 그 돈으로 오늘 주방에 대형 냉장고를 한 대 들여놓고 성전에는 대형 에어콘 두 대를 설치하려 한다. 원장님은 전 세계를 아우르며 부족한 재정 속에서도 살갑게 사랑을 나눠 주시는 그 따스함이 오지에서의 피곤을 녹이게 해 주신다. 그리고 생명수를 담아 사랑의 봉투를 건네 주신 분께 이 글을 통해 감사를 전해 올린다. 그 사랑 또한 바보 목사의 가슴을 녹여주고 눈물을 뿌리게 했다. 잊지 않고 많은 날 간직될 것이다.

I.

절기를 지키는 사람들

I-1.

절기를 지키는 사람들

　'행복해서 웃는 것이 아니라 웃으므로 행복해진다.'는 말이 있다. 새해를 맞이하며 생명이 유한 자들은 다 꿈을 꾸었으리라. 나 또한 함선을 갈아타는 시점에서 장애물을 만나 잠시 마음이 어수선했다. 내가 마음을 쓰고 침울해 한다고 상황은 바뀌지 않는 것을 알면서도 나도 어쩔 수 없는 필부이기에 힘들어 했다. 그러나 마음을 바꿔 먹고 웃기로 하자 상황은 그대로인데 몸과 마음은 다시 회복되어 2020 함선으로 옮겨 탈 수 있었다. 그리고 작지만 아담한 꿈을 만들기 시작했다.

　첫날 어제는 장로님 댁에 초청을 받아 아침을 대접받았다. 장로님 딸 내외와 손주들의 세배를 받고 권사님이 정성스럽게 준비한 떡국을 먹으며 이국에서 고향을 그리는 소중한 시간이 되었다. 물론 고국에서 만큼 명절을 살갑게 챙기지는 못해도 이국 먼 남의 땅에서 새해를 맞이해 떡국을 끓이고 전을 부쳐 가족이 모여 조국과 부모를 떠올리며 잠시나마 향수를 나누는 것은 참 아름다운 모습이다. 그렇게 자녀들에게 본을 보이면 그 자녀들 마음에는 한 민족이라는 웅지가 살아 있게 된다.

"아빕월을 지켜 네 하나님 여호와의 유월절 예식을 행하라 이는 아빕월에 네 하나님 여호와께서 밤에 너를 애굽에서 인도하여 내셨음이라. (신16:1)"

하나님은 이스라엘을 구원하신 유월절을 지키라고 명령했다. 왜 주님은 그들에게 절기를 지키라고 했을까? 사람들은 자기 생일을 가장 중요시한다. 우리 Patuju 교회도 매월 마지막 주일에 그 달에 생일을 맞이하는 자를 모아 예배 중에 축하를 해 준다. 왕관을 씌워주고 목사가 준비한 선물을 나눠주며 생일 축하 노래를 불러주고 사진을 함께 찍는다. 어떤 아이는 생일 축하를 받기 위해 자기 생일 달에만 교회에 나오기도 한다. 마찬가지 자기 생일을 기억하고 축하 받기 원하는 것은 자기 존재의 정체성을 가지는 것이기에 매우 좋은 일이다.

유월절 또한 주님의 의도는 자신들의 선조를 애굽 종살이에서 구해 준 것도 기억해야 하지만 그 날을 통해 민족이 또는 한 가정이 하나님과 선조들을 기억하며 초심을 잃지 않도록 하라는 명령이었다. 또 "일 년에 삼차 곧 무교절 칠칠절 초막절에는 여호와께 나아오라"고 명령을 했다. 그 명령의 결과는 참으로 대단했다. 주전 586년 남 유다가 멸망하고 무려 2500년이나 되는 시간을 억압과 핍박을 받았고 종국에는 600만이나 가스실에서 죽임을 당하는 초유의 사건을 당하면서도 살아남아 1948년 시온에 나라를 세워 오늘 전 세계를 호령하고 있다. 그들이 절기를 생명처럼 지킨 정신이 그들을 지탱케 해 주었다.

첫째 고유 전통을 발굴하고 보존하는 것은 후손이 해야 할 일이다.
거리를 좁혀 생각해 보면 한 가정에서 부모의 유훈을 자식들이 잘 지켜가는 것 또한 효도이다. 여호와는 모세에게 이스라엘을 인도하게 하면서 처음으로 법도를 가르치기 위해 열 가지 지켜야 할 사항을 주면서 나를 사랑하고 내 계명을 지키는 자에게는 천대까지 은혜를 베풀겠다고 하셨다.

> "네 부모를 공경하라 그리하면 너의 하나님 나 여호와가 네게 준
> 땅에서 네 생명이 길리라 (출20:12)"고 명령하셨다.

우리 민족 또한 부모의 기일을 철저히 지키고 섬겨왔다. 절기나 특정 기념일을 지키는 것은 가족과 국민이 단합할 수 있는 기회이며 그 날을 통해 자신의 정체성과 자긍심을 고양할 수 있는 것이다. 그래서 우리도 광복절이나 국군의 날을 홍보하고 지키게 하는 것은 고난의 때에 선조들이 흘린 피를 잊지 말고 기억하므로 나라를 잘 지켜 나갈 수 있도록 하기 위함이다. 이곳 Bolivia는 아직 자신들의 역사를 발굴해 잘 기록하지 못하고 있다. 그 이유는 12세기부터 잉카가 지배를 했고 16세기부터는 스페인이 지배를 하는 등 거의 10세기 가까이 이민족 지배를 받았기에 자신들의 고유의 전통을 발굴 보존하는 것이 아직 부족하다.

둘째 후손을 올바로 훈도하는 것만이 길이다.

이곳 Bolivia는 역사적 사료나 논문 등이 아직 일천해 정확하게 말하기는 곤란하지만 복음을 전하며 만나는 인디오를 보면 무언가 우리 한민족과 비슷한 면이 있어 연민을 느낄 때가 많이 있다. 우선 쉽게 동질감을 느끼게 하는 두 가지가 있다. 먼저 이들도 유아의 엉덩이에 몽고반점이 있다. 또 하나는 이들 인디오 터에서 화덕이 발견된 점이다. 동양 3국 중에서 화덕을 쓰는 나라는 우리 대한

민국뿐이다. 그런데 이곳 사람들은 지금은 사용하지 않지만 이들 조상들은 화덕을 쓴 바 있다.

> "옛날을 기억하라 역대의 연대를 생각하라 네 아비에게 물으라. 그가 네게 설명할 것이요 네 어른들에게 물으라 그들이 네게 이르리로다. (신32:7)"

지금 대한민국은 오천년 역사 이래 가장 훌륭한 나라를 만들었다. 그 뿌리는 바로 우리 선조들의 피와 눈물로 이루어진 것이다. 그러나 작금 나라가 뿌리까지 흔들리고 있다. 우리가 후손을 바로 훈도하지 못하면 대한민국은 또 강대국의 먹잇감이 될 것이다. 2020년 새해를 맞이하며 정신을 가다듬고 바른 길을 걷도록 인도해야 한다. 그 길은 바로 주와 함께 하는 것이다. 후손들이 주 안에서 삶을 이끌어 가도록 길을 알려주고 훈도해야 한다.

이곳 Bolivia는 새해 전날 밤을 가족들이 모여 밤을 새며 놀기에 새해 첫날에는 모두 잠들어 있다. 그래 모든 상가는 철시했고 시내는 한산하기까지 하다. 우리는 새해 첫날 부모에게 세배를 하며 조상을 기리고 은덕을 추억하는 아름다운 전통을 가지고 있다. 이 또한 점차 사라지고 있음이 오늘 부모가 된 우리의 책임이다. 또 가족이 모이면 너나 할 것이 없이 핸드폰만 쳐다보느라 정작 살가운 대화는 점차 사라지고 있다. 부모세대가 바로잡아 주어야할 과제이다. 올해는 지구촌이 조용하게 새해를 맞이해 기쁘다. 2020년은 모두가 주 안에서 복된 삶을 이어가기를 소망하며 축복한다.

I-2.

아버지란 존재

    Bolivia는 어제가 아버지의 날이었다. 이곳도 어린이날 어머니날 아버지날이 따로따로 있는데 아버지날이 가장 관심이 적은 날이다. 어제 Patuju 교회는 청소년들이 중심이 되어 아버지를 위해 음식을 요리하고 예배 순서를 짜고 특별공연을 준비해 화려하지는 않지만 풍성하게 아버지의 은혜를 기리는 예배를 드렸다. 여호와께서는 이스라엘 백성을 애굽에서 인도해 낸 후 광야에서 첫 계명을 주면서 "네 부모를 공경하라 그리하면 너의 하나님 여호와가 네게 준 땅에서 네 생명이 길리라. (출20:12)"명령하신 바 있다.

    그런데 이곳 Bolivia는 우리 대한민국과 좀 다른 정서를 가지고 있다. 자식들이 노부모를 공경하고 돌보지 않는 것이다. 그것이 전통화 되어 있기에 부모를 보살피지 않아도 흠이 아니다. 또 부모들도 기대를 크게 하지 않는다. 그렇다고 모든 자녀가 그런 것은 아니다. 지극정성으로 부모를 섬기는 가정도 많이 있으나 보편적 전통으로 굳어진 것이 부모를 책임지고 섬기는 한국과는 문화가 조금 다르다.

또 하나는 남편들의 횡포가 구한말 한국과 유사하다. 일단 남자들에 대해서는 좋은 말로 칭찬하기가 어렵다. 특히 Patuju 교회가 있는 '1월 25일(25 de Enero) 마을은 그 중에서도 최악이다. 거의 대부분의 남편들이 폭군으로 군림하며 몇 푼 벌지도 못하면서 그 돈으로 술을 먹고 아내와 자녀를 학대하고 폭행도 서슴지 않는다. 물론 주일 교회에 출석하는 아버지는 10명도 채 안 된다. 교회에 나오는 그들도 예외는 아니다. 그러며 아내들이 교회에서 하루 종일 산다면서 교회를 못 나가게 핍박을 일삼는다. 좀 심하게 말하면 참으로 못난이들이 키재기 하는 격이다.

나 또한 아버지이고 남편인데 이들을 보면서 나의 삶을 돌아보게 해 준다. 나도 아내에게는 늘 미안한 생각만이 앞선다. 나는 시골에서 태어났고 아내는 서울 사람인데 어떻게 인연이 되어 내게 시집을 와 한평생을 섬겨 주었다. 벌써 40년이 넘는 세월을 함께하며 잘 해준 것보다는 늘 고생만 시킨 것이 맘이 아프다. 그런데 노후에 와서도 가정을 맡겨 두고 선교지에서 발품을 팔고 있어 아내의 마음을 졸이게 하고만 있다. 이곳에서 건강하게 선교에 매달릴 수 있는 것이 아내 기도의 힘이라는 것을 나는 잘 안다. 또 두 자녀에게는 자랑스러운 아빠가 되기 위해 노력했으나 그렇게 되어주지를 못했다. 그러나 부녀 부자간의 정만큼은 그 어떤 부녀보다도 두둑하다. 두 자녀에게 미안한 것은 그들도 벌써 불혹에 들었지만 늘 옆에 있어주지 못한 것이 마음에 걸린다.

자녀들이 어려서는 군인으로 전국으로 이사를 다니느라 떨어져 있었고 중간에는 두 자녀가 유학을 가는 바람에 수년을 멀리 바라보아야 했다. 노년에는 꼭 붙어있자고 약속을 했는데 선교지에 와 있으니 미안한 마음이 가득할 뿐이다. 그러나 내가 아파하는 것과 달리 아내와 두 자녀는 아버지를 자랑스러워하며 늦게 시작한 주님의 일을 잘하라고 격려해 주며 응원을 보내주기에 힘을 얻는다. 특히 딸은 자신의 살림을 절약하고 절약해 아빠 선교를 도맡아 후원하고 있다. 언젠가 딸아이가 마트에 가서 채소를 들었다 놓았다 했다는 소리를 듣고 나는 눈물을 쏟고 말았다. 그 피와 같은 돈으로 아빠를 후원하는 그 마음을 예수님은 잘 알고 계실 것이다. 내게 앞으로 얼마나 시간을 허락하실지 모르지만 선교를 마치고 돌아가는 날 아버지로서 책무를 다하려 마음을 다져 본다.

첫째 아버지는 버팀목이 되어주어야 한다.

동네 한 구석에 서 있는 고목은 잎도 떨어지고 허리도 구부정해 볼품이 없다. 그러나 그 그늘 아래에는 모두가 찾아 들어 쉼을 얻고 애환을 토로하고는 한다. 아빠도 그와 같은 존재가 되어야 한다. 물론 출세도 하고 돈도 많이 벌어 자녀들을 호강시키면 좋겠지만 그에 앞서 자녀들이 마음이 비워질 때 찾아 마음을 나눌 수 있는 고목나무와 같은 그런 아빠가 되어야 한다. 매일 다정한 대화를 나누지 않아도 자녀가 슬프거나 외로울 때 찾아가면 언제나 그 자리에 있어주는 아버지가 필요하다. 그러나 이곳 아버지들은 아내와 자녀가 도망가고 싶도록 만들고 있다. 물론 돈을 벌어 아내를 주는 남편은 열에 하나도 없다. 자기가 벌었다고 경제권도 남편이 쥐고는 마치 거지에게 적선하는 식으로 푼돈을 쥐어주고는 생색을 낸다. 나는 내 자녀들에게 그늘을 드리우고 버팀목이 되는지 곰곰 묵상해 보는 것도 좋을 것이다.

둘째 나를 내어 주어야 한다.

가시고기라는 이야기가 있다. 그 물고기는 새끼들이 알에서 깨어나면 먹이를 찾기가 힘들기에 자신의 육신을 내주어 먹게 한다.

특히 5-60년대 한국의 부모들은 가시고기와 같은 모습으로 자녀를 양육했다. 자신은 입고 싶은 것 참고 먹고 싶은 것 먹지 않고 아껴 자녀를 위해 오직 희생으로 한 생을 마감하고는 했다. 그 피와 눈물이 오늘의 대한민국을 만들었다. 가정을 위해 열사의 땅 중동에서 죽기 살기로 돈을 모았기에 가난을 떨칠 수 있었다. 나는 그런 아버지에 비하면 초라하기가 이를 곳이 없다. 내 혈육에게 주지 못한 내 육신의 고기를 나누기 위해 선교지에 와 하나님의 사랑을 보태고 있다.

> "나의 달려갈 길과 주 예수께 받은 사명 곧 하나님의 은혜의 복음을 증언하는 일을 마치려 함에는 나의 생명조차 조금도 귀한 것으로 여기지 아니하노라." (행20:24)

아버지가 억만금을 물려주는 것보다도 아버지가 자신의 위치에서 자신의 책무를 다할 때 자녀들은 더 감사하고 자랑스러운 것이다. 나는 늦었지만 예수님 일꾼으로 출발한 것을 두고 자녀들은 자랑스러워하고 있다. 나 또한 영광스러웠던 대한민국 군인보다도 지금 Bolivia 산골에서 예수를 증거하는 것이 더 영광이다. 아버지는 사라질지라도 아버지가 뿜어냈던 향기는 자녀들에게 영원히 남아 있어야 한다.

조선 선교와
아베마리아 찬양 작곡의 사연

우리 개신교는 대한민국의 복음 전래를 1885년 언더우드와 아펜젤러가 입국한 날로 계상하고 있다. 그러나 그보다 46년 전인 1839년 조선 복음을 위해 순교한 분들이 있다. 그 중 한 분이 사실상 가톨릭 조선 초대 주교인 범세형(앙베르 주교)이다. 그는 중국에서 선교활동을 하다 죽음의 골짜기라고 이름난 조선의 2대 주교로 임명되어 1837년 5월 14일 잠입해 선교활동을 하던 중 기해박해로 1839년 9월 서울의 새남터에서 참수형으로 순교했다.

그들의 피가 후일 개신교 선교사의 복음을 나르는 거름이 되었고 보혜사가 되어 단시간 내에 대한민국은 세계 기독교 역사에서 찾아볼 수 없는 부흥을 이뤄냈고 그 열매가 오늘 3국 오지에서 복음을 전하고 있는 것이다. 특히 개신교 영적지도자나 성도들은 가톨릭이 뿌린 피를 소홀하게 취급하거나 이단이라고 터부시하는 우를 범해서는 아니 된다.

교회의 시초가 바로 예수께서 "너는 베드로라 내가 이 반석 위에 내 교회를 세우리니 음부의 권세가 이기지 못하리라"고 한 그 베드로가 바로 우리가 비하하는 교회(가톨릭)의 시초이다. 신학교 시절 총장이셨던 김인수 박사님은 우리 개신교 신학생들에게 이렇게 훈도해 주셨다.

'혹시 사제와 함께 서는 기회가 있으면 상석을 그들에게 양보하는 아름다운 배려가 필요하다.'

그 옛날 범세형 주교와 동문수학한 구노라는 천재 음악 재능을 가진 학생이 있었다. 그 구노는 늘 범세형 학생에게 자기의 재능이 딸리는 것을 알고 더 열심히 음악에 매달렸다. 그런데 대학에 진학할 때 범세형이 당연히 음대를 갈 줄 알았는데 사제의 길을 택해 경쟁자가 없어져 좋기도 했지만 그때부터 범세형 주교를 응원하기 시작했다. 세월이 흘러 범세형 주교가 순교한 광고를 본 날 구노는 실신을 하고 말았다. 그가 깨어나 작곡한 곡이 바로 그 유명한 「아베 마리아」이다. 아베 마리아는 조선 선교와 순교를 영감으로 작곡한 찬양이다.

"우리로 저의 은혜를 힘입어 의롭다 하심을 얻어 영생의 소망을 따라 후사가 되게 하려 하심이라. (딛3:7)"

나는 선교사로 고작 5년을 채워가지만 3국 오지에서 복음을 나르며 깨우치는 것 중의 하나가 과연 나를 주님을 위해 산제사로 드릴 수 있는가? 에 대한 끊임없는 질문이다. 이천 년 기독교 역사에 있어 수많은 선배 영적지도자 분들이 주님을 위해 자신의 생명을 기꺼이 드렸기에 오늘 그리스도를 전하고 예수를 찬양할 수 있는 것이다. 그러함에도 코로나 바이러스로 인해 무력하고 무료한 상황 때문에 '죽겠다'를 연발하고 있는 나 자신이 가지고 있는 선교사라는 이름 자체가 부끄럽게 다가온다.

이백 년 전 동방의 미개한 나라에서 순교를 택한 범세형 주교의 주님을 향한 사랑이 오늘 3국 오지에서 복음을 전하는 나에게 큰 깨우침을 주고 있다. 요즈음은 생명을 담보로 하는 곳은 무슬림 지역 외에는 그렇게 험한 꼴을 당하지는 않는데도 힘겨워하고 감사보다는 불평을 내뱉었던 나의 모습이 초라하게 투영되어 온다. 구노라는 천재 작곡가가 조선에서 순교한 친구를 위해 쓴 곡이 위대한 음악으로 탄생했듯이 선교 현장과 기도로 응원하는 대한민국이 복음을 위해 함께 달음박질을 해야 할 것이다.

첫째 복음을 위해 최선을 다하자.

사실 3월부터 통행이 통제되고 사람과 사람의 대면이 금지되면서 복음을 전하는 것이 불가능해졌기에 매일 전도를 나가던 우리 Patuju 형제들은 두 형태의 반응을 보였다. 힘든 전도를 하지 않아 은근히 좋아하는 부류와 진심으로 전도를 못해 애석해 하는 성도가 있었는데 통제가 연장되고 또 연장되자 전도를 쉬는 것을 은근히 좋아하던 친구들도 이제 전도를 갔으면 좋겠다고 목사에게 청을 넣는다.

이곳 Bolivia 산골 오지에서 복음에 목을 매는 이유는 이들과 함께 예수를 증거해 한 영혼을 구원하는 것도 있지만 청소년들에게 복음이 습관화되도록 기회만 나면 예수를 증거하도록 미래를 대비해 훈련을 시키는 것에 더 무게를 두고 있다. 우리는 자라나는 새싹들에게 후사를 잘 따라 할 수 있도록 가르치는 것에 책임감을 가져야 한다. 씨앗을 뿌리고 거름을 주는 것에 더 열중해야 하는데 당대에 열매를 따려는 조급함 때문에 복음도 그 힘이 미약해질 수도 있다.

"내가 선한 싸움을 싸우고 나의 달려갈 길을 마치고 믿음을 지켰으
니 이제 후로는 나를 위하여 의의 면류관이 예비되었으므로 주 곧
의로우신 재판장이 그 날에 내게 주실 것이며. (딤후4:7-8)"

　나를 포함해 세계 각지에 나가 있는 선교사 분들이 연로해 가는
것을 숨길 수는 없다. 나는 얼마나 더 가가호호 방문 전도를 할지
잘 모르나 그렇게 많은 날이 보장되지는 못할 것이기에 훈련에 훈
련을 하고 있다. 그러나 꼭 오지가 아니더라도 어느 곳에서든지 힘
이 되는 날까지 선한 싸움을 싸우고 복음을 위해 달릴 것이다.

둘째 복음을 위한 기도의 힘을 모을 때이다.
　작금 사단의 세력은 다양한 방법으로 공세의 끈을 더욱 세게 당
기고 있다. 고국에서도 '포괄금지법'이 논란을 가중시키고 있는데
그뿐만 아니라 기독교를 눈엣가시처럼 여기는 좌편향 세력들의 음
모는 가히 통탄할 일이다. 그들이 십대부터 공산주의 이론을 공부
하면서 무조건 없애야 할 존재를 예수쟁이로 배웠다.
　김일성은 평양의 아름다운 교회를 깨끗하게 청소하고 죽었기에
그가 살고 있는 곳은 지옥 중에서 가장 힘겹다는 1번지에 갇혀 고
문으로 하루를 시작하고 고문으로 일과를 마치고 있다. 지금은 사
단의 세력과 맞서는 힘의 비축도 중요하지만 그에 앞서 우리 모두
가 기도로 연합해야 한다.

"이르시되 기도 외에는 다른 것으로 이런 유가 나갈 수가 없느니라.
(막9:29)"

　개인이 골방에서 하는 기도도 중요하지만 그 보다는 성전에 모

여 회중이 함께 기도의 칼을 갈아야 할 때이다. 기도만이 악행을 저지르는 무리들을 소탕할 수 있는 길을 제시해 준다.

나는 서울 새남터에서 순교한 범세형(앙베르 주교)가 참으로 부러웠다. 순교를 할 수 있는 믿음도 부러웠지만 그 보다는 그의 사역을 위해 평생 기도로 응원해 준 천재 작곡가 구노라는 친구가 있었다는 것이 너무나 부럽다. 물론 늦깎이 지각생 바보 선교사를 위해 기도해 주시는 분이 많이 계시기에 감사하다. 그러나 나와 함께 동문수학하고 자란 붕우(뜻을 같이하는 벗)가 없음이 부끄럽고 조금은 서운한 면이 있다.

그러나 바울의 "내 상이 무엇이냐 내가 복음을 전할 때에 값없이 전하고 복음으로 인하여 내게 있는 권을 다 쓰지 않는 것이다."(고전9:18)는 고백이 내 것이 되었기에 복음을 전할 수 있는 것만으로도 감사하고 또 감사하다.

I-4.

자녀 사랑

오늘은 하나뿐인 손녀의 일곱 번째 생일이다. 과거 가난한 시절 우리는 육 남매였다. 뭐 우리 형제만 그렇게 많은 것이 아니고 동네 대부분의 가정이 4-6명 많게는 8명까지 형제가 있었다.

그런데 60년대 이후 국가정책으로 산아제한을 실시해 '둘만 낳아 잘 기르자' 구호를 내걸고 범국가적으로 추진했다. 남자는 정관수술을 장려해 예비군 훈련장에서 수술을 받으면 훈련도 면제해 주고는 했다. 그렇게 인구 폭발을 억제한 것까지는 좋았는데 그 이후 세대들이 출산을 하지 않아 대한민국은 세계에서 가장 저출산 국가로 바뀌었다.

그 후폭풍은 우리 가문에도 예외 없이 불어닥쳤다. 벌써 증손을 보아야 할 나이가 임박했는데 손녀가 초등학교 1학년이니 주름이 더 깊어진다. 손녀와 할아버지의 각별한 사랑은 유아 때부터 할아버지를 따르고 가장 좋아한다고 했다. 그런데 벌써 4년이나 그 손녀와 떨어져 이국에 있다. 가끔 딸이 전화해 손녀가 할아버지 보고 싶다고 서럽게 울었다는 소리를 들으면 주님이 좀 야속할 때도 있다.

"옛날을 기억하라 역대의 연대를 생각하라 네 아비에게 물으라 그가 네게 설명할 것이요 네 어른들에게 물으라 그들이 네게 이르리라 (신32:7)"

손녀가 말을 하기 시작하고 사물을 분간하자 말장난을 많이 했다. '엄마가 좋아? 하지가 좋아?' 더 심하게는 '예수님이 좋아? 하지가 좋아?' 그럴때마다 하지라고 힘차게 외쳤던 손녀인데 생일에도 함께 해주지 못해 못내 미안하다. 하지의 마음을 예수님도 아시고 아마도 나보다 더 안쓰러워 하실 것이다. 자식 사랑은 세상에서 가장 힘이 세다. 무엇도 그 사랑을 꺾을 수 없다. 그것이 하나님께서 당신의 피조물을 보존하게 하는 보험과도 같은 것이다. "자녀를 노엽게 하지 말고 오직 주의 교양과 훈계로 양육"해야 함이 주님의 명령이다.

첫째 사람이 뿌리는 생명의 씨앗은 주님의 권한이다.

남녀의 성비가 어떻게 정확하게 맞을까? 신기하다. 적도를 기준으로 남쪽으로 갈수록 여자가 많고 북쪽으로 갈수록 남자가 많다. 만물의 영장인 사람은 생명체 중에서 으뜸 리더이다.

"땅을 정복하라 바다의 고기와 공중의 새와 땅에 움직이는 모든 생물을 다스리라"고 권한을 부여 받음과 동시에 식재료를 제공받았다.

"사람이 무엇을 주고 제 목숨을 바꾸겠느냐 (막8:37)"

모든 생물체 중에서 임의로 자기 자녀를 조절하는 생명체는 없다. 오직 사람만이 개체를 조절하고 있으니 엄격히 따지면 하나님의 권한에 도전하는 셈이다. 물론 과학으로 입증되었지만 동물의 개체가 갑자기 증가하면 폭풍, 질병 등으로 숫자를 조절해 주시기도 한다.

이곳 Bolivia는 개신교도들도 가톨릭의 전통이 잔존하고 있는 부분이 있다. 특히 출산에 관해서 요즈음은 피임을 시작해 저출산을 하고 있지만 아이가 생기는 대로 낳고 있는 편이다. Patuju 교회 1대 엄마 회장을 했던 Mari Luz의 16살 딸이 임신을 했다. 아마도 한국 같으면 가문의 창피라고 난리법석을 떨고 심하면 엄마가 '너 죽고 나 죽자' 한다. 그런데 이곳에서는 자연스럽게 출산을 한다. 생물학적 아빠의 도움 없이 엄마 혼자 아이를 기르는 미혼모들이 많이 있다. 그렇게 출산하는 것까지도 주님의 계획 안에 있음을 안다면 생명을 함부로 할 수 없다.

둘째 자녀 사랑은 주님께서 피조물 보존을 위해 들어 둔 보험이다.

만약 아빠 엄마가 자기 자식보다 자신의 엄마 아빠를 더 섬기고 사랑했다면 인류는 어느 시점에서 멸망했을지도 모른다. 사랑에는 독특한 원칙이 있다. 다 그런 것은 아니지만 자기에게 다가온 사랑의 전류를 다시 그 상대로 보내는 것은 제한적이다. 그런데 그 사랑을 받은 자는 그 만큼 사랑을 또 다른 곳으로 보낸다. 그래서 평균치를 유지한다.

> "어린아이들을 용납하고 내게 오는 것을 금하지 말라 천국이 이런
> 자의 것이니라. (마19:14)"

자녀를 사랑하는 것은 모든 생명체가 가지는 본성이다. 교회 뜰을 거니는 어미 닭과 병아리를 보면 그들의 사랑이 참으로 예쁘다.

우리가 자녀를 구박하고 천대하는 모습보다는 예뻐 쪽쪽 빨고 사랑하는 모습을 보는 예수님도 만면에 웃음을 피우신다.

손녀 생일에 맞추어 딸에게 부탁해 책가방을 선물해 주었더니 손녀가 학교에 가 Bolivia에 있는 할아버지가 선물해 주셨다고 자랑을 하고 학교 갈 때마다 가방을 매고는 기뻐한다고 한다. 혹자들은 자녀를 우상이라고 말하는데 그것은 맞지 않다. 주 안에서라면 부모 사랑이 클수록 좋다. 부모는 아름다운 역사의 한 페이지가 되며 자녀는 미래를 향한 소망이다. 사랑이란 고리가 역사와 소망을 묶어 그 매듭이 인류를 이어가는 것이다. 사랑의 전차가 미래로의 질주를 멈추지 않아야 또 새로운 역사를 쓸 수가 있다.

자녀 사랑은 선택이 아닌 필수로 하나님이 세운 가장 엄한 명령이다. 오늘 자녀와 첫 대면을 할 때 나이에 상관없이 자녀를 꼭 안아주며 '너를 사랑한다.' 멜로디를 들려주면 좋을 것이다.

이 순간 최선을 다하고
그 사료를 기록해 놓아야 한다

13세기 아시아인으로는 역사상 전무후무한 군주로 유럽을 정복한 징기즈칸은 헬라의 알렉산더나 로마의 시저도 이루지 못한 역사를 만들었으나 기록으로 남기지 않아 그 소상한 자료가 묻혀 버렸다.

「오늘이야말로 솟구치는 생명의 날 어제는 꿈에 지나지 않고 내일 또한 환상에 지나지 않는다. 오늘 이 순간을 최고로 만들어야 한다.」

지금 최선을 다하지 않는다면 어제의 영광은 물거품으로 사라질 것이고 내일의 영화는 꿈도 꾸지 못할 것이다. 오늘 멋진 삶을 연출해 내고 그 아름다움을 기록해 놓으면 된다. 나는 매일매일 삶을 기록하는데 열심을 다한다. 하루 쓴 비용도 철저히 적는다. 적어 놓지 않으면 하루만 자고 나면 가물거린다. 그 기록이 후일 글이 되고 반성문이 된다. 나는 과거 출판한 저서에서 역사는 '나를 낳아 준 어머니'라고 정의한 바 있다.

역사를 모르고 미래를 훌륭하게 만들 수는 없다. 작게는 한 가문의 족보부터 가계도를 정리해 후손에게 가르치는 것은 매우 중요하다. 그래서 국가는 자신들의 선조부터 민족이 형성되어 온 내력과 공과를 소상하게 역사로 남겨둠으로써 같은 실수를 반복하지 않는다. 역사학자들에 의해 세계사가 연구되고 기록화 되어 많은 사료들이 존재하고 있지만 성경처럼 이스라엘 역사를 섬세하게 적은 것은 없다.

우리 대한민국도 일제에 의해 역사 사료가 말살되어 주전 108년 한사군 설치 이전의 자료는 전무한 상태이다. 동남아 3국도 이와 같은 시간과 역사라는 전쟁을 치르고 있다. 일본은 '임나일본부설' 등으로 대한민국을 깔아 뭉게려 하고 중국은 '동북공정'을 통해 고조선, 부여, 고구려, 발해사를 자기 중국사라고 주장을 펼쳐 대한민국 고립을 유도하고 있다.

이스라엘은 요셉으로부터 시작하여 모세까지 430년을 애굽에 의탁한 삶을 살았다. 사실 그 시간은 역사가 멈춘 기간이다. 아무런 사료가 존재하지 않는다. 여호와의 명을 받은 모세는 혈기방장한 40대에 혁명을 도모했으나 살인자가 되어 미디안 광야로 도망을 쳐야 했다. 그 광야에서 40년이라는 시간을 절차탁마하며 연단을 마치고서야 다시 하나님의 부르심을 받아 이스라엘을 구하려고 나섰다. 그는 이백만 동족을 이끌고 애굽을 성공적으로 탈출하고 미디안에서 40년 수업을 마친 뒤 모압 광야에서 피를 토하는 유언을 했다.

> "옛날을 기억하라 역대의 연대를 생각하라 네 아비에게 물으라 그가 네게 설명할 것이요 네 어른들에게 물으라 그들이 네게 이르리로다. (신32:7)"

애굽에서 430년은 여호와도 분실했고 믿음이라는 것은 도망 간 지 오래였다. 여호와는 미디안 광야에서 그 무지한 백성을 훈도하기 위해 모세를 세워 40년을 훈련시켰지만 그때까지도 무지하고 게으르고 믿음이 없기는 마찬가지였다. 당시 이스라엘 민족들도 그 순간을 아름답게 만들지 못했고 최선을 다하지도 않았다. 매우 중요한 사실은 애굽에서 사백 년, 말라기 이후 사백 년은 기록에 존재하지 않고 그들이 어떻게 살았는지 우리가 알지 못한다는 사실이다.

첫째 내가 역사의 중심에 서야 한다.

역사 중심에 서는 것은 영웅이 되라는 것이 아니다. 자기 삶을 온전하게 꾸려가라는 것을 의미한다. 예를 들어 자신의 할아버지가 머슴이었던 것은 치부가 아니나 오늘 내가 머슴에 머물러 있는 것은 수치 그 자체이다. 노력과 발전을 거듭하지 않은 가문과 국가는 소멸하고 역사 뒤로 사라지고 만다.

> "이스라엘이 종이냐 씨종이냐 어찌하여 포로가 되었느냐? 네 악이
> 너를 징계하겠고 네 패역이 너를 책할 것이라. (렘2:14)"

카톡에 돌아다니는 동영상을 보고 경악을 금치 못했다. LA 도심에서 대통령과 모 장관(추씨) 허수아비를 만들어 놓고 사람들이 돌아가며 막대기로 뺨을 때리는 모습이었다. 그들의 치적이 얼마나 잘못되었으면 이국에서 그런 행위가 연출되었을까? 얼마나 한이 맺혔으면 국가 원수를 조롱하는데 해외에 사는 동포까지 합세했을까? 생각하니 씁쓸하다. 우리가 올바로 산다는 것의 해석이 요즘은 헷갈리는 시대에 와 있다. 시대를 불문하고 역사의 중심에

서 올바른 삶으로 가는 것은 바로 예수 그리스도 안에서 살아야 하는 것이다. 세상에서 출세와 역사의 한 페이지를 장식하는 것도 매우 멋진 일이기는 하나 그보다는 하나님 나라에서 역사의 중심에 서기를 도모해야 한다.

둘째 역사에서 길을 찾고 답을 적어야 한다.

여호와는 솔로몬 왕에게 정직하고 신실하게 율법을 지킬 것을 주문했다.

> "네 아비 다윗 같이 하여 내가 네게 명한 모든 것을 행하여 내 율례와 규례를 지키면 내가 네 나라 위를 견고케 하되 전에 내가 네 아비 다윗과 언약하기를 이스라엘을 다스릴 자가 네게서 끊어지지 아니하리라. (대하7:17-18)"

그런데 이스라엘은 그 약속을 받고 불과 40년 만에 나라가 두 동강이 나고 말았다. 세계사는 차치하고 대한민국 역사만 보더라도 위정자가 타락하고 민심이 방탕하기 시작하면 나라는 문을 닫아야 했다. 신라가 그랬고 후일 그 신라를 무너뜨린 고려도 신돈이란 자의 종교적 타락이 패망의 길로 들어서게 했다. 어제의 삶을 복귀해 보고 잘된 것은 그대로 추진하고 잘못된 것은 반성하고 새롭게 출발하면 아름다운 자기의 일기를 쓰게 되고 그 일기가 모이면 후일 역사가 된다. 아주 겸손하게 표현하면 나의 후손이 할아버지의 일기를 보고 바른 길을 갈 수 있다면 그보다 더 좋은 훈도는 없다.

아시아 한 중 일 3국은 친구이면서 원수이다. 선교지에서 가장 많이 듣는 것이 '치노? (중국 사람이니)'이다. 그래서 Corea 라고 답을 하면 '너희 한 중 일은 한 언어를 쓰니?' 묻는다. 그리고 한국 사람에게는 엄지를 척 들어 보인다. 그래 이들에게 한 중 일의 역사적 애증을 얘기해 주는 것을 이들 주변 3국과 비교해 준다. 한 일 관계는 너희 Bolivia 와 칠레 관계를 생각하면 된다고 알려주면 빠르게 이해를 한다.

칠레에 태평양 해안을 빼앗겨 Bolivia는 현재 내륙국가로 해안이 없어 산업에 대단히 불편을 초래하고 있다. 역사는 나를 낳아준 어머니이자 현재를 비춰볼 수 있는 거울이다. 이곳 Bolivia 상황도 한 중 일과 크게 다르지 않다.

12세기 씨앗을 심어 15세기 활짝 피웠던 잉카 문명도 스페인이 1524년 침공의 당위성을 조작하기 위해 폄하와 삭제를 단행해 이 곳 청년들은 역사에 무지하다. 그러니 '한번 해보자' 하는 목표가 없고 자기들 조상에 대한 기록과 전통 문화와 관습도 잘 알지 못하고 있다. 이곳 청소년들에게 역사를 알려주며 '너희들도 세계의 주인공이 되어야 한다.' 고 목소리를 높이고 있으나 성과는 미미하다. 역사라는 거울이 없으면 되는 대로 편하게는 살 수 있다. 그런 나라와 민족은 역사를 쓸 수 없고 언젠가 이민족 지배를 받게 되거나 역사에서 지워지고 만다. 어제 일을 반성하고 오늘 각오와 결단을 통해 달려 나가는 것이 역사가 요구하는 것이며 삶의 동력이 된다.

I-6.

전통과 문화, 김밥 축제

전통이라는 것은 오랜 습관이 고착되어 후대로 전해지는 것으로 시간적 공간적 구조를 제시하고 있는데 이것은 단순한 습속만이 아니라 정신적 문화적 요소가 가미되므로 좋은 전통으로 자리 잡아 후손들이 무형문화재라고 추앙하고 따라하고 싶어 한다. 주전 2333년에 단군 왕검(하늘에 제사를 지내는 통치자라는 뜻)이 개국한 것으로 우리는 고대사를 정리하고 있다. 그 이후 한국 사가들은 대한민국(고조선 – 현재)이 대략 일천 회에 걸쳐 외부로부터 침략을 받았다고 역사를 정리해 두었다. 횟수는 중요하지 않은 것이 오늘 대한민국이 세계열강들과 어깨를 겨루는 위치에 있기 때문이다.

여기서 언급하고자 하는 것은 그 일천 회에 걸쳐 이민족의 침략을 당하면서도 한민족 우리만의 독특한 문화와 전통을 이어왔다는 것이 자랑스럽고 조상님께 감사를 드리고 싶은 것이다. 우리는 쉽게 접하는 명문들이 있다. 그러나 그 하나가 탄생하기 위해서는 '밤새 소쩍새가 그렇게 울었나 보다.'는 서정주의 시처럼 헤밍웨이는 노인과 바다를 80번이나 퇴고하여 완성했고 중국의 사가 사마천은 사기를 18년이나 썼다. 인류사의 천재작가인 괴테는 파우스트를 23세에 쓰기 시작해 82세에 완성하기까지 무려 60년이 걸려 불후의 역작을 만들어 냈다.

대한민국의 전통은 하루아침에 뚝딱 만들어진 것이 아니다. 김치만 보더라도 한반도는 겨울이 길기 때문에 11월부터 이듬해 4월까지는 춘궁기라고 하여 먹을 것이 없었다. 그래 가을배추를 거두면 요즘처럼 냉장고가 있는 것이 아니었기에 양념에 버무려 한 겨울 내내 먹을 수 있도록 조리하는 기술이 장기간에 걸쳐 연구되고 실용화되어 맛난 김치로 태어났고 그 덕분에 겨울에 생명을 부지할 수 있었다.

남미는 지금 만다리나(감귤의 일종) 수확기이기에 과일이 지천에 널려 있고 값도 매우 싸다. 성도가 그 과일을 한 가마를 보내와 많이 나눠주고도 남아 있기에 껍데기를 벗기고 비닐에 담아 냉동실에 보관을 했다. 아마도 이와 같은 모습이 한국인의 정서일 것이다. 그런데 이곳 사람들은 자연이 주는 혜택이 너무 좋기에 먹다 상하면 버리고 저장을 할 필요도 없고 또 저장을 할 지혜도 없다.

어제는 사역자와 찬양 그룹을 모시고 한식 체험을 겸해 김밥을 대접했다. 라면으로 국물을 만들고 김밥을 말아 한식의 우아함과 음식에 곁들여 있는 철학을 음미하도록 했다. 아침부터 김밥 재료를 준비하느라 부산을 떨었지만 우리 선조들이 이렇게 멋진 음식을 개발해 물려준 것이 너무나 감사했다. 햄을 잘라 굽고, 달걀 프라이, 오이, 단무지 등 속재료를 준비해 청년 교실에서 즉석에서 하나씩 말아주며 먹게 했다. 이곳 Bolivia 사람들은 김을 처음 본다. 시커먼 종이 같이 생긴 것을 먹으라고 하니 처음에는 놀라다가 맛을 보고는 '하나 더' 주문을 한다. 특별히 맛이 있었던 것은 쿠쿠가 자신 있게 조리한 한국 쌀로 된 밥이 일등공신이었다. 선교지에서 우리 대한민국의 우수성을 소개할 수 있어 행복했고 이들도 한식 체험에 너무나 감사하고 즐거워해 의미 있는 날로 추억을 저축해 두었다.

> "우리가 선을 행하되 낙심하지 말지니 피곤하지 아니하면 때가 이르매 거두리라. (갈6:9)"

첫째 하나님의 전통을 만들자.

조선조 최진립이 시조인 경주 최씨 가문은 '육훈'으로 유명하다. 그들은 노블레스 오블리주를 철저하게 몸으로 보인 가문으로 '육훈' 중에서 「사방 백리 안에 굶어 죽는 사람이 없게 하라. 과객을 후하게 대접하라. 시집 온 며느리들은 3년간 무명옷을 입게 하라.」 등은 특별히 오늘 우리가 배워야할 과제 중의 하나이다. 그들이 명문가가 된 것은 내가 먼저 실천하는 자기절제가 수반되었기 때문이다. 그 가문은 수백 년 그 전통을 지켜와 명문가를 만든 것이다.

요즈음 많이 사라졌지만 과거 우리는 어떤 집을 평할 때 종교를 대입해서 말하기를 좋아했다.

'불교 믿는 집안이야, 또는 예수쟁이야' 등으로 그 집의 전통을 이웃이 다 알고 있었으나 요즈음 그렇게 알고 있지 못하다.

> "너희 섬길 자를 오늘 택하라 오직 나와 내 집은 여호와를 섬기겠노라. (수24:15)"

가나안에 입성을 했으나 모든 정황이 안정되지 못한 가운데 여호수아는 수명을 다했다. 그가 후임을 잘 물색해 이스라엘을 맡겼다면 어떠했을까? 생각을 해 본다. 그러나 그는 죽으면서까지 자기 가문은 예수쟁이로 명문가를 만들고 있다. 후일 여호수아 가문이 성경에 등장하지 않으니 어떻게 명문가의 전통을 세웠는지 알 수는 없으나 임종 직전의 그의 유언은 퍽 감동적이다. 우리도 모든 것에 우선해 가문이든 교회이든 국가이든 하나님의 전통을 만들면 복은 자동으로 입금 처리된다.

세계지도를 펴놓고 현 세계를 보면 한눈에 알 수 있다. 예수를 믿는 나라와 그렇지 않은 나라의 살림살이를 챙겨보면 답이 나온다.

둘째 절대로 포기하지 말라.

2차 세계대전을 승리로 장식한 영국의 수상 처칠은 정치만 잘한 것이 아니라 전쟁 회고록을 써서 노벨문학상을 타기도 했다. 그의 지칠 줄 모르는 열정은 명문 옥스포드 대학에서 졸업식 축사를 할 때 수많은 청중은 자신들이 존경하는 총리의 멋진 축사를 기대하고 쥐 죽은 듯이 귀를 세우고 있었다. 그 때 처칠은 졸업생들을 향해 '포기하지 말라' '결코 포기하지 말라' 두 마디를 남기고 축사를 끝냈다.

> "우리가 사방으로 우겨쌈을 당하여도 싸이지 아니하며 답답한 일
> 을 당하여도 낙심하지 아니하며 거꾸러뜨림을 당하여도 망하지
> 아니하며 (고후4:8)"

로마 시스티나 성당에 있는 미켈란젤로의 "최후의 심판"은 이순이 넘은 노인이 7년이라는 우여곡절을 겪으며 완성했다. 보통

사람 같으면 엄두도 내지 못할 일을 그는 포기하지 않았기에 후대의 우리는 그 아름다운 작품을 감상할 수 있는 것이다.

  ＊최후의 심판은 전부 나체로 되어있어 그가 임종 후 그의 제자가 중요부분은 다 가렸다.

코로나 바이러스가 좀 잠잠해 지는듯 하여 신명을 내고 의욕을 숨기지 않고 도전의 칼을 뽑았는데 작금 전 세계에 코로나 확진자가 대량 증가하고 있어 가장 타격을 받는 곳이 바로 교회이다. 뭐 생명을 소중하게 생각해 격리를 장려하는 것은 바람직한 일이지만 바이러스라는 무기를 사용해 교회를 탄압하는 위정자도 있음을 볼 때 미래를 위해 기도가 더 요구된다. 무엇이 정답이고 주님의 뜻인지 잘 분별을 못하겠지만 분명한 것은 우리 영적 리더들이 성경으로 무장하고 믿는 자들은 모든 지체가 연합하여 하나가 되어야 한다.

우리가 정신을 놓고 한눈을 팔면 우리 선조들이 공들여 만든 아름답고 찬란한 전통이 연기처럼 사라질 것이다. 지금 나와 당신과 우리가 모두 힘을 합하여 주님 나라와 대한민국을 위해 한마음 한뜻으로 전진해야 한다. 한국 전통과 문화를 사랑하고 존중하고 자랑스럽다. 모두에게 축복이 가득한 날이 되기를 기도한다.

J.

기도는 생명이다

기도는 생명이다

'기도한다고 되겠어.' 그렇다. 그런 마음으로 기도한다면 주님도 들어 줄 마음이 없다. 그러나 중요한 것은 기도가 주님을 향해 청구서를 남발하는 행위가 아니라는 것을 알아야 한다. 내가 일하는 것과 하나님께서 나를 위하여 일하시는 것 가운데 누가 더 큰 일을 하겠는가? 당연히 전능자가 효율이 높다.

종교개혁자 루터는 '내가 새벽 3시간을 기도로 보내는 일에 실패하면 그날의 승리는 마귀에게로 돌아간다.'고 기도의 중요성을 피력했다. 예수의 동생 야고보는 얼마나 기도를 많이 했던지 그 무릎이 낙타의 무릎 같이 굳어졌다고 한다. 혹자는 '천국은 두 발로 뛰어가는 길이 아니라 두 무릎으로 기어가는 길이다.'고 기도는 능력임을 강조했다. 이렇게 글을 쓰는 나는 사실 기도의 사람이 못 된다. 그러나 나는 부족하지만 주님은 풍성함을 증거하기 위해 나를 쓰신다.

선교지에서 일이 엉클어지거나 선교비가 부족한 경우 나는 잠시 주님과 대화를 나눈다, 별로 살가운 대화도 아니다. '주님 어떡

해요?' 그냥 한마디뿐이다. 그런데 주님은 너무나 동작이 빠르시다. 한 번도 때를 놓친 적이 없다.

> "너는 내게 부르짖으라, 내가 네게 응답하겠고 네가 알지 못하는
> 크고 은밀한 비밀을 네게 보이리라. (렘33:3)"

기도의 효능을 아는 자는 기도에 목숨을 건다. 다니엘은 사자 우리에 던져졌지만 그와 소통의 끈을 연결하고 계셨던 주님은 다니엘이 생명을 청하기도 전에 주님이 손을 쓰셨다. 기도는 바로 그런 것이다. 마치 태아가 엄마 몸으로부터 영양을 공급받는 탯줄과 같은 생명줄이다. 그러나 중요한 것은 내 것을 챙기기 위해 주님을 흔드는 것보다는 타인을 향한 기도에 주님은 더 흥미를 가지신다. 즉 하나님 나라와 이웃을 위한 기도에 귀를 쫑긋하신다는 뜻이다.

아브라함 링컨 어머니 낸시는 죽음을 앞두고 '하나님, 9살 아들에게 물려줄 것이 낡은 성경밖에 없습니다. 아들이 부자나 높은 사람이 되기보다는 성경을 읽는 사람이 되기를 기도합니다.' 고 청하고 죽었다. 링컨은 엄마의 기도를 통해 기도의 사람이 되었다. 링컨은 「나는 어머니의 기도를 기억한다. 그 기도는 항상 나를 따라다녔고 평생 나와 함께 했다.」고 고백했다. 그가 기도의 사람으로 살아갈 수 있는 동력이 바로 어머니의 기도였다. 당신은 지금 누구를 위하여 기도하는가?

첫째 쉬지 말고 기도하는 것은 생명을 위해 호흡하는 것과 같다.
우리가 숨을 멈추고 3분만 있으면 죽거나 뇌가 망가져 식물인간이 된다. 기도도 그와 같다는 것을 알지 못할 뿐이다. 주님께서 기도를 멈추고 있는 자를 골라 목을 꽉 붙잡고 3분만 있으면 '기도하

겠습니다.' 항복할 것이다.

성경은 "항상 기뻐하라, 쉬지 말고 기도하라, 범사에 감사하라. (살전5:16-18)"고 하며 그렇게 하는 것이 그리스도 예수 안에서 우리를 향하신 하나님의 뜻이라고 했다.

바울은 이방 전도자로 길을 나서면서 기도의 효능을 체득한 바 있다. 고난과 핍박 속에서 의연할 수 있었던 것이 기뻐하고, 기도하고, 감사하는 믿음의 3종 세트를 간직했기에 가능했다.

지금은 사도 바울이 복음을 전했던 당시와 비교하면 천 배는 환경이 좋다. 그러나 좋은 조건 속에서 주님의 일을 살갑게 해 드리지 못하고 있어 부끄럽다. 아침마다 단단히 결단을 하고 하루를 시작해도 저녁에 결산을 해보면 기뻐하지 못했고, 기도도 대충했고, 감사를 잊어버린 것을 알게 된다. 그래 또 결단을 한다. 내일은 바울과 같은 전도자가 되리라.

둘째 기도의 참 맛을 알아야 한다.

우리가 먹는 기름의 종류는 참으로 많다. 그러나 그 중에서 가장 고소한 것은 참기름이다. 물론 들기름도 있고 콩으로 만든 기름도 있다. 기도도 자기만의 고유의 맛을 찾는 것이다.

> "곤고한 자가 부르짖으매 여호와께서 들으시고 그 모든 환난에서 구원하셨도다. (시34:6)"

기도의 맛을 분별할 수 있는 방법은 주님이 나의 간구를 들으셨다는 것을 알았을 때이다. 또 하나는 주님의 음성을 내가 들었을 때이다. 하나님 당신이 육신의 옷을 입고 와 보시기 전까지는 직접 기도하는 자를 만나주셨다. 그러나 지금은 성령을 통해 일을 하고 계시다. 그래서 가끔은 아무 징후도 없는데 누군가 일을 성취해 놓았을 때이다. 그것은 증거할 수 없는 주님과 기도하는 자와 둘만의 거래이다. 그렇게 거래가 될 때 기도의 고소한 맛을 알게 된다.

어제 목요 예배는 보통 Yenny 선생이 진행한다. 그런데 그녀가 몸이 아파 목사가 대신했다. 예배 시작 시간인 7시 반이 되어도 아무도 오지 않았다. 이들이 시간 약속을 어겨도 '그냥 즐거워하자' 했는데 그게 잘 안된다. 그래도 참고 눈을 꾹 감고 기도를 하고 앉아 있었다. 대략 10분이 경과한 뒤 성도들이 들어오다 발걸음이 조심스러워진다.

목사가 맨 앞줄에 앉아 비장한 모습으로 기도를 하고 있기 때문이다. 주님께 수도 없이 성도들의 약속 준수를 부탁드렸는데 어제도 예외 없이 정시를 지킨 자는 아무도 없었다. 그러며 나름 주님의 응답을 해석했다. 아직 바보 목사의 도량이 다 닦아지지 않았기에 응답을 늦추고 계신다는 것을 깨우쳤다. 그래서 또 기도할 것이다. 우리 Patuju 성도들이 '기도하면 된다.'는 능력을 체험할 때까지 함께 기도하려 한다.

우리는 모두 주님의
황금비율에 따라 창조되었다

　　로마 건축가 '비트루비우스'는 인체의 각 부분들이 수학적 비례로 조화를 이루어 아름다운 인체가 만들어지고 신전도 이러한 비례로 만들어졌다고 주장했다. 그의 이론을 바탕으로 이탈리아 화가 레오나르도 다빈치는 여성 인체의 황금비를 1:1.618 로 표시하며「비트루비안 맨」이란 그림을 통해 황금비를 그려냈다. 그러나 그보다 이천 오백 년 전에 이미 하나님은 솔로몬에게 황금비율을 명한 바 있다.

> "성전의 크기는 장이 육십 규빗, 광이 이십 규빗, 고가 삼십 규빗,
> 성소 앞 낭실의 장은 전의 광과 같이 이십 규빗, 그 광은 전 앞에서
> 부터 십 규빗으로 하라."

　　이 설계는 기하학적으로 비율이 1:1.618로 인체의 황금비와 같다. 여호와가 불러준 건축 치수는 과학으로 증명된 것으로「물체의 신비한 힘을 부여함으로 훌륭한 건축과 조각을 가능케 해주는

하나의 비율로 쿠푸왕의 피라미드, 솔로몬의 성전, 파르테논 신전 등이 이 비율로 지어졌다.

이는 자연에서도 적용됨을 알 수 있다. 나무 잎들이 서로에게 그늘을 만들지 않고 떨어져 있는 거리와 나무 잎의 길이가 황금비인 것처럼 사람의 인체도 그렇게 만들어졌다. 사실 나는 건축에 조예도 없고 그렇다고 건축학을 배운 적은 더욱 없다. 군에서 군수참모로 대규모 병영 시설을 신축할 때 책임자로 감독을 다니며 어깨 넘어 배운 것이 전부인데 그 알량한 지식이 퍽 유용하게 사용되고 있다.

patuju 교회는 코로나 19 바이러스 여파를 역이용해 그 시간을 매우 유용하게 값을 치르고 있다. 예수님의 육신을 팔팔한 청년으로 가꾸기 위해 5개월 동안 끊임없이 건축을 하고 있다. 지금은 교회 담장과 내부 일부를 손보는데 근육을 울퉁불퉁하지만 아름답게 꾸미고 전체적으로 온화한 모습으로 보이도록 단장하고 있는 중이다.

"오직 흠 없고 점 없는 어린 양 같은 그리스도의 보배로운 피로 한 것이니라. (벧전1:19)"

중요한 것은 전문 건축가도 없고 그렇다고 공사를 시공하는 인부들이 건축을 배운 것도 아닌데 일을 마치고 나면 마치 솔로몬 성전의 황금비율처럼 적재적소에 필요가 준비되고 있어 공사를 감독하는 목사나 시공을 하고 있는 인부 모두가 놀라울 뿐이다. 그렇다고 Patuju 성전이 화려하거나 웅장한 것도 아니고 시골 작은 교회의 십자가가 지붕 꼭대기에 매달려 있는 모습을 상상하면 쉽다. 예산이 충분하지 않기에 이것저것 재활용 재료들을 동원해 예쁘게 재탄생의 기쁨을 만나고 있다. 특히 코로나 바이러스 발동 이후 목사가 교회에서 생활하고 난 뒤부터 성도들의 성화가 대단하다.

목사 안위를 걱정하는 성도들의 사랑을 주체하기 어려워 생각에도 없던 울타리와 대문을 만들어 세우고 있다. 교회가 도시 외곽 외딴 곳에 있기에 강도나 도둑의 위험이 항상 도사리고 있는 것은 사실이나 '목사 왈 주님이 지켜 주셔서 괜찮다.' 는 말에도 성도들은 고집을 꺾지 않아 공사를 단행했다. 우리 Patuju 형제들이 사랑을 더 주기 위해 티격태격하는 모습이 성숙한 믿음이요 진정한 배려임을 깨우치자 더 끈끈한 연대로 사랑이 샘솟아 오르고 있어 곤비한 가운데 행복을 만나고 있다. 인간의 관계에도 황금비율이 있음을 배우고 있다. 그 수치가 1+1=3 이라는 등식이다. 하나를 주면 하나를 받는 것이 아니라 3개를 받는다는 사랑의 함수이다.

"우리가 사랑함은 그가 먼저 우리를 사랑하셨음이라." (요일4:19)

첫째 우리가 시작하면 주님이 마쳐 주신다.

불쌍하게 보이려는 소리가 아니라 혈혈단신으로 선교라는 모험을 감행한 지각생 목사의 좌충우돌은 어찌 보면 바보짓이요 또 다른 시각으로 보면 매일이 기적이요 감사이다. 처음 이곳에 왔을 때 함께 전도를 나갔던 대학생이 전도를 마치고 돌아올 때 '목사님 차는 어디 있어요?' 묻는 모습에 파안대소를 한 적이 있다. 그 대학생 생각으로는 한국 선교사면 의당 차가 있으려니 했다. 내가 '기다리다 미니버스 오면 타고가자.' 하자 약간은 실망하는 기색이 보였다. 물론 파송 노회는 있지만 노회나 교회의 후원을 받지 못하니 그 책임은 당연히 가족에게 돌아가고 작은 물질도 절약해야 하는 것이 몸에 익어갈 수밖에 없지만 그것이 행복이다.

"나 여호와 너의 하나님이 네 오른손을 붙들고 네게 이르기를 두려
워 말라 내가 너를 도우리라. (사41:13)"

주님은 나의 오른손을 붙잡고 당신이 직접 돕겠다고 말씀해 주
시며 부족한 목사를 향해서는 이 글을 읽는 많은 형제들에게 우리
가 시작한 일을 마치도록 종용하고 계심을 알았다. 무책임하게 들
릴 수도 있지만 Patuju 교회가 일을 저지르면 항상 예수님이 바빠
하신다. 그래 나오는 것은 '주님 감사합니다.' 뿐이다.

둘째 주님은 나의 일거수일투족을 조금도 놓치지 않으신다.

어제 아침에 있었던 간증을 하나 하려한다. 새벽에 선교일기를
써 각양각지 수만 명에게 발송을 하고 6시 반에 운동을 가려고 자
전거를 꺼냈는데 뒷바퀴가 빠져 있어 '나가지 말까?' '그래도 다녀
와야지.' 하며 잠시 고민을 하다 뒷바퀴를 철사 줄로 묶고 도로로
나섰다. 철사가 끊어지면 큰 사고가 날 수 있는 것을 염두에 두지
못했다. 한 5분을 달리는데 청년 하나가 사이클 선수 복장을 하고
오면서 인사를 건넨다. 그래 그를 붙잡고 뒷바퀴를 보여주었더니
'큰 사고 날 뻔 했습니다.' 하고는 철사를 빼 버리고 고쳐준다. 사
실 교회에서 목장 쪽은 사람이 거의 다니지 않는 곳으로 그 선수
가 나타날 수는 더욱 없는 곳이다. 그는 뒷바퀴를 고쳐주고는 쏜살
같이 달려 사라져 다시 보이지 않았다.

"네가 강을 건널 때에 물이 너를 침몰치 못할 것이며 불 가운데로
행할 때에 타지도 아니할 것이요 불꽃이 너를 사르지도 못할 것이
라. (사43:2)"

그 선수 복장을 한 청년이 사라지고 나서야 주님이 지켜보고 계시다가 그 청년을 수배해 자전거를 고쳐 주셨음을 알았다. 이 미욱한 선교사를 보호하시는 예수님을 생각하며 감사하면서도 또 한편으로는 작은 동작 하나하나를 보고 계신다는 것을 느낄 때는 등골이 오싹해 오기도 했다. 주님의 현미경 안에 내가 있다는 것을 알고 더 신실하게 소명을 감당해야겠다는 결심을 했다.

황금비율은 비단 육신과 건축에만 적용되는 것이 아니고 우리의 삶 속에서도 주님이 역사하시는 은혜와 사랑이 바로 그 비율을 따르고 있음을 알았다. 우리가 정직하게 주님을 바라보고 당신 나라의 일을 감당하면 다소 부족하고 완전하지 못하다 해도 주님은 "좋은 땅에 떨어지매 혹 백 배, 혹 육십 배, 혹 삼십 배의 결실을 선물하신다."

믿음의 황금비율은 예배와 기도, 구제, 헌신, 사랑이 왕성하게 싹을 피우되 서로를 가리지 않고 협력할 때 이루어진다. 그러나 우리는 균형을 잡지 못하고 어떤 이는 구제에만 올인 하고 어떤 이는 예배만이 생명이라고 우기고 어떤 이는 사랑만이 최고라고 주장하기도 한다. 그러나 주님은 우리 몸이 균형 있는 영양소를 필요로 하듯이 당신을 섬기고 믿는 것 또한 모두가 만족할 수 있는 황금비율을 원하신다.

당신은 성령과 함께 하는가

예수님은 부활의 몸으로 40일을 이 땅에서 계시다가 떠나시는 날 마지막 명령을 하셨다.

> "오직 성령이 너희에게 임하시면 너희가 권능을 받고 ~ 땅 끝까지
> 이르러 내 증인이 되라"(행1:8)

그리고 50일 후인 오순절에 성령께서 마가의 다락방으로 방문해 주셨다. 지난 월요일 tres dias 와 미자립교회 연합예배를 위해 필요 물품을 구매할 겸 Santa Cruz를 다녀왔다. 건강식(야채와 과일을 삶아 먹는) 재료로 토마토 등을 사야 하는데 목사들에게 나눠줄 선물을 사는 바람에 차량에 여백이 없어 야채와 과일을 구매하지 못하고 왔다. 그런데 화요일 연합예배를 위해 목사들이 방문하면서 마치 약속이나 한듯이 어떤 이는 토마토, 또 다른 목사는 사과 등 구색을 맞춰 선물해 주었다. 물론 우연이라고 치부해도 더 보탤 말은 없지만 나는 그 현상까지도 성령님의 작품으로 믿고 있고 또 매번 그렇게 성령님은 부족한 목사를 도와 감동을 주고 계시다.

선교지에서의 일상을 곰곰 생각해 보면 아주 작은 것 하나까지 성령님이 살갑게 챙겨 주시지 않은 것이 없음을 알 수 있다. 의욕만 앞선 초보 선교사가 언어를 비롯해 스스로 할 수 있는 것이 아무것도 없음에도 장애를 마주하거나 실타래가 엉키면 예외 없이 도움의 손길이 기다리고 있다가 마치 예약이나 한 것처럼 척척 해결해 주고는 한다.

대략 삼십 년쯤 전에 어린 두 자녀와 성탄 전날 한라산을 등반한 적이 있다. 새벽 성판악에서 출발해 정상에 다다르기는 했는데 눈발이 날리고 딸아이의 다리가 아파하는데 설상가상 해까지 떨어져 진퇴양난에 빠지고 말았다. 복귀하는 길이 헷갈릴 염려는 없지만 큰 난관을 만나 당황했다. 어두운 밤길 추위를 뚫고 무사히 하산을 하자 아이들이 '할렐루야'를 합창했다. 자녀들이 아빠를 믿었지만 아빠보다도 예수님을 더 믿고 힘겨운 하산 길을 이겨냈다.

사도 바울은 5만km를 걸어 복음을 전하며 위기의 순간마다 성령께서 문제를 풀어 주셨다.

> "너희는 성령을 좇아 행하라 그리하면 육체의 욕심을 이루지 아니하리라 (갈5:16)"

성령과 함께 걷는 길은 행색이 초라하고 볼품이 없어 보여도 영혼만큼은 표현할 수 없는 기쁨으로 채워져 있게 마련이다. 타국 오지에서 열악한 환경이지만 든든한 것은 말을 하지 않아도 매 순간 성령께서 경호원이 되어 주시고 때로는 여행 가이드처럼 발걸음 하나하나를 인도하여 주시기에 하루하루의 삶이 간증이요 사도행전 29장으로 기록되어지고 있다. 못나고 죄 많은 부족한 자이지만 주님은 마치 홍수가 진 큰 강가에 내놓은 철없는 아이를 보살피는 것처럼 매 순간 노심초사해 주시기에 적지 않은 나이면서도 병원 한 번 가지 않아도 될 만큼 건강까지 챙겨 주신다. 마치 호흡을 하는 것마냥 한 순간도 성령이 자리를 비우고 손을 놓으면 아무것도 못하는 바보이기에 매 순간 성령이 함께 해 주셔서 넉넉하게 감당하고 있다.

첫째 혼자 힘으로 낑낑 대지 마라.

청년 시절 군에서 닦은 심신은 지금까지도 '철두철미'가 몸에 배어 있다. 원칙을 중시하고 약속을 생명으로 하는 삶은 곁에서 보는 사람이 피곤해하고 융통성이 없다고 핀잔을 주기도 한다. 그러나 성령님은 나보다도 더 철저해 하나의 흐트러짐이 없음을 매번 경험한다. 다만 내가 혼자 의지적으로 다 하려할 때마다 성령의 음성을 듣는다.

> "수고하고 무거운 짐 진 자들아 다 내게로 오라 내가 너희를 쉬게 하리라. (마11:28)"

지난해에는 전도를 한다고 영일이 없이 매일 공원 상가 가정집을 찾아다니는 열성은 좋았으나 템포를 조절하지 못해 발바닥이 탈이 나고 말았다. 걸을 수가 없게 되자 시골로 전도를 가지 못해 공원에서 복음을 나눌 수밖에 없게 될 때 성령님은 또 다른 그룹을 도우미로 보내 주셨다.

그리고 생각하지 못했던 또 다른 어두움을 보게 하셨다. 과거 나는 혼자 할 수 있다는 생각을 가지고 망둥이처럼 뛰었던 적이 많았다. 그 버릇이 목자가 되고 난 뒤에도 툭툭 튀어나와 속도를 조절하지 못하고 앞서가면 여지없이 성령께서 어깨를 잡고 템포를 조절하게 해 주셨다.

그래 이제는 모든 일들을 시작할 때 두 번을 묻는다. 먼저는 성령님께 질문을 던지고 다음에는 내 안의 나(나의 비서)에게 똑같은 질문을 던지고 대화를 하고 시행을 하기에 실수할 염려가 많이 줄어들었다. 겸손하게 나를 낮추고 성령님의 인도하심을 받을 때 주 안에서 형통의 맛을 느낄 수 있다.

둘째 성령의 사람이 되기를 노력해야 한다.

Patuju 교회가 있는 마을은 10년 전쯤에 산에서 내려온 사람들이 터전을 이뤄 판자로 얼기설기 엮어 비만 가리고 살다가 이제 벽돌로 집을 짓기 시작해 동네가 모습을 갖추어 가고 있다. 그런데 이들의 사정을 알면 알수록 이해하기 어려운 부분이 너무나 많이 나타나고는 한다.

특히 가족관계가 복잡하고 10대 미혼모가 많아 그녀들의 삶이 참으로 불쌍하다. 매일 사무실에 와서 침으로 치료를 받고 있는 Amanda 라는 60대 여성의 가정은 아들이 4명인데 막내아들을 빼놓고는 모두 이혼을 하여 그 할머니에게 손자들을 맡겨 그 손자들을 보살피느라 애를 먹으면서도 당연하다는 생각이다. 반면 교회 청년 리더그룹에 꾸준히 동행하는 10여 명은 아직 미완성이기는 해도 성령의 사람으로 가꾸어 가고 있다. 그런데 Patuju에서 양성한 청소년들을 연 인원으로 하면 백 명은 되는데 그들은 도전했다 떨어져 나가 열매를 거두지 못해 아쉽다.

그래서 또 참여하도록 독려하고 있는데 그들이 따라오는 것이 목사의 능력이 아닌 성령의 역사하심을 매번 느낀다.

"만일 우리가 성령으로 살면 또한 성령으로 행할지니 (갈5:25)"

복음을 전해 듣고 그리스도 품으로 들어왔다면 성령의 사람이 되도록 바꿔 주는 것이 교회가 감당해야할 몫이다. 전도를 받아 교회에 열심히 출석하고 세례도 받아 '아 이제 성령의 사람이 되었구나' 하는 순간 교회에 발길을 뚝 끊고 얼굴도 볼 수가 없어 심방을 가면 미안한 기색도 없이 일 하느라 예배드릴 시간이 없다고 태연하게 변명을 늘어놓는다. 목사의 협박과 다그침에 다음 주일 예배에 가겠다고 해놓고 주일에 오지를 않지만 얼마 뒤에는 또 나오기 시작한다. 믿음도 없고 성령을 확실하게 모시지 못한 결과이기에 목사에게도 책임이 크다. 예수님 수제자라 뽐내던 베드로가 부활하신 예수를 보고도 본업인 고기 잡으러 갔다. 그 베드로도 그렇게나 찌질 했는데 오순절 성령을 받자 관원과 장로와 서기관 앞에서 죽음을 불사하고 담대하게 외치자 부흥이 일어났다.

> "베드로와 요한이 기탄없이 말함을 보고 본래 학문 없는 범인으로
> 알았다가 이상히 여겼다"(행4:13)

그렇다 성령의 사람이 되면 목숨도 재물도 명예도 귀하지 않고 복음이 최우선이 된다. 교회가 성령의 사람을 만들도록 앞장서야 하는 이유는 함량이 부족한 자도 성령께서 붙잡아주시면 베드로나 바울처럼 담대하게 예수를 증거 할 수 있기 때문이다.

사랑의 치과진료

혹여 나이가 좀 드신 분들은 기억하실 수 있을 것이다. 6-70년 대 가난했을 당시 할아버지 할머니를 뵈면 유독 치아가 없어 발음 이 새고 고작 환갑밖에 안 되었는데 팔순도 넘어 보였던 기억이 생생하다. 이유는 치아를 관리하지 못했을 뿐 아니라 치료를 받을 치과병원이 없어 이빨이 다 빠져버려도 어찌할 방도가 없어 고생 하던 할머니 기억이 난다. 그래 치아를 튼튼하게 태어난 사람을 오복 중에 하나를 받았다고 했다.

후진국일수록 치아 관리가 가장 어려운데 이곳 Bolivia도 마찬가 지 현상을 보이고 있다. 20대 청년이 벌써 이가 2-3개가 없어 할 머니처럼 되어 있다. 거기에 더해 바보목사가 볼 때마다 막대사탕 을 주어 더 망가뜨린 결과를 가져왔다. 어떻게 성도들 치료를 해줄 까? 많은 생각을 하며 기도를 했다.

신실하신 하나님은 바보목사의 기도를 흘리지 않고 귀담아 들어 주셔서 드디어 전 성도를 치유할 수 있는 아이디어를 얻어 2020년 성탄 선물로 Patuju 아이 어른 할 것 없이 청각장애 성도들까지 모든 이가 치료를 받도록 용단을 내렸다. 11월 첫 주일에 치과의사가 Patuju를 방문해 모든 성도들 이빨을 진단했다. 한국과 미국에 비하면 1/4 수준인데도 치료비가 미화로 5,000달러가 산출되었다. 예를 든다면 이빨을 하나 뽑는데 미국에서는 100달러 이곳 Santa Cruz에서는 30달러 정도인데 의사와 협의해 50%를 할인하여 12달러로 책정을 하고 그 중에서 의사가 50%를 부담하고 목사가 50%를 부담했다.

> "선한 일을 행하고 선한 사업에 부하고 나눠 주기를 좋아하며 동정
> 하는 자가 되게 하라. 이것이 장래 자기를 위하여 좋은 터를 쌓아
> 참된 생명을 취하는 것이다. (딤전6:18-19)"

「꿈을 꾸고 기도하면 주님이 이루어 주신다.」 간절한 기도를 들은 주님은 먼저 한국에 거주하는 박병권 님을 감동시켜주셨다. 그분은 지난번 이곳 Enrique 목사 심장수술을 해야 할 때 Patuju 선교일지를 읽으시고 감동이 되어 400만원을 보내오셨다. 그런데 Enrique 목사의 심장 수술에는 2000달러를 지원해 주고 대략 1700달러가 남았다. 그래 그 1700달러와 목사의 주머니를 비워내 2500달러를 「사랑의 치과진료」에 투여하기로 하고 현재 진행 중이다. 그제 성탄전야에 치과의사를 교회로 불러 1000달러를 중간 결산했다.

그러면 그 치과의사는 왜 50%를 깎아주고 또 50%를 부담하기로 했는가? 궁금하실 것이다. 그는 50대 초반으로 한국을 사랑하는 마음이 나보다 더 큰 것을 알았다. 이유는 1988년 서울올림픽에 Bolivia 국가대표로 7명이 참가했다. 그중에 한 명인 그는 싸이클 선수로 도전한 경력이 있는데 그 올림픽을 계기로 한국을 향한

골수팬이 되었다. 사실 목사관을 신축하고 있는 실정에 공사비는 그럭저럭 충당이 되지만 내부에 들여놓을 집기 가격이 만만치 않아 고민 중에 그 1700달러로 눈 딱 감고 집기를 살까? 유혹을 받지 않은 것이 아니다. 그러나 헌금을 보내신 그 정성과 사랑을 욕보일 수는 없기에 건강을 위한 사업에 투자하기 위해 「사랑의 치과진료」에 쓰기로 했다. Patuju 모든 성도들은 한국인의 사랑에 진심으로 감동하고 감사하고 있다.

첫째 꿈을 꾸고 기도하면 다음 몫은 하나님이 행하신다.

「상전벽해」라는 말이 있다. 쉽게 이야기하면 뽕나무밭이 변해 바다가 된다는 말인데 지금 Patuju가 그런 상황이다. 물론 지난 4년간 조금씩 다듬어 와 교회가 많이 예뻐졌지만 이번 기회에 완전 성형수술을 단행하는 여인마냥 곳곳에 근육을 붙이고 마사지를 하고 분을 바르고 연지 곤지를 찍어 몰라볼 정도로 변신을 시도했다. 교회를 처음 방문하는 사람은 우선 교회의 크기에 놀라고 다음은 교회의 구석구석 아름다움에 매료되어 '이 교회로 출석하고 싶다.'고 칭찬을 마다하지 않는다.

이 지면에서 두 가지를 간증하면 먼저는 목사 사택이다. 코로나 바이러스 이전에는 교회 목사관은 생각지도 못했다. 지금 거주하는 쪽방은 관리인이 쓰던 방이기에 목사가 그 누추한 방에서 살까? 교만한 마음이지만 생각도 해 본 적이 없는데 그 방에 거주하면서 '목사 사택이 필요하구나.' 그래 꿈을 꾸고 기도하기를 시작하자마자 덴버 할렐루야 교회 권봉오 장로께서 '목사님 그 비좁은 곳에서 너무 고생하신다고 제 아내가 매일 울어요. 사택을 지었으면 좋겠습니다.' 1만 달러를 보내주셨다. 거기에 휴스턴에 계시는 8순 청년 이영순 장로께서 1만 달러를 보내주셔서 사택을 짓기 시작한 것이다. Patuju 성도들을 향한 목사의 사랑의 치과치료를 받게 해 주시기 위해 한국의 박병권 님을 감동시켜 Enrique 목사의 심장수술을 하셨다. Patuju 형제들 이빨을 건치로 만드신 주님의 재빠른 움직임에 바보목사는 감사만 외치고 있다.

> "구하는 이마다 얻을 것이요 찾는 이마다 찾을 것이요 두드리는 이
> 에게는 열릴 것이다. (마7:8)"

나 같은 이가 기도하는데 주님이 움직여 주실까? 의심하지 말고 구하기만 하라.

둘째 힘이 있으면 무조건 이웃을 돕는 마음이 필요하다.

목사관 공사를 하면서 Carlos 라는 20대 청년에게 전기와 수도 및 하수도 연결공사를 맡겼다. 사실 그는 아르헨티나에서 혼자 이곳에 와 있고 6개월 전 교회를 떠났다가 먹고 살길이 없다고 교회를 찾아왔기에 일을 맡겼는데 공사 자재 구매비용 50달러를 가지고 날라버렸다. 그의 행위가 아름답지 못하지만 이해를 할 수 있는데 그일 때문에 공사가 2-3일 지체되어 마음이 불편했다.

> "원수가 주리거든 먹이고 목마르거든 마시우라 그리함으로 네가
> 숯불을 그 머리에 위에 쌓아 놓으리라. (롬12:20)"

로마서 말씀을 무심코 읽으면 그러려니 할 수 있지만 나의 입장에 대입해 읽으면 '과연 나는 그런 원수를 위해 음식을 줄 수 있을까?' 결코 쉬운 문제가 아니고 나 또한 행함에는 어림도 없는 요원한 문제인 것은 분명하다. 그러나 오늘도 그 문제로 주님과 대화를

하고 그 실천을 노력하고 있다. 그 청년 Carlos가 연락이 되면 작은 물질이라도 도움을 주고 싶은 것이 바보목사의 마음이다.

금년은 참 우울했지만 그 힘겨운 세파를 견뎌낸 Patuju 성도들에게 작은 기쁨이라도 주고 싶었던 목사의 마음이 주님에 의해 이루어진 「사랑의 치과진료」는 가족이 함께 이빨치료를 하면서 사랑을 나누고 있기에 그들의 인생에서 아름다운 추억으로 자리하리라 믿는다.

J-5.

하나님의 선하심

작은 사건이지만 일상에서 소소하게 주님의 인도하심을 간증하여 우리와 함께해 주시는 주님을 찬양해 보려 한다. 화요일 오전에는 Montero 중앙 공원에서 Patuju 성도 20명과 전도를 했다.

늘 전도는 기쁨을 창출하는 보고이다. 화요 전도는 특별하게 행복이 듬뿍 안겨왔다. 두 살 젖먹이 아이부터 7순이 가까워진 목사까지 하나가 되어 연출한 복음장사는 수지가 맞아 상상을 초월하는 이문을 남겼다. 모두의 얼굴에 성령으로 채워진 기쁨의 흔적이 훈장처럼 주렁주렁 매달려 있어 보기가 좋았다.

전도가 끝나자마자 공원 옆 단골식당으로 들어가 Pollo (닭고기 요리)를 시켜 맛나게 먹었다. Bolivia 음식을 아직도 살갑게 먹지 못하는데 그제는 너무나 맛이 있었다. 식사를 마치고 교회로 돌아갈 여비를 챙겨주고 목사 두 명과 우리 일행은 인접 Savedra 라는 도시의 교회를 방문하기 위해 승합차를 타고 갔다. 교회에 도착하니 한국의 이상곤 장로님이 후원하는 Okinawa 도시에 있는 일본인 3세 Vidal Oki 목사의 큰 아들이 목회를 하는 교회였다. 이미 그

는 나를 잘 알고 있었다. 이번 달부터 그 교회 예하의 Daniel이라
는 목사가 목회하는 교회를 지원하기로 약속하고 방문을 했던 것
이다. 그 교회는 제법 규모를 크게 잡아 건축도 하고 주변의 연약
한 교회를 돕는 사역을 병행하고 있었다. 성전은 조금씩 건축을 마
무리해 가는 중이었다. 바닥은 타일을 해 입혔는데 천정은 아직 옷
을 입히지 못하고 있었다. 천정을 마무리하는데 대략 8천 불이 들
어간다고 해 즉각 해주고 싶었으나 내 능력이 초과되어 기도제목
으로 안고 돌아왔다. 그 교회도 후원자를 찾아 연결해 주려 한다.

"선한 일을 행하고 선한 사업에 부하고 나눠 주기를 좋아하며
동정하는 자가 되게 하라. (딤후6:18)"는 바울의 권면처럼 Bolivia
는 아직 미완성 부분이 많이 있지만 Savedra에서 만난 Isaias 라는
목사처럼 자신을 희생하여 이웃을 챙기는 훌륭한 목자들이 늘어나
고 있어 미래는 무척 밝다. 이곳도 곧 복음의 바람이 이 땅을 뜨겁
게 달구리라 믿는다. 우리 한국의 선교사들이 성령의 불쏘시개가
된다면 더 없이 행복할 것이다.

오전 전도와 오후 인접도시 교회 방문을 마치고 숙소에 돌아와
짐을 챙겨 교회로 향했다. 화요일 밤 예배는 7시 반에 시작하는데
요즈음 로마서를 윤독하며 진행하고 있다. 찬양 30분이 끝나면 지
난 시간 배운 범위를 시험을 친다. 시험에 흥미를 가지고 기대가
대단하다.

집에서 문제를 만들어 USB에 담아 교회에서 출력하러 준비해
갔다. 그런데 교회 프린터가 끝까지 반항하며 일을 거부한다. 여러
번 시도했으나 막무가내이다. 할 수 없이 컴퓨터를 챙겨 재빨리 숙
소로 향했다. 오토바이 택시를 타고 주님께 물었다. '왜 숙소로 보
내시는지 이유를 말씀해 주세요.' 대답은 듣지를 못한 상태에서 집

에 도착하니 선풍기가 커져 있고 도로로 향한 창문이 활짝 열려 있다. 화요일은 교회에서 잠을 자니 주님이 보시기에 꼭 사고가 날 것만 같아 집을 돌아보게 하셨다. 시험지 15부를 출력해 교회로 왔다. 막 사무실 문을 들어서니 드르륵~~~ 프린터에서 시험지 한 부를 토해 낸다. 시험지는 16부가 되었다. 드디어 예배가 시작되었다. 그런데 시험을 볼 자격이 있는 자가 정확하게 16명이었다. 한 부도 낭비 없이 주님은 시험지 숫자를 준비하게 하셨다.

예배는 열기가 무척 뜨거웠다. 밤 9시가 훌쩍 넘어 끝이 났다. 예배를 마치고 교회에서 자려고 준비를 하는데 숙소로 쓰는 방에 전기가 나갔다. 물론 사무실에도 침대가 있어 그냥 사무실에서 잘까? 잠시 망설이다 숙소로 향했다. '왜 오늘 교회에서 잠을 못 자게 할까?' 생각을 많이 했다.

본래 계획은 화요일 교회에서 잠을 자고 수요일 아침 10시부터 교회 인근 가가호호 방문 전도를 한다. 그러나 주님은 늙은 목사의 하룻밤 잠자리도 계산하고 계셨던 것이다. 집에 막 도착하자 천둥 번개가 치며 물 폭탄을 투하하기 시작해 도시는 순간 물에 잠기고 말았다. 비는 수요일 하루 종일 추적거려 결국 수요 전도는 비 때문에 포기할 수밖에 없었다. 주님은 미리 일기를 아셨기에 교회에서 자더라도 전도를 할 수 없음을 예측하고 숙소에 돌아와 편히 자고 금요일 있을 tres dias 첫 만남을 잘 준비하라고 배려해 주셨다. 어떤 이는 우연이라고 말할 수도 있다.

그러나 믿음의 눈으로 보면 주님은 우리의 일거수일투족을 망원경을 통해 세밀하게 보고 계심을 알 수 있다. 그것은 하나님의 일을 하는 사람만 국한되는 것이 아니라 당신이 빚은 피조물은 모두 다를 눈동자처럼 사랑하고 보살피신다. 다만 그 사랑을 영의 눈으로 보는 자와 보지 못하는 차이가 있을 뿐이다.

주님은 우리에게 상상도 못할 큰 복을 주시기도 하지만 아주 사소한 일상을 통해 당신의 사랑을 표현하신다. 주님이 베푸는 기적은 우리가 평강 속에서 하루를 살아 내는 것이 기적이요 간증이다. 그래서 나는 주님께 나를 향해 특별대우를 해 주실 것을 청하기보다는 내가 복음을 전한 연약한 지체들에게 주님의 사랑을 많이 보내 주실 것을 기도한다.

> "공중의 새를 보라 심지도 않고 거두지도 않고 창고에 모아들이지도 아니하되 너희 천부께서 기르나니 너희는 이것들 보다 귀하지 아니하냐.(마6:26)"

그래서 나는 행복한 전도자이다.

주님께서 말씀할 기회를 드리자

어제는 수영장 덮개를 만들기 위해 철 파이프를 구매해 용접을 하고 양철 지붕을 얹어야 하는데 새벽에 파이프를 구매하러 간 인부가 늦게까지 오지 않아 이상하게 여기는데 한참이나 시간이 경과한 뒤 돌아와 모든 도로가 봉쇄되어 있어 움직일 수가 없어 빈손으로 돌아왔다.

그리고는 자신들이 일을 해 일당을 벌어야 함에도 기쁜 얼굴로 '내일 하지요' 하고는 총총히 자기 집으로 사라져 버린다. 도통 이해를 할 수가 없는 상황을 또 만났다. 마치 노예가 천재지변으로 일을 쉬게 되어 맞이하는 기쁨과도 같은 얼굴을 하는 이들을 이해하기는 아직도 한참이나 시간이 더 필요함을 알았다.

군대에서 병사들이 사역에 동원되었다가 사정에 의해 '해산, 모두 내무반으로 돌아가' 하면 마치 8.15 해방이나 맞이한 것처럼 기뻐하던 부하들 얼굴이 떠올랐다. 자기가 하는 일이 풀리지 않거나 고난을 만나는 경우 우리는 두 부류의 사람을 볼 수 있다. 한 부류는 골방에 들어가 주님과 대화를 시도해 모든 시름과 걱정을 주님께 맡기는 사람이다. 또 한 부류는 세상과 주변 사람을 향해 불평을 쏟아내며 술을 찾거나 분을 해소할 다른 무엇을 찾는 경우이다. 나 또한 이전에는 전자의 경우를 신실하게 행하지 못한 경우가 많았다.

사실 연말연시라는 개념이 올해에는 느낌조차도 없다. 세월의 흐름을 막을 수가 없어 그냥 방관하는 처지이다. 물론 Patuju에 벌린 공사와 사역이 워낙 많아 마음의 여유가 전혀 없는 것 또한 문제의 한 축을 담당하기도 한다. 그럴 때마다 나는 미련하게도 주님을 향해 칭얼대는 못난 버릇을 가지고 있었다. 그런데 이제는 그런 상황을 조금 바꾸려 한다. 내가 먼저 말을 꺼내 놓기보다는 주님의 말씀을 먼저 청종하려 마음을 고쳐먹었다. 내가 아무리 위급한 상황에 처한다 해도 먼저 주님의 말씀을 듣고 나의 청을 고하려 결단을 했다.

> "너희가 너희 하나님 나 여호와의 말을 청종하고 나의 보기에 의를
> 행하며 내 계명에 귀를 기울이며 내 모든 규례를 지키면 내가 애굽
> 사람에게 내린 모든 질병의 하나도 너희에게 내리지 아니하리니
> 나는 너희를 치료하는 여호와임이니라. (출15:26)"

보통의 사람들은 남의 이야기를 청종하기보다는 자기의 주장을 먼저 말하기를 원한다. 그래 유아는 울음으로 의사를 표시하고 사춘기 청소년들은 반항으로 자기의 뜻을 전달하려 한다. 아무리 말하려 해도 들어주지 않는 경우에 심지어는 자신의 목숨을 끊어 의사를 전하려 하기도 한다. 그러나 주님만큼은 전혀 우리와 다르게 반응을 해 주셨다. 수많은 당신의 자녀들이 온갖 사정을 쏟아 내거나 탄식을 하고 또 불평을 해 와도 불편한 기색 한번 없이 다 들어

주셨고 다 해결해 주셨다. 어떤 자는 나는 단 한 번도 주님이 응답해 주신 적이 없다고 강변하기도 한다. 그런 경우는 쉽게 예를 들면 초등학생 아들이 군인들이 사용하는 기관단총이나 수류탄을 사달라고 조르는 것과 같을 경우에는 도와주고 싶어도 참으시는 것이다. 과연 나는 그런 억지를 부리고 있지는 않는지 곰곰 따져 볼 일이다. 이제 내가 하고 싶은 말을 조금 참고 먼저 주님께서 발언하실 기회를 드려보면 좋을 것이다.

첫째 듣기를 먼저하고 말하기를 나중에 하자.

잠언기자는 사연을 듣기 전에 대답하는 자는 미련하여 욕을 당한다고 가르쳐 주었다. 나 또한 가장 많이 실수를 범하는 경우가 먼저 말을 꺼내는 못난 버릇이다. 말은 흔적이 남지 않기에 여간 주의를 요하는 일이 아니다. 물론 요즈음에는 영악하게 증거자료로 쓰기 위해 몰래 대화를 녹음해 후일 결정적 단서로 쓰는 사람들도 있다.

그러나 대부분의 말은 주워 담을 수 없어 한 번 내뱉는 것으로 사라지고 말지만 그 내용은 뇌에 간직되고 마음에 새겨지기에 아주 신중을 요해야 한다. 가장 좋은 방법은 자기 자신을 참아내고 상대를 향해「네가 먼저 말해 봐」여유를 가지면 실수와 실패를 줄일 수 있다. 자동차와 마찬가지로 말의 일방통행도 속도는 낼 수 있으나 가기밖에 못한다. 그래서「나도 말 좀 하자! 가 아닌 네가 먼저 말해 봐」는 삶을 살아내는 지혜 중의 지혜이다.

한쪽에서 일방 강요는 독재이자 횡포이다. 법을 발의할 때도 의견을 수렴하고 진심으로 불편함이 없는지를 살펴야 한다. 자고로 태평성세는 모두에게 공평한 법에서 가능했다. 힘을 가진 자일수록 약자를 겁박할 것이 아니라「네가 먼저 말 해봐」하는 도량이 필요하다. 마찬가지로 주님을 향해서도 나의 소망사항만 끊임없이 주절거릴 것이 아니라 「주님 먼저 말씀해 주세요. 종이 듣겠습니다.」 청종을 먼저 하면 주님도 기뻐하시고 만사 형통할 수 있다.

둘째 소소한 내용도 주님과 대화를 나누는 습관을 키워라.

자녀가 어렸을 때는 소소한 것까지 다 엄마에게 알려주고 대화를 하는데 사춘기에 들어서면서부터는 입을 꽉 다물어버리기에 부모는 속이 탄다. 자녀가 무슨 생각을 하는지 도통 알 수가 없기에 그렇다. 우리가 바꿔 놓고 생각해 보면 우리 아바 아버지인 주님께 우리가 입을 꽉 다물고 있으면 우리네 마음쯤이야 다 읽고 계시겠지만 주님이 불편해하실 것이다. 작은 일이건 큰 일이건 주님에게 다 털어놓고 주님의 처분을 기다리는 자세를 배양해 놓는 것이 하나님의 자녀로 의당해야 할 처신이며 예의이다.

> "하나님이여 주의 이름으로 나를 구원하시고 주의 힘으로 나를 판단하소서 하나님이여 내 기도를 들으시며 내 입의 말에 귀를 기울이소서. (시54:1-2)"

내 말을 들어주지 않는다고 억울해 하거나 상대에게 화풀이를 하기 전에 화를 누르고 주님과 먼저 대화하는 습관을 만들어야 한다. 순간 화를 누르지 못해 단 한 마디 말 때문에 평생 후회를 하는 경우도 만난다. 욱하는 성질을 못 참아 저지른 죄 때문에 평생 감옥에서 삶을 허비하는 사람의 공통된 회한이 「한 번만 참았으면 좋았을 걸」이라고 한다. 세상 사람들은 자기 이익에 반하면 귀를 막고 듣지 않지만 주님은 인내를 가지고 다 들어주신다. 그리고 처방전과 도움까지 베풀어 주신다.

우리 Patuju 형제들의 특징 중의 하나가 자기 필요만 듣기를 원하는 경박한 자세이다. 이 또한 식민 지배를 받은 유산 중의 하나이다. 가끔 청년들에게 목사는 열변을 토하는데 어떤 아이는 아예 생각을 휴가 보내 버려 말이 끝나고 '목사가 무슨 말을 했느냐?' 질문하면 아무것도 기억하지 못한다. 그러면서도 자기의 주장은 어찌나 청산유수로 말을 잘 하는지 모른다.

이들을 섬기면서 배워 가는 것은 「빨리 빨리」 라는 단어에서 「태만과 느긋한 자세」 로 변이하는 중인지도 모르겠다. 왜냐면 이들이 지키지 않는 약속과 정직하지 못한 품성 때문에 연일 노를 발할 수는 없기에 이들의 버릇을 약간은 따라가고 있다. 이제 나의 입은 과감하게 콘크리트로 봉하고 귀는 활짝 열어놓으려 한다. 주님의 말씀을 청종하고 이웃의 외침에 귀를 쫑긋 세우면 더 아름다운 삶이 찾아올 것이다.

K.

당신의 심장은 고동치는가

K-1.

생명에 대하여

어제 아침은 물먹은 솜이 되어 일어났다. 주일은 특별히 과로가 아니라도 무척 피곤을 느낀다. 문제는 토요일 저녁부터 식사를 제대로 하지 않는 것에 기인하기도 한다. 선교지에서 더운 기후와 음식이 맞지 않는 가운데 4년을 살면서 감기 한 번 들지 않았던 것은 하나님의 각별한 보살핌이 있었음을 고백한다. 그리고 나름 터득한 건강 비법을 철저히 준행한 것도 도움이 컸다.

나는 태생이 강원도 시골이라 초등학교부터 고등학교까지 장장 12년을 걸어서 통학을 했다. 고등학교를 졸업할 때까지 우리 동네에는 전기가 들어오지 않았고 버스 또한 다니지 않았다. 그러니 당연히 두 다리로 걸어서 모든 것을 해결할 수밖에 없었다. 그때는 참으로 싫었다. 매일 삼십 리 길을 걸어서 아침저녁 다닌다는 것이 보통의 인내로는 쉽지 않다. 그러나 지금 이곳 Bolivia에 와서 왜 주님은 어린 나이에 그토록 걷게 했는지 이유를 알게 되었다.

당시에 단련된 하체는 수십 년이 경과한 지금도 천리마의 뒷다리는 아니지만 튼튼하기에 하루 삼십 리를 거뜬하게 걸어서 전도를 다닐 수 있다. 그러나 늘 강인했지만 시련을 맞기도 했다. 1999년 2월 대구에 있는 하양국군병원에 정기 신검을 받으러 갔다가 폐암 4기 진단을 받았다. 담배도 피지 않았고 매일 테니스와 주말에는 골프로 단련되어 누구보다 강건했는데 졸지에 암이라는 복병을 만났다. 그 문제가 해결되기까지 3개월이 걸렸다. 그래 그 후에 폐암을 극복했다는 것을 알리기 위해 마라톤을 시작해 50여 회 완주를 하기도 했다.

> "예수께서 가라사대 나는 부활이요 생명이니 나를 믿는 자는 죽어
> 도 살겠고 무릇 살아서 나를 믿는 자는 영원히 죽지 아니하리니
> (요11:25)"

그때부터 죽음에 대해 초연하려 했고 건강에 대하여 메모를 하고 연구를 시작해 2015년 '힐링 소마' 라는 건강에 관한 책을 출판했다. 그리고 기회가 되는 대로 나의 체험을 전파하기 시작했다. 나의 체험을 이웃에게 나눠 모두가 강건하기를 바라는 마음이다.

첫째 음식이 답이다.

생명도 건강도 밥그릇에서 나온다. 고가의 멋진 벤츠 자동차라 할지라도 연료가 없으면 단 1km도 달릴 수 없는 것처럼 사람 또한 음식을 넣지 않고는 생명을 부지할 수 없다. 아무리 항우 장사라 해도 먹지 않고 싸울 수는 없다. 건강의 첩경은 무엇을 어떻게 먹느냐가 좌우한다. 하루 먹는 것을 정리해 본다. 아침 기상을 하면 제일 먼저 오일 풀링을 30분 정도 한다. 그 다음 물 한 컵에 식초 한 스푼 섞어 마신다. 아침을 먹기 30분 전에 과일 채소 삶은 것을 믹서에 갈아 큰 잔으로 한 잔 마신다.

식사를 할 때 꼭 준수해야 할 순서가 있다. 먼저 야채를 먹고 다음 단백질을 먹고 마지막으로 탄수화물(밥, 고구마 등)을 먹어야 한다. 이 순서는 매끼 모두에 해당한다. 식사시간을 규칙적으로 지키는 것이 무엇보다 중요하다.

> "보라 내가 너희를 위하여 하늘에서 양식을 비 같이 내리리니 백성
> 이 나가서 일용할 것을 날마다 거둘 것이라. (출16:4)"

광야에서 하나님은 이스라엘 백성을 위하여 당신의 손으로 음식을 제공해 준 바 있다. 좀더 건강해지기를 원한다면 오후 5시 이후에는 물만 섭취하고 아무것도 입으로 넣지 않으면 좋다.

더 좋은 방법은 점심 식사 후부터 익일 아침 야채 주스를 먹을 때까지 위장을 비우면 건강에는 최고이다. 위장이 비어진 공복에는 좋은 박테리아가 몸을 치유해 준다. 암 세포라든가 나쁜 세력을 이들이 다 잡아먹어 체질이 자신도 모르는 사이에 변화된다. 혹 비만을 걱정하는 사람은 이 방법을 준용하면 멋진 몸매도 덤으로 선물 받을 수 있다. 건강의 첫 번째는 효율적인 식사 방법에 있다.

둘째 마음이 건강을 좌우한다.

생명과 건강은 마음 통에 들어 있다. 이곳은 많은 사람들이 만성 두통에 시달린다. 그래서 침과 뜸으로 두통을 치유해 준다. 그러면 하루는 아프지 않고 기분 좋아하는데 다음 날 또 아프다고 온다. 한 주에 2-3회 치료를 받으러 오던 한 엄마가 있었다. 그녀는 지레짐작으로 자기 머리에 큰 종양이 있다고 믿고 있었다. 그래 한 날 병원에 가서 MRI를 찍게 했다. 결과를 보니 뇌는 깨끗하고 아무 병도 없다는 의사의 소견을 듣고 나자 두통이 말끔히 사라졌다.

"무릇 지킬 만한 것보다 더욱 네 마음을 지키라 생명의 근원이 이에서 남이라. (잠4:23)"

생명을 지키고 건강을 관리하는 것의 두 번째 명제는 '마음먹기'이다. 보통의 사람들은 조금 힘들고 일이 풀리지 않으면 '죽고 싶어'를 연발한다. 나 또한 한 때는 그 말을 입에 달고 산 적이 있다. 우리 뇌는 순진무구하다. 거짓 정보를 입력해도 그게 진짜인 줄 안다. 그래서 생각하는 대로 육신을 통제한다. 사실은 기쁜 일이 없어도 즐겁다 생각하면 몸은 좋은 반응을 나타낸다. 반면 나쁜 일도 없는데 슬퍼하면 몸이 아프기 시작한다.

이곳에는 아직도 경제 문화 도덕 등의 가치기준이 높지 못하다. 특히 꿈을 꾸거나 저축을 해 미래를 대비하는 것에 대해 준비가 부족하다. 그래서 전도를 하며 어린이들에게 빌립보서 4장 13절을 외우게 하여 스스로 'Yo puedo(나는 할 수 있다.)' 를 외치게 하고 장차 청년이 되어서 할 일에 대한 꿈을 만들어 적게 하고 그 꿈을 가족과 친구들이 매번 부르게 하도록 가르쳐 준다.

마음먹기에 따라 건강도 생명도 그 폭이 달라진다. '나는 건강하다.' 생각하면 뇌와 주님이 협력해 당신을 건강하게 만들어 준다.

태양이 내리쬐는 열대의 기후 속에서 단 하루도 거르지 않고 나만의 식단을 꾸려 실천한 결과는 감기 한 번 몸살 한 번 걸리지 않는 선물을 받을 수 있었다. 생명과 건강을 위해서 첫째는 음식, 둘째는 마음이다. 그 세 번째로 중요한 방법이 운동이다.

모두가 강건하기를 소망한다.

K-2.

당신의 심장은 고동치는가?

사람이 죽은 것을 최종확인 하는 단계는 심장이 멈추는 때이다. 오늘 주님으로부터 '사랑하는 내 아들아 네 심장은 고동치고 있니?' 질문을 받으면 무어라 대답할 것인가? '네 잘 뛰고 있어요.'

사실 지난 3월부터 대략 5개월 동안 심장의 박동을 잘 기억하지 못할 만큼 무력한 모습을 많이 보였다. 얼굴에는 미소가 사라졌고, 가슴에는 용솟음치는 꿈이 서서히 침몰되어 갔다. 또 육신을 곤고하게 부려야 속이 시원한 성격이다 보니 노방전도를 나가지 못하고 교회 울타리 안에 갇혀 하루 종일 사무실에서 책을 읽고 글을 쓰며 기도를 하는 것도 신명이 슬그머니 사라진지 오래되었다.

또 4개월이 지난 시점부터는 육신도 쉽게 피곤하고 혈압은 올라가고 마음은 기쁨을 유실해 떠내려 간 뒤의 애달픔으로 곤고한 세월을 낚아야 했다. 그렇게 무력해 하는 나의 모습을 보신 주님의 호통이 들리는 것만 같아 다시 심장을 예열 시키기 위해 작심을 하고 도전을 시작했다. 코로나 바이러스를 핑계로 게으름을 피웠는데 지난 토요일 새벽기도부터 분발을 시작하고 멈추었던 아침 새벽운동 자전거 타기도 다시 시작했다.

사실 새벽은 무척 바쁘다 보통 사람의 한나절을 거뜬히 해 치우고 있기 때문이다. 기도를 마치고 A4지 두 장 분량의 선교(영성)일기를 써 많은 분들에게 발송하고 나면 사실 진이 빠지기도 한다. 그런데 그 일은 하루도 거르지 않도록 힘을 주시는 주님께 감사할 뿐이다.

선교일기를 전송하고는 자전거를 타고 유람을 나간다. 새벽 여명에 자전거를 타고 목장이 이어져 있는 시골길을 달리는 기분은 가히 비교할 상대가 없다. 대략 10km를 왕복하는데 갈 때는 서쪽을 보고 간다. 내가 출발하는 도로에는 수만의 환영객들이 새벽 인사를 해 온다. 처음 인사를 하는 자는 세찬 바람이다. 환영을 한다면서 마치 힘겨루기를 하는 것처럼 앞으로 나가는 것을 방해한다. 목장을 지키는 동네 견공들이 자전거를 따라오며 한참이나 요란하게 환영을 해준다. 수천 마리의 소와 말들이 아침을 먹으며 꼬리를 흔들어 문안 인사를 한다. 그런데 가장 살갑게 인사를 하는 친구가 막 태어난 하루살이다.

그들은 내 얼굴을 마구 만지며 심한 놈은 눈으로 파고들기도 한다. 그런데 반환점을 돌고 교회로 방향을 잡으면 동녘에서 붉은 빛으로 치장한 천사들 호위를 받는 아침 해가 손을 흔들며 '목사님 안녕' 인사를 건네 온다. 그러나 태양의 부하들인 빛의 침략자들은 나에게 무차별 덤벼든다. 나는 장엄하게 전투대형을 갖춘 빛의 전사들에게 완전하게 압도당하지만 그들을 보며 맥맥했던 나의 심장은 고동을 치기 시작한다. 태초에 하나님이 '빛이 있으라.' 하셨을 때의 숭고한 모습이 아침마다 재현되고 있다.

"내가 예수 그리스도의 심장으로 너희 무리를 어떻게 사모하는지 하나님이 내 증인이시라. (빌1:8)"

심장이 소망의 고동을 멈추었다면 이제 다시 꿈을 잉태하고 박동을 시작하면 주님께서 밝은 미래를 보여주실 것이다.

첫째 신명을 내자.

사실 좋은 일은 없고 시련과 궁핍만이 다가오면 얼굴에는 미소가 사라지고 마음에는 화가 쌓이는 것이 인간이 가지고 있는 기본사양이다. 그렇기에 기본사양을 업그레이드해야 한다.

> 바울은 항상 기뻐하라, 쉬지 말고 기도하라, 범사에 감사하라, "이것이 그리스도 예수 안에서 너희를 향하신 하나님의 뜻이니라. (살전5:16-18)"고 했다.

웃을 일이 생겨서 웃는 것이 아니라 웃으면 좋은 일이 굴러들어온다. 없는 달란트까지 동원해 하루의 삶을 신명 나게 만들어보면 우거지상을 하고 주저앉아 있는 것보다는 백 배는 낫다. 심장의 힘찬 고동소리를 들으려면 먼저 자신의 내면에 기쁨이 가득해야 한다. 그것은 지금 당장은 이뤄지는 것이 아무것도 없다 할지라도 꿈과 비전을 가지고 주님 손을 놓치지 않으면 벅찬 고동 소리를 곧 듣게 된다.

둘째 더 높은 곳을 향하여 도전장을 내야 한다.

'개미 쳇바퀴 돈다.'는 말이 있다. 아무리 용을 써도 제자리를 벗어나지 못하는 것을 빗댄 훈계이다. 많은 사람들이 마음은 해야지 하면서 행동으로 옮기지 못하고 미적거리는 경우를 만나는데 바로 그런 사람들을 제자리를 맴도는 개미와 비교할 수 있다. 심장의 고동을 듣기 위해서는 꿈을 크게 꾸고 도전은 신중해야 하는데 자신의 능력에 좀 과하다 하는 정도의 상향 조준을 하면 매우 좋다. 혹자들은 '오르지 못할 나무 처다보지도 말라.'고 한다. 그런데 이 말은 너무나 부정이 가득 담긴 말이다. 오르지 못할 것 같다고 처다보지도 않는 것은 바보들이 하는 짓이다.

> "일어나라 빛을 발하라 이는 네 빛이 이르렀고 여호와의 영광이 네 위에 임하였음이니라. (사60:1)"

일어나 빛을 발하면 여호와 하나님도 가만히 계시지 않는다. 남미는 겨울 중반에 와 있는데 어제는 하루 종일 비가 오락가락하며 Patuju를 긴장시켰다. 내일 주일 성전에서 행하는 결혼예식을 위해 교회를 정비하고 칠도 하고 청소도 하면서 예쁘게 단장을 해야 하는데 비가 방해를 하고 나온다. 그래도 고용한 인부와 교회 성도들이 그 비를 흠뻑 맞아가면서 충성을 다 하는 모습이 목사를 감동시키기에 충분했다. 작은 일이든 큰 일이든 교회 모든 지체들이 함께 한다는 것이 중요한 것이다.

과거 Patuju 교회는 이방인이 모인 것 같았었는데 이제는 솔선하여 목사를 도우려 하고 목사의 안위를 염려하고 맛난 과일을 구하거나 빵을 만들면 한 개라도 가져와 '목사님 드셔보세요.' 하고 건넨다. 그 모습을 보면 노아의 홍수와도 같은 변혁이다. 이 새벽 글을 쓰는 이 시간 Patuju 교회의 박동소리가 '쿵 쿵 쿵' 하며 목사의 심장을 심하게 노크하고 있다.

> "주께서 생명의 길을 내게 보이시리니 주의 앞에는 기쁨이 충만하고 주의 우편에는 영원한 즐거움이 있다."(시16:11)

「이날을 보라 여명이 밝아 오는 아침 이날이야말로 솟구치는 생명의 날이다. 오늘의 짧은 항로 안에 우리 삶의 모든 진실과 현실들이 담겨 있다.

살아 있음의 감사 ! 성장의 환희 !! 성공의 기쁨 !!!

어제는 꿈에 지나지 않고 내일 또한 아직 오지 않았다. 오직 오늘이다.」

나 또한 심장이 마구 뛰기 시작해 가슴이 뜨겁고 피가 창공을 향해 솟구치고 있다. 하나님의 자녀들이여! 당신은 할 수 있고, 꼭 해 낼 것이다. 자, 도전이다. 도전.

K-3.

감사한 나의 성전

　지상에 굴러다니는 자동차는 부품이 닳아야 교체를 한다. 그러나 하늘을 날아다니는 부품의 교체 시기는 다르다. 만약 어느 부분이 노후화 된 뒤에 교체한다면 이미 비행기는 날다가 떨어진 뒤에 교체를 해야 하기 때문에 시간제로 부속을 관리한다. 부품의 마모와 상관없이 시간이 경과되면 100% 교체를 단행한다. 대부분의 구성 부품들을 500시간 기준으로 바꿔 준다.

　그런데 나를 세워주고 있는 Bernabe'라는 육신은 벌써 60년을 훨씬 넘게 사용했는데도 잔 고장이 없이 굴러가는 것이 신기하고 감사할 뿐이다. 입바른 소리지만 감기 한 번 안 들고 건강을 유지한다는 것은 말로 표현할 수 없는 감사제목이다.

　물론 Bolivia에 와서 왼쪽 청력을 상실해 미안하기는 하다. 또 20년 전에 암이라는 무리가 폐를 공격해 왔는데 자기들끼리 힘을 모아 몰아내기도 했다. 그런 감사한 육신에게 상이라도 주고 싶다.

　어제 Patuju 교회 지체들이 Yenny 선생님을 위하여 성전에서 간절히 기도로 주님을 만날 때 주님은 "아무것도 염려하지 말고 오직 모든 일에 기도와 간구로 너희 구할 것을 감사함으로 아뢰라"
고 하시며 못난 목사의 어깨를 감싸 안아 주셔서 코끝이 찡해 오
면서 Yenny 선생님의 수술을 하지 않으면 더 좋겠지만 하더라도
주님께 모든 것을 맡기고 기도만 하기로 마음을 먹었다. 사실 이
육신의 주인은 하나님이시다. 나는 임대료도 드리지 않고 맘껏 쓰
고 있다. 그러나 돌아갈 때 반납을 해야 하기에 관리를 잘 할 필요
가 있다.

> "만일 땅에 있는 장막 집이 무너지면 하나님께서 지으신 집 곧 손
> 으로 지은 것이 아니요 하늘에 있는 영원한 집이 우리에게 있는 줄
> 아나니 (고후5:1)"

주님 당신은 보통의 부동산업자 보다도 현명하시다. 첫째 임대
해 주었던 장막이 무너지면 당신이 살고 있는 마을에 영원한 집을
또 예비해 놓으셨다고 호언하고 계신다. 나는 1999년 폐암을 선고
받고 수술을 앞두고 암이 연락처도 남기지 않고 자기발로 걸어나
가 사라져 버렸다. 그때부터 '나는 암이 아닙니다.' 아무리 외쳐도
주변에서 믿어주지를 않는다. 심지어는 '병을 숨기고 있다.' 또는
'말기라 수술을 할 수 없어 근무하다 순직하려고 그런다더라.' 등
카더라 통신이 난무해 건강을 증명하기 위해 마라톤을 시작해 50
여 회 완주한 바 있다.

첫째 내 삶의 주인이 주님이라는 믿음이 필요하다.

전 세계에서 40초에 한 명이 자살을 택한다고 한다. 한 해에 91
만 명이 넘는 사람들이 자기가 자기를 담고 있는 몸의 주인인 줄
착각하고 목숨을 끊어 영원히 주님께 빚을 지고 만다.

우리 고사 중에 '신체발부 수지부모'라는 말이 있다. 즉 부모님께서 물려주신 신체는 머리털까지 소중한 것이므로 함부로 훼손하지 마라'는 뜻이다. 하물며 이 육신의 주인이 주님인데 내가 그 안에 거주하고 있다고 함부로 하는 것은 전세 사는 사람이 자기 집처럼 맘대로 하는 것과 같은 이치이다. 양심이 있고 도덕적인 사람은 자기 물건보다 남의 물건을 더 철저하게 관리한다.

"주신 자도 여호와시요 취하신 자도 여호와시니 여호와의 이름이 찬송을 받을지어다. (욥1:21)"

우리는 내 삶의 주인이 예수님이라고 믿을 때에 더 겸손해질 수 있다. 그러면 육신을 태만하게 관리해 추해지지 않고 비록 햇수가 지나면 노후화 되기는 해도 아름다움을 유지할 수 있다.

둘째 내 성전을 아름답게 가꾸자.

우리 Patuju는 성전을 아름답게 가꾸기 위해 손을 모아 구석구석 손을 보고 있다. 교회 입구 화단에는 여름을 보내야 하는 아쉬움 때문에 화초들이 형형색색 옷을 입고 자태를 뽐내고 있어 보는 사람을 행복하게 해 준다. 우리가 자신의 몸을 아름답게 가꾸어야 하는 이유는 주님이 늘 내 안에 함께 하시기 때문이다.

"너희가 하나님의 성전인 것과 하나님의 성령이 너희 안에 거하시는 것을 알지 못하느뇨. (고전3:16)"

우리가 백년손님(사위)을 맞이할 때도 집을 고치고 도배를 하고 페인트를 칠하며 호들갑을 떠는데 하물며 영원을 함께할 주인을 섬긴다는데 어찌 단장을 소홀하게 할 수 있는가?

내 안에 성령을 섬길 수 있는 영광이 주어진다는 것은 주님께 이미 '너는 내 것이야' 다시 도장을 받는 것과 같다. 그렇다면 성령을 모신 육신을 멋지게 가꾸는 책임은 내가 져야 한다.

올해 신학교에 입학하는 예비학생 네 명 중 Tania 엄마가 있다. 그는 성경을 통째로 암기할 수 있는 천재적 잠재력을 가지고 있다. 올해 삼십인데 14살짜리 딸을 필두로 네 명의 자녀를 두고 있다. 자녀 출산 이후 폭식을 거듭해 지금은 성전이 많이 뚱뚱해져 보기가 민망하다. 최근에는 두통이 심하고 어깨가 결린다고 하소연하여 매일 목사를 찾아와 치료를 받고 있다. 그를 위해 그의 남편과 자녀들이 합심해 성전을 가꾸기 위해 힘을 모으기로 했다. 첫 번째 실천사항이 오후 2시 이후에 아무것도 먹지 않는 금식을 선택했다. 식구들이 합심해 감독하며 우선 체중 감량을 하기로 했다. 그의 목 뒤에는 거대한 혹이 자리하려고 생겨나고 있어 우선은 부황으로 조치하며 감량을 통해 치료를 하려한다. 그녀는 목사의 설명에 하염없이 울며 자신의 과오를 회개하며 성전을 아름답게 가꿀 것을 다짐했다.

Tania는 '목사님 때문에 내 인생이 통째로 바뀌고 있어 감사합니다.'를 연발한다. 꿈만 꾸던 대학에 들어가는 것은 물론 자신의 잠재력을 발견케 해 준 목사를 향해 진심으로 고마워한다. 나는 그가 여성으로 예뻐지는 것도 좋지만 몸무게를 줄여 불편함이 없이 건강하게 살기를 바란다. 주님은 우리에게 대여해 주신 육신을 돌려받기를 원하시는 것이 아니고 우리가 아름답게 사용하기를 바라신다. 나 또한 얼굴에 잔주름이 하나 둘씩 늘어나고 있지만 그래도 잘 관리하려 애쓸 것이다.

K-4.

강제된 휴식과 여유

창피한 이야기이지만 지난 밤 예배를 드리는 중에 밖에서 놀던 꼬맹이들이 급히 성전으로 달려와 '목사님 연병장에 소가 들어왔어요.' 그래 달려 나가보니 50여 마리나 되는 소들이 운동장을 점령하고는 풀을 뜯고 있는 모습에 소를 몰아낼 요령으로 마침 가까이에 있던 페인트 통을 집어 던진다는 것이 그 날카로운 면에 오른손 검지가 깊이 1cm는 찢어지는 중상을 입었다. 순간 피가 흥건하게 흘러 바지까지 젖게 만들어 급히 사무실로 들어가 응급처치를 했는데 사무실 바닥이 핏자국으로 얼룩졌다. 성도들은 목사가 피를 흘리자 훌쩍거리기 시작해 괜찮다고 안심을 시켜야 했다. 심하게 다친 가운데에서도 신경줄은 건드리지 않아 큰 부상 중에도 다행히 감사했다.

만만치 않은 나이에 자신이 청년인 양 설치고 나대는 모습이 보기 좋지 않아 주님은 오른손 검지를 못 쓰게 만들어 샤워도 못하고 요리도 제한을 주면서 특별히 일을 못하도록 막아 강제로 휴식을 부여하고는 '좀 쉬는 것이 좋겠다.'명령을 하셨다.

마침 Bolivia는 계속하여 운전자들이 파업을 하여 모든 교통이 마비되고 Montero에서도 시내 중심가를 갈 수 없도록 길을 막고 막무가내 폭력을 휘두르고 있다. 아쉽지만 Patuju 수영장 지붕공사를 재개하지 못하고 하루 해를 보내야 했다. 이번 토요일 청소년 축제 예배에 맞추어 개장을 하고 청소년들에게 재미를 선사하려 했는데 아직은 어찌 될지를 잘 모르겠다.

> "하나님 여호와께서 박 넝쿨을 준비하사 요나 위에 가리우게 하셨
> 으니 이는 그 머리를 위하여 그늘이 지게하며 그 괴로움을 면케
> 하려 하심이었더라 요나가 박 넝쿨을 인하여 심히 기뻐하였다.
> (욘4:6)"

사실 코로나 바이러스로 인해 지구촌 모든 곳에서는 많은 것이 멈추고 조금은 느긋해진 것이 보편적이나 우리 Patuju는 더욱 바쁘게 움직임을 가졌다. 예배를 멈추지 않고 주님을 높여 드리기 위해 노력을 다 했으며 특히 Patuju 숙원사업이었던 식당 지붕공사, 담장 설치, 야외 교실 단장(교실이 협소하고 더워 야외 큰 나무 아래에 바닥을 콘크리트로 타설하고 의자를 만들어 어린이들이 수업을 할 수 있도록 공사), 어린이 놀이터 확장(하루에 수십 명 어린이가 동시에 놀 수 있는 놀이터 확충), 수영장과 수영장 지붕공사 등 많은 부분을 코로나 사태 하에서 이루어 냈다. 이 참에 모든 공사를 다 해소해 가는 중이었기에 한 눈을 팔 순간도 또 쉼을 가지고 여유를 부릴 짬도 없이 달리고 또 달리기를 반복한 지난해였고 그렇게 새해를 맞이했으나 아직도 진행형이다.

손을 붕대로 칭칭 감고 하루 쉼을 가지며 이곳 Bolivia에 와서 지나온 5년의 시간들이 마치 한편의 영화처럼 영상화 되어 나를 돌

아보는 귀한 시간이 되었다. 어떤 면에서는 자랑스러운 점도 있으나 많은 부분에서 아직도 많이 부족하다는 생각을 지울 수 없었다.

특히 동물들을 미워했던 부분에서 회개가 나왔다. 이유인즉 고양이와 들개들이 주일 성도들이 먹고 버린 일회용 식기에 남아 있는 잔반을 탐해 밤새 쓰레기 봉지를 찢고 모든 봉지를 헤쳐 난장을 만들기를 반복해 새벽에 기도가 끝나면 치우기가 너무나 역겹다. 어느 날은 그 큰 쓰레기 봉지를 창고에 보관했다 버리기도 했다. (수거 차량이 주 2회 다녀감) 오늘은 휴식을 마치고 수영장 지붕 공사를 마무리하려 한다.

첫째 쉼도 주님의 명령이므로 순종해야 한다.

> "네가 육 일 동안 네 일을 하고 제칠 일에는 쉬라 네 소와 나귀가
> 쉴 것이며 네 계집종의 자식과 나그네가 숨을 돌리리라 (출23:12)"

쉬는 것이 나 혼자만 국한되는 것이 아니고 나와 연관된 모두의 일이기에 더욱 중요하다. 한국의 전후 세대들은 쉬는 것에 익숙하지 못하다. 게으른 것과 쉬는 경계를 잘 구분하지 못해 범하는 우둔함이다. 나 또한 그 범주에 속했음을 자수해야 할 것이다. 주님은 휴식을 강제하면서 말씀하신다. 「원 목사, 나는 아직 너에게 시킬 일이 많이 있단다.」 그렇게 훌륭한 일꾼은 못되지만 그래도 주님은 이곳 Bolivia에서 아직 내가 해야 할 일이 남아 있다고 말씀하시면서 일을 열심히 하는 것도 좋지만 건강에도 신경을 쓰라고 말씀해 주시는 것만 같아 감사한 마음에 눈시울이 붉게 물들기도 했다.

육신과 마음이 100m를 전력질주 하고 쓰러질 듯 헉헉대는 것처

럼 일정시간 열중을 했으면 휴식을 가져야 하는 것이 하나님이 우리를 만든 기본 사양에 나와 있다. 주님이 주신 고귀한 선물이신 우리의 제품(육신)을 장기간 사용하는 방편은 적정한 시간 운영을 하면 휴식을 주고 정비를 해야 장시간 활용이 가능하다. 더 많이 전진하고 더 오래 달리려면 한 매듭이 끝날 때마다 나에게 내가 휴가를 주는 것도 주님의 뜻이다.

둘째 잠시 달리던 것을 멈추면 보지 못하던 새로운 것을
볼 수 있는 여유가 생긴다.

휴식을 취하는 중에 엄마 B그룹 리더인 Basilia 란 엄마가 목사를 찾아와 자기 이웃 엄마를 치료해 달라고 왔다. 그래 모든 의료기를 챙기고 교회에서 준비한 음식재료 한 보따리를 들고 그 가정을 방문했다. 45세 밖에 안 된 엄마가 80은 되어 보여 치료해 주러 간 목사가 마음이 아팠다. 그녀의 남편은 다른 여자와 눈이 맞아 페루로 도망가고 두 아이와 함께 빈곤하게 살고 있었다. 그녀에게 코로나를 체크하고 혈압과 맥을 짚어보니 건강이 매우 나빠 보여 기를 회복하는 침을 놓아주고 자녀를 불러 엄마를 살릴 방편에 대해 설명을 해 주었다. 우선 그녀는 음식을 먹지 않아 한 마리 작은 새처럼 바짝 말라 있었다. 그리고 주변 상황은 바뀌지 않지만 마음을 바꿔 먹을 것을 주문했다. 자녀들이 엄마를 웃게 만들도록 재롱을 피울 것도 주문하고 교회에 와서 자주 치료를 받도록 권면을 하고 영양제를 좀 나눠주고 돌아왔다.

귀로 중에 대략 1km 남짓 되는 도로에 어린아이들이 흙 밭에서 뒹구는 모습을 보고 마음이 많이 아팠다. 그래 함께 간 목사와 교회 놀이터와 수영장 공사가 다 되었으니 동네 모든 어린이를 초청해 수영도 하고 그네도 타고 교회에서 놀게 해 주는 방안을 토의

했다. 돌아오는 수요일 동네 400여 어린이를 교회로 초청해 찬양도 가르쳐주고 간식과 점심도 먹이고 수영도 하면서 교회를 대폭 개방하는 첫 행사를 가져보려 한다. 주님은 나의 바쁨을 잠시 멈추게 하여 동네 꼬마들의 참상(60년대 한국 시골 모습)을 보게 하시어 그들에게 사랑을 베풀도록 하셨음을 깨우치고 '과연 주님이십니다. 감사합니다. 할렐루야'를 외치며 교회로 돌아왔다. 다음 수요일 동네 어린이들이 모두 몰려올 날이 기대된다.

「장고 끝에 악수 둔다.」는 말이 있다. 이는 마치 월요병이라는 것과 흡사하다. 적절한 휴식은 약이 되지만 너무 과한 휴식은 독이 된다는 뜻이다. 젊어 주말에 심하게 운동을 하고 나면 월요일은 곤비했던 기억이 남아 있다.

마찬가지 필부들의 결정적 실수는 없는 시간 때문이 아니라 남는 시간 때문에 발생한다. 열심히 일하다 얻는 휴식은 달콤하지만 일이 없어 시간만 죽이는 자의 쉼은 쉰내가 진동한다. 바둑 기사가 반상에서 한 수를 착점 하는데 정해진 시간이 있다. 그런데 묘수를 짠다고 생각을 거듭하다 착수한 돌이 호구를 향하는 악수가 될 때가 있다. 쉼은 일과 연합할 때 아름답지 주야장천 쉬면 모양새가 추하게 된다. 비록 짧은 하루의 강제된 휴식이었지만 너무나 값진 시간이었고 나를 돌아보고 하나님의 마음을 만나보는 소중한 추억으로 자리매김한 하루였다. 아직 주님은 나를 더 사용하실 뜻을 가지고 계시기에 행복하다. 하나님 회사에서 정리해고를 당하지 않았기 때문이다.

하나님의 해프닝

사실 이 책이 나오기까지는 하나님의 해프닝이 있었기에 가능했습니다. Patuju를 담임하며 교회를 사랑했지만 교회 밖에서 기숙을 하면서 교회는 예배가 있는 날만 방문해 예배를 드리고 끝나면 손님처럼 재빨리 숙소로 돌아와 여타지역으로 전도를 다니고는 했습니다. 그런데 목사의 그런 행동이 못내 아쉬웠던 하나님은 용단을 내리시는 강수를 두셨습니다.

2020년 1월 30일 미국에 있는 가족을 만나기 위해 Bolivia ViruViru 공항에서 성도들의 격한 환송을 받고 탑승을 기다리는데 항공사 직원이 탑승이 불가능하다고 합니다. 마른 날의 벼락처럼 머리가 띵하며 울컥 화가 치밀기도 했습니다. 다 아는 바와 같이 미국행 비행기 티켓은 미국 비자가 없으면 구매가 불가능합니다. 비자도 유효하기에 표를 구매할 수 있었고 가족을 만난다는 부푼 마음으로 비행기를 타려는데 못 타게 하니 할 수 없이 교회가 있는 Montero로 돌아와 호텔(월세로 살던 방은 반환을 했기에 숙소가 없었다.)에 여장을 풀었습니다. 나보다는 미국에서 할아버지를 기다리는 손녀의 울음에 내 마음도 무너져 내리며 하나님이 너무나 원망스러웠습니다. 오지에서 수년 고생한 선교사가 휴가 좀 가려는데 그 길을 막는 하나님의 의도를 몰랐기 때문입니다. 그런데 그 이유는 한 달을 넘기기도 전에 알게 되었습니다.

곧바로 코로나라는 강력한 놈이 항공기를 포함해 모든 이동로를 막기 때문에 주님은 나를 미국으로 못 가게 붙잡아 두셨던 것입니다. 만약 갔다면 다시 돌아 올 수가 없었기 때문입니다. 코로나 바이러스 비상발령 이후에 숙소를 교회로 옮겼는데 그것이 하나님의 숨은 뜻이었음을 나중에야 비로소 알게 되었습니다.

숙소를 교회로 옮기자 교회의 모든 부분이 보이기 시작해 대대적인 수술을 하기 시작 했습니다. 종국에는 미국에 계시는 두 분 장로님의 도움으로 목사 숙소까지 멋지게 지었고 교회 담장, 식당, 정원(화단), 화장실, 제 2성전 등 Patuju는 시골 처녀 모습에서 주님 곁에 있는 천사의 모습으로 환골탈퇴 해 지금은 Bolivia에서 가장 아름다운 교회라고 자부합니다.

아마도 목사가 1월 30일 비행기를 탔다면 Patuju는 교회 문을 닫았을 것입니다. 왜냐하면 교회를 맡아 사역을 하기로 한 청년은 코로나가 발령되자 아예 자취를 감춰 버렸으니 내가 없었다면 하나님 마음이 너무나 아프셨을 것이기에 목사의 발걸음을 막으셨던 것이 감사가 되었습니다. 지금은 교회에 크게 새장을 짓고 타조 앵무새 오리 칠면조 토끼 공작 등 식구들이 재롱을 부리는 통에 어린이들은 교회를 찾는 것이 기쁨이 되었습니다. 하나님의 계획에는 감히 우리 피조물이 생각도 못하는 크고도 신비한 비밀이 감추어져 있다는 것을 알게 하는 하나님의 해프닝 이었음을 고백하며 독자 분들에게 감사를 드립니다. 이렇게 애환을 묶은 것이 한 권의 책이 되었는데 선교 현장을 조금이나마 이해하는데 도움을 주었으면 좋겠습니다.

저자 Bernabe' 올림

볼리비아 선교 영성 일지

+ 더하는 삶과 − 감하는 삶

■
초판 1쇄 인쇄 / 2021년 11월 15일
초판 1쇄 발행 / 2021년 11월 18일

■
지은이 | 원 종 록
펴낸이 | 민 병 문
펴낸곳 | 새한기획 출판부

■
편집처 | 아침향기
편집주간 | 강신억

■
주 소 | 04542 서울특별시 중구 수표로 67 천수빌딩 1106호
TEL | (02)2274-7809 / 070-4224-0090
FAX | (02)2279-0090
E-mail | saehan21@chol.com

■
미국사무실 The Freshdailymanna
2640 Manhattan Ave. Montrose, CA 91020
☎ 818-970-7099
E.mail freshdailymanna@hotmail.com

■
출판등록번호 | 제 2-1264호
출판등록일 | 1991. 10. 21

값 18,000원
ISBN 979-11-88521-48-7 03230
Printed in Korea